天然气 HSE 与设备管理丛书

压缩天然气加气站

中国石化销售有限公司　组织编写

中国石化出版社

内容提要

本书依据汽车加气站标准，全面阐述了CNG加气站的工艺安全、设备设施、作业操作、职业卫生和环境保护等相关知识。

本书内容丰富，理论知识重点突出，实用性强，可供加气站的管理人员和操作人员使用。

图书在版编目(CIP)数据

压缩天然气加气站/中国石化销售有限公司组织编写.
—北京：中国石化出版社，2017.3(2024.1重印)
(天然气HSE与设备管理丛书)
ISBN 978-7-5114-4082-2

Ⅰ.①压… Ⅱ.①中… Ⅲ.①天然气-配气站-加气站-管理 Ⅳ.①U491.8

中国版本图书馆CIP数据核字(2017)第041898号

中国石化出版社出版发行
地址:北京市东城区安定门外大街58号
邮编:100011　电话:(010)57512500
发行部电话:(010)57512575
http://www.sinopec-press.com
E-mail:press@sinopec.com
番茄云印刷(沧州)有限公司印刷
全国各地新华书店经销
*
787毫米×1092毫米16开本13.25印张274千字
2017年3月第1版　2024年1月第2次印刷
定价:52.00元

《压缩天然气加气站》编委会

主　　编　王　靓　赵　亮

副 主 编　孙伟森

执行主编　姜　晖　王大鹏　黄志辉

编写人员　赵志海　肖海明　辛慧雄　刘　华
　　詹旭聪　李芳婵　蒋学书　周世华
　　杨　金　齐　殷　贾伟浏

审查人员　闫德林　郭建新　朱宏武　姚运涛

前　言

当今社会不断进步，物质生活日益丰富，人们的出行方式向多样化发展，公共交通的发达、私家车辆的增加，对车用燃料需求不断增长，但随着人们环境意识不断加强，传统车用燃料汽油与柴油的霸主地位受到严峻挑战，替代能源中，车用天然气技术愈加成熟，使用更为广泛，各类型的加气站也相继建成并投入运营，为车用清洁能源提供了燃料供应，与此同时，在新的安全环保及职业卫生要求下，加气站的 HSE 管理也急需提高。

目前从业人员对天然气加气站相关知识缺乏系统了解和掌握，包括加气站建设、工艺、设备、安全、数质量管理等知识迫切需要普及。因此，中国石化销售有限公司结合加气站建设与运营的情况，组织人员编写了《天然气HSE 与设备管理丛书》。

本书主要结合压缩天然气加气站的工艺、设备、操作及管理工作实际，从介绍压缩天然气加气站工艺与建设安全出发，深入浅出地对压缩天然气加气站的主要设备，包括调压计量系统、脱硫塔、脱水装置、压缩机组、储气系统、加(卸)气装置等，从工艺原理、设备简介、设备操作、维护保养等方面进行了讲解，同时也介绍压缩天然气加气站电气与仪表方面的使用、操作、维护、保养及管理要求，最后讲解了压缩天然气加气站的职业卫生和环境保护。全书具有一定的实用性和创新性，能满足压缩天然气加气站从业人员的需求。

编　者

前　言

[illegible]

目　录

第1章　压缩天然气加气站工艺与建设安全

压缩天然气(CNG)加气站的工艺已日益成熟，在建设方面可以单独建设，也可以和加油站、液化天然气加气站及充电桩等形式的车用能源供应方式合建，根据汽车加油加气站的设计与施工标准，对加气站的等级划分、平面布置、工艺流程、建构筑物的防火防爆要求等进行了明确。本章从安全管理的角度对上述内容进行了阐述，旨在提升加气站从业人员对压缩天然气加气站建设初期及建设过程中的管理。

1.1　压缩天然气加气站站址的选择

在进行CNG加气站网点布局和选址定点时，应充分考虑当地的整体规划、加气站等级、与周边建(构)筑物的安全间距等因素，同时，需要处理好方便顾客加气和不影响当地交通之间的关系。

1.1.1　加气站等级划分

加气站的等级划分与加气站的建站类型密切相关，下面按CNG加气站、加油站与CNG加气站合建站、CNG加气站以及LNG加气站与L－CNG加气站合建站分别进行介绍。

1.1.1.1　压缩天然气加气站等级划分

2013年3月1日起实施的《汽车加油加气站设计与施工规范》(GB 50156—2012)对压缩天然气加气站等级划分如下："CNG加气站储气设施的总容积，应根据设计加气汽车数量、每辆汽车加气时间、母站服务的子站的个数、规模和服务半径等因素综合确定。在城市建成区内，CNG加气站储气设施的总容积应符合下列规定：

(1)CNG加气母站储气设施的总容积不应超过120m^3。

(2)CNG常规加气站储气设施的总容积不应超过30m^3。

(3)CNG加气子站内设置有固定储气设施时，固定储气设施的总容积不应超过18m^3，站内停放的车载储气瓶组拖车不应多于1辆。

(4)CNG加气子站内无固定储气设施时，站内停放的车载储气瓶组拖车不应多于2辆。

(5)CNG常规加气站可采用LNG储罐做补充气源，但LNG储罐容积、CNG储气设施的总容积和加气站的等级划分，应符合表1－1的规定。

表1-1　CNG常规加气站以LNG储罐做补充气源的建站等级划分

级别	L-CNG加气站、LNG和L-CNG加气合建站		
	LNG储罐总容积/m^3	LNG储罐单罐容积/m^3	CNG储气设施总容积/m^3
一级	$60<V\leqslant120$	≤60	≤24
二级	$V\leqslant60$	≤60	≤18
三级	$V\leqslant30$	≤30	≤18

1.1.1.2　加油站和压缩天然气加气站合建时的等级划分

加油与CNG加气合建站的等级划分在《汽车加油加气站设计与施工规范》(GB 50156—2012)中有明确的规定，见表1-2。

表1-2　加油与CNG加气合建站的等级划分

级别	油品储罐总容积/m^3	常规CNG加气站储气设施总容积/m^3	加气子站储气设施/m^3
一级	$90<V\leqslant120$	$V\leqslant24$	固定储气设施总容积≤12 可停放1辆车载储气瓶组拖车
二级	$V\leqslant90$		
三级	$V\leqslant60$	$V\leqslant12$	可停放1辆车载储气瓶组拖车

注：(1)柴油罐容积可折半计入油罐总容积。

(2)当油罐总容积大于90m^3时，油罐单罐容积不应大于50m^3；当油罐总容积小于或等于90m^3时，汽油罐单罐容积不应大于30m^3，柴油罐单罐容积不应大于50m^3。

1.1.1.3　加油站和LNG加气站、L-CNG加气站合建时的等级划分

加油与LNG加气、L-CNG加气、LNG/L-CNG加气合建站的等级划分在《汽车加油加气站设计与施工规范》(GB 50156—2012)中也有明确的规定，见表1-3。

表1-3　加油与LNG加气、L-CNG加气、LNG/L-CNG加气合建站的等级划分

合建站等级	LNG储罐总容积/m^3	LNG储罐总容积与油品储罐总容积合计/m^3	CNG储气设施总容积/m^3
一级	$V\leqslant120$	$150<V\leqslant210$	≤12
二级	$V\leqslant60$	$90<V\leqslant150$	≤9
三级	$V\leqslant60$	$V\leqslant90$	≤8

注：(1)柴油罐容积可折半计入油罐总容积。

(2)当油罐总容积大于90m^3时，油罐单罐容积不应大于50m^3；当油罐总容积小于或等于90m^3时，汽油罐单罐容积不应大于30m^3，柴油罐单罐容积不应大于50m^3。

(3)LNG储罐的单罐容积不应大于60m^3。

1.1.2　压缩天然气加气站站址选择要求

(1)CNG加气站的站址选择，应符合城乡规划、环境保护和防火安全的要求，并应选在交通便利的地方。

(2)在城市建成区不宜建一级加气站、一级加油加气合建站、CNG 加气母站。在城市中心区不应建一级加油站、一级加气站、一级加油加气合建站、CNG 加气母站。

(3)城市建成区内的 CNG 加气站，宜靠近城市道路，但不宜选在城市干道的交叉路口附近。

(4)CNG 加气站、CNG 加气母站和加油加气合建站宜靠近天然气高中压管道或储配站建设，供气参数应符合天然气压缩机性能要求，新建的 CNG 加气站、CNG 加气母站和加油加气合建站不应影响现有用气户与待发展用气户的天然气使用。

(5)CNG 加气站和加油加气合建站的 CNG 工艺设备与站外建(构)筑物的安全间距，不应小于表 1-4 的规定。

表 1-4　CNG 工艺设备与站外建(构)筑物的安全间距　　m

站外建(构)筑物		站内 CNG 工艺设备		
		储气瓶	集中放散管管口	储气井、加(卸)气设备、脱硫脱水设备、压缩机(间)
重要公共建筑物		50	30	30
明火地点或散发火花地点		30	25	20
民用建筑物保护类别	一类保护物			
	二类保护物	20	20	14
	三类保护物	18	15	12
甲、乙类物品生产厂房、库房和甲、乙类液体储罐		25	25	18
丙、丁、戊类物品生产厂房、库房和丙类液体储罐以及容积不大于 $50m^3$ 的埋地甲、乙类液体储罐		18	18	13
室外变配电站		25	25	18
铁路		30	30	22
城市道路	快速路、主干路	12	10	6
	次干路、支路	10	8	5
架空通信线和通信发射塔		1 倍杆(塔)高	1 倍杆(塔)高	1 倍杆(塔)高
架空电力线路	无绝缘层	1.5 倍杆(塔)高	1.5 倍杆(塔)高	1 倍杆(塔)高
	有绝缘层	1 倍杆(塔)高	1 倍杆(塔)高	

注：(1)室外变、配电站指电力系统电压为 35～500kV，且每台变压器容量在 10MV·A 以上的室外变、配电站，以及工业企业的变压器总油量大于 5t 的室外降压变电站。其他规格的室外变、配电站或变压器按丙类物品生产厂房确定。

(2)表中道路系指机动车道路。油罐、加油机和油罐通气管管口与郊区公路的安全间距按城市道路确定，高速公路、一级和二级公路按城市快速路、主干路确定；三级和四级公路按城市次干路、支路确定。

(3)与重要公共建筑物的主要出入口(包括铁路、地铁和二级及以上公路的隧道出入口)尚不应小于 50m。

(4)储气瓶拖车固定停车位与站外建(构)筑物的防火间距，应按本表储气瓶的安全间距确定。

(5)一、二级耐火等级民用建筑物面向加气站一侧的墙为无门窗洞口实体墙时，站内 CNG 工艺设备与该民用建筑物的距离，不应低于本表规定的安全间距的 70%。

1.2 压缩天然气加气站的平面布置

加气站的平面布置是加气站设计阶段的一项重要内容，在进行平面布置设计时应合理划分加气站的功能区域，合理确定安全间距，使加气站的平面布置在满足国家标准的情况下，能满足加气站营业之后的功能需求。

1.2.1 划分功能区域和合理确定间距

(1)CNG加气站根据其使用性质的不同，一般将总平面分成4个功能区域，分别为加气区、储气区[储气(井)瓶组]、生产区和辅助区。当然，区域的划分并不是唯一的，但一般总是根据其具体功能来进行划分的。

(2)在CNG加气站平面组合时，既要满足经营和作业功能的要求，又必须符合安全防火规定，满足防火距离要求，合理确定安全间距。计算合理间距的起算点：道路指路面边缘；管道指管子中心线；储气瓶指瓶外壁；储气井指井管中心；加气机指中心线；设备指外缘；架空电力线、通信线路指线路中心线；埋地电力、通信电缆指电缆中心线；建(构)筑物指外墙轴线；地下建(构)筑物指出入口、通气口、采光窗等对外开口；架空电力线杆高、通信线杆高和通信发射塔塔高指电线杆和通信发射塔所在地面至杆顶或塔顶的高度。CNG加气站及加油加气合建站内设施的防火距离，不应小于《汽车加油加气站设计与施工规范》(GB 50156—2012)的规定，见表1-5。

注：本规范中的安全间距和防火间距未特殊说明的，均指平面投影距离。

1.2.2 主要设施布置的安全要求

CNG加气站的主要设施有：储气(井)瓶组、放空管、加气机、加气岛、调压计量系统、压缩机间、站房、配电间、围墙等。CNG加气站的站内主要设施布置应满足下列安全要求：

(1)禁止无关人员进入生产区和储气区，并隔绝火种，以保障站内安全。加气站的工艺设备与站外建(构)筑物之间，宜设置高度不低于2.2m的不燃烧体实体围墙；但面向进、出口道路的一侧宜设置非实体围墙，或开敞，这主要是为了进出站的车辆视野开阔，行车安全，方便操作人员对加气车辆进行管理，同时，在城市建站还能满足城市景观美化的要求。

(2)车辆进、出口应分开设置。站内平面布置宜按进站汽车正向行驶设计。在运营管理中，严禁加气车辆堵塞汽车驶离车道，以防止发生事故时阻碍汽车迅速驶离。

表 1-5　加气站及合建站内设施的防火距离

m

设施名称	汽油罐	柴油罐	汽油通气管管口	柴油通气管管口	LPG储罐 地上罐 一级站	LPG储罐 地上罐 二级站	LPG储罐 地上罐 三级站	LPG储罐 埋地罐 一级站	LPG储罐 埋地罐 二级站	LPG储罐 埋地罐 三级站	CNG储气设施	CNG集中放散管管口	油品卸车点	LPG卸车点	LPG泵(房)、压缩机(间)	天然气压缩机(间)	天然气调压器(间)	天然气脱硫和脱水设备	加油机	LPG加气机	CNG加气机、加气柱和卸气柱	站房	消防泵房和消防水池取水口	自用燃煤锅炉房和燃煤厨房	自用有燃气(油)设备的房间	站区围墙
汽油罐	0.5	0.5	—	—	×	×	×	6	4	3	6	6	—	5	5	6	6	5	—	4	4	4	10	18.5	8	3
柴油罐	0.5	0.5	—	—	×	×	×	4	3	3	4	4	—	3.5	3.5	4	4	3.5	—	3	3	3	7	13	6	2
汽油通气管管口	—	—	—	—	×	×	×	8	6	6	8	6	3	8	6	6	6	5	—	8	8	4	10	18.5	8	3
柴油通气管管口	—	—	—	—	×	×	×	6	4	4	6	4	2	6	4	4	4	3.5	—	6	6	3.5	7	13	6	2
LPG储罐 地上罐 一级站	×	×	×	×	D			×	×	×	×	×	12	12/10	12/10	×	×	×	12/10	12/10	×	12/10	40/30	45	18/14	6
LPG储罐 地上罐 二级站	×	×	×	×		D		×	×	×	×	×	10	10/8	10/8	×	×	×	10/8	10/8	×	10/8	30/20	38	16/12	5
LPG储罐 地上罐 三级站	×	×	×	×			D	×	×	×	×	×	8	8/6	8/6	×	×	×	8/6	8/6	×	8	30/20	33	16/12	5
LPG储罐 埋地罐 一级站	6	4	8	6				2			×	×	5	5	6	×	×	×	8	8	×	8	20	30	10	4
LPG储罐 埋地罐 二级站	4	3	6	4					2		×	×	3	3	5	×	×	×	6	6	×	6	15	25	8	3
LPG储罐 埋地罐 三级站	3	3	6	4						2	×	×	3	3	4	×	×	×	4	4	×	6	12	18	8	3
CNG 储气设施	6	4	8	6	×	×	×	×	×	×	1.5(1)	—	6	×	×	—	—	—	6	×	—	5		25	14	3（注4）
CNG 集中放散管管口	6	4	6	4	×	×	×	×	×	×	—	—	6	×	×	—	—	—	6	×	—	5		15	14	3
油品卸车点	—	—	3	2	12	10	8	5	3	3	6	6	—	4	4	6	6	5	—	4	4	5	10	15	8	—（注4）
LPG 卸车点	5	3.5	8	6	12/10	10/8	8/6	5	3	3	×	×	4	—	5	×	×	×	6	5	×	6	8	25	12	3
LPG 泵(房)、压缩机(间)	5	3.5	6	4	12/10	10/8	8/6	6	5	4	×	×	4	5	—	×	×	×	4	4	×	6	8	25	12	2（注4）
天然气压缩机(间)	6	4	6	4	×	×	×	×	×	×	—	—	6	×	×	—	—	—	4	4	—	5	8	25	12	2（注4）
天然气调压器(间)	6	4	6	4	×	×	×	×	×	×	—	—	6	×	×	—	—	—	6	6	—	5	8	25	12	2（注4）
天然气脱硫和脱水设备	5	3.5	5	3.5	×	×	×	×	×	×	—	—	5	×	×	—	—	—	5	5	—	5	15	25	12	—（注4）
加油机	—	—	—	—	12/10	10/8	8/6	8	6	4	6	6	—	6	4	4	6	5	—	4	4	5	6	15(10)	8(6)	—（注4）

续表

设施名称	汽油罐	汽油罐	汽油通气管管口	柴油通气管管口	LPG 储罐						CNG储气设施	CNG集中放散管管口	油品卸车点	LPG卸车点	LPG泵(房)、压缩机(间)	天然气压缩机(间)	天然气调压器(间)	天然气脱硫和脱水设备	加油机	LPG加气机	CNG加气机、加气柱和卸气柱	站房	消防泵房和消防水池取水口	自用燃煤锅炉房和燃煤厨房	自用有燃气(油)设备的房间	站区围墙
					地上罐			埋地罐																		
					一级站	二级站	三级站	一级站	二级站	三级站																
LPG加气机	4	3	8	6	12/10	10/8	8/6	8	6	4	×	×	4	5	4	4	6	5	4	—	×	5.5	6	18	12	—(注4)
CNG加气机、加气柱和卸气柱	4	3	8	6	×	×	×	×	×	×	—	—	4	×	×	—	—	—	4	×	—	5	6	18	12	—(注4)
站房	4	3	4	3.5	12/10	10/8	8	8	6	6	5	5	5	6	6	5	5	5	5	5.5	5	—	—	—	—	—
消防泵房和消防水池取水口	10	7	10	7	40/30	30/20	30/20	20	15	12			10	8	8	8	8	15	6	6	6	—	—	12	—	—
自用燃煤锅炉房和燃煤厨房	18.5	13	18.5	13	45	38	33	30	25	18	25	15	15	25	25	25	25	25	15(10)	18	18	—	12	—	—	—
自用有燃气(油)设备的房间	8	6	8	6	18/14	16/12	16/12	10	8	8	14	14	8	12	12	12	12	12	8(6)	12	12	—	—	—	—	—
站区围墙	3	2	3	2	6	5	5	4	3	3	3(注4)	3	—(注4)	3	2(注4)	2(注4)	2(注4)	—(注4)	—(注4)	—(注4)	—(注4)	—	—	—	—	—

注：(1)表中数据分子为 LPG 储罐无固定喷淋装置的距离，分母为 LPG 储罐设有固定喷淋装置的距离。*D* 为 LPG 地上罐相邻较大罐的直径。

(2)括号内数值为储气井与储气井、柴油加油机与自用有燃煤或燃气(油)设备的房间的距离。

(3)橇装式加油装置的油罐与站内设施之间的防火间距应按本表汽油罐、柴油罐增加 30%。

(4)当卸油采用油气回收系统时，汽油通气管管口与站区围墙的距离不应小于 2.0 m。

(5)LPG 储罐放散管管口与 LPG 储罐距离不限，与站内其他设施的防火间距可按相应级别的 LPG 埋地储罐确定。

(6)LPG 泵和压缩机、天然气压缩机、调压器和天然气脱硫和脱水设备露天布置或布置在开敞的建筑物内时，起算点应为设备外缘；LPG 泵和压缩机、天然气压缩机、天然气调压器设置在非开敞的室内时，起算点应为该类设备所在建筑物的门窗等洞口。

(7)容量小于或等于 $10m^3$ 的地上 LPG 储罐的整体装配式加气站，其储罐与站内其他设施的防火间距，不应低于本表三级站的地上储罐防火间距的 80%。

(8)CNG 加气站的橇装设备与站内其他设施的防火间距，应按本表相应设备的防火间距确定。

(9)站房、有燃煤或燃气(油)等明火设备的房间的起算点应为门窗等洞口。站房内设置有变配电间时，变配电间的布置应符合本规范第 5.0.8 条的规定。

(10)表中“—”表示无防火间距要求，“×”表示该类设施不应合建。

(3)站内车道或停车位宽度应按车辆类型确定。CNG 加气母站内单车道或单车停车位宽度，不应小于 4.5m，双车道或双车停车位宽度不应小于 9m；其他类型加气站的车道或停车位，单车道或单车停车位宽度不应小于 4m，双车道或双车停车位不应小于 6m。站内的道路转弯半径应按行驶车型确定，且不宜小于 9m。站内停车位应为平坡，道路坡度不应大于 8%，且宜坡向站外。加气区内的停车位和道路路面不应采用沥青路面，发生火灾事故时沥青将发生熔融而影响车辆撤离和消防工作正常进行，可采用混泥土材料建造，其厚度根据承受的载荷计算确定。

(4)加气区宜设罩棚，罩棚应采用不燃烧材料建造，其净空高度不应小于 4.5m。罩棚边缘与加气机的平面距离不宜小于 2m。

(5)加气岛为安装加气机的平台，又称安全岛。加气机和罩棚立柱应有防汽车碰撞的措施，以确保操作人员人身安全，加气岛应高出停车位的地坪 0.15～0.2m，两端的宽度不应小于 1.2m，加气岛上的罩棚立柱边缘距岛端部，不应小于 0.6m。

(6)在加油加气合建站内，宜将柴油罐布置在 CNG 储气瓶组与汽油罐之间。

1.3　压缩天然气加气站的工艺

CNG 加气站的类型不同，生产工艺略有差异，故本节按照站点类型(CNG 常规加气站、CNG 加气母站、CNG 加气子站)对 CNG 加气站的工艺进行介绍。

1.3.1　常规加气站的工艺流程

CNG 常规加气站一般建在有天然气管网的城市，位于天然气管网附近，直接从管网中吸取天然气，经预处理(分离、过滤、脱硫)、压缩、脱水处理后输入储气瓶或储气井，通过优先顺序控制系统和加气机给燃气汽车加气。

CNG 常规加气站一般由六个子系统组成，包括调压计量系统、天然气净化干燥系统、天然气压缩系统、压缩天然气储存系统、控制系统和压缩天然气的加气系统。天然气净化系统中的脱硫设备，只有来气中含硫量超标时才设置；脱水设备可以置于压缩机之后(属高压脱水法)，也可置于压缩机之前(属低压脱水法)这六个子系统，对于不同地区、不同环境条件的 CNG 常规加气站来说，其设备配置可能不大一样，有简单的，也有比较复杂的，但作为一个完整的 CNG 常规加气站却是缺一不可的。CNG 常规加气站典型工艺流程如图 1-1 所示。

1.3.2　母站的工艺流程

CNG 加气母站是一种供气源，它往往建于城市有天然气管网的门站或主管网附近。CNG 加气母站生产工艺流程与 CNG 常规加气站基本一致，不同之处在于 CNG 加气母站除自身具有 CNG 常规加气站的功能外，还有其唯一的特殊功能，即能向车载储气瓶组

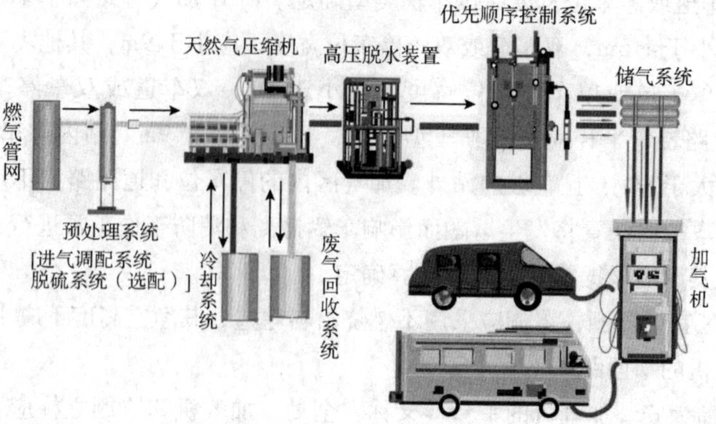

图 1-1　常规加气站典型工艺流程图

充装 CNG，并通过牵引车转运至子站。正由于这一特殊功能，CNG 加气母站内设置有专门为长管拖车充装的加气柱。在具备场地、客户等经营条件下，CNG 加气母站内可配置一定数目的加气机，对外给燃气汽车加气销售经营。

CNG 加气子母站典型工艺流程如图 1-2 所示。

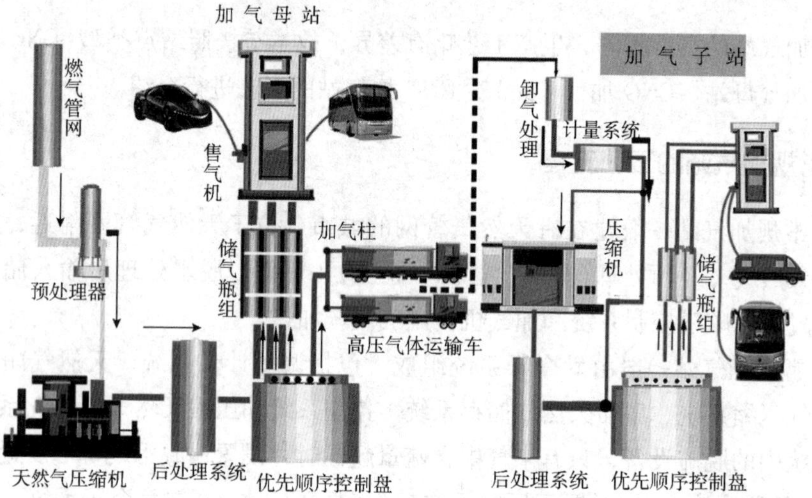

图 1-2　CNG 加气子母站典型工艺流程图

1.3.3　子站的工艺流程

CNG 加气子站建在无天然气管网的地方，压缩天然气由 CNG 加气母站生产，以压缩气体状态运来，CNG 加气子站的作用是保证这些气体以规定的压力充入燃气汽车的储气瓶中。CNG 加气子站又可分为标准子站和液压平推子站，且两种类型的子站工艺有所不同。

1.3.3.1　标准子站的工艺流程

CNG 标准子站通常由接卸、压缩、储气、加气 4 个子系统组成。CNG 车载储气瓶组到达 CNG 标准子站后，通过卸气高压软管与卸气柱相连，然后进入压缩机组将天然气压缩、冷却后使压力提升到 20MPa 以上（部分压缩机最高限压可达 25MPa），再通过顺序控制系统进入高、中、低储气瓶组或储气井，进行稳压、储存，最后通过加气机给 CNG 燃料汽车加气。CNG 标准子站典型工艺流程如图 1-3 所示。

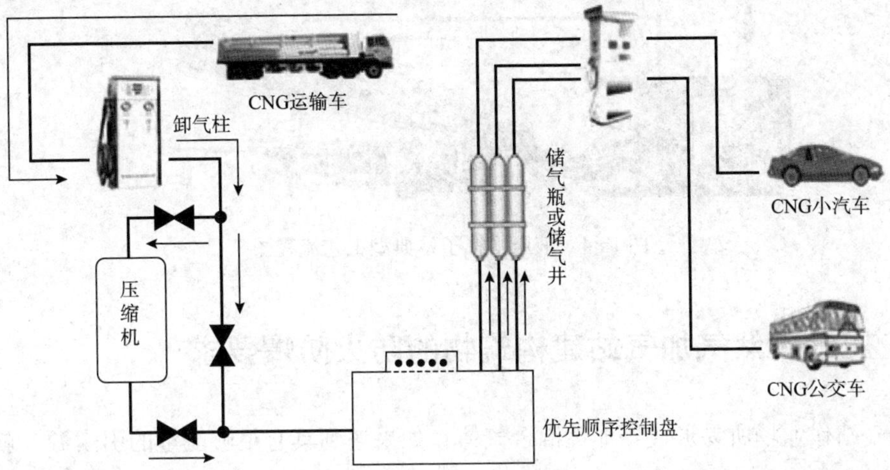

图 1-3　CNG 标准子站典型工艺流程图

1.3.3.2　液压平推子站的工艺流程

CNG 液压平推子站，是以自动控制的方式，运用成套专用设备，将特殊性质的液体，以高压充入 CNG 车载储气瓶组的瓶式压力容器中，将容器内的压缩天然气以 20～22MPa 压力稳定推出，经过过滤，通过站内的加气机给 CNG 燃料汽车加气。

液压平推子站系统由液压橇、CNG 车载储气瓶组、拖车顶升装置、气源设备、控制柜、加气机组成。在自动控制系统的监控下，通过橇体中的液压系统，将 CNG 车载储气瓶组上储气管束中的 CNG 以平稳的压力和速度推出到加气机，再由加气机给 CNG 燃料汽车加气。当刚刚开始启动设备或 PLC 控制系统监测到液压系统压力低时，高压液压泵开始工作，向车载储气瓶组的一支钢瓶内充入高压液体；在液压泵出口设有压力控制阀，并设有压力传感器，压力控制阀设定液体出口压力控制范围 20～22MPa。当液压系统压力达到高限 22MPa（或设定值）时，压力控制阀停止向高压系统供液，并通过旁通回路把高压液体回流到液体储罐中；液压泵经一定时间的延时，如果系统压力仍然不降，则液压泵停止工作；当系统压力降至低限 20MPa（或设定值）时，液压泵重新开始工作。CNG 液压平推子站典型工艺流程如图 1-4 所示。

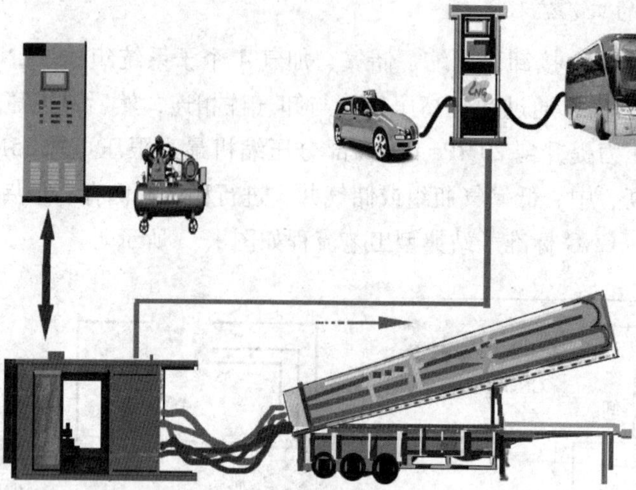

图 1-4　液压平推子站典型工艺流程图

1.4　压缩天然气加气站建构筑物的防火防爆要求

加气站作业场所易形成爆炸性混合气体，如果遇到具有足够能量的引爆源，就会发生火灾或爆炸事故，造成加气站建构筑物及设备的损坏。因此，为了预防加气站事故的发生及防治事故的扩大，必须对加气站的构建筑物进行防火防爆设计，在加气站一旦发生火灾或爆炸事故的情况下，建构筑物能阻止火灾的蔓延扩大，减轻建构筑物的破坏程度，减少事故造成的损失。

1.4.1　建筑材料的耐火性能

加气站常用的建筑材料有砖、石、钢、混凝土等，其耐火性能如下：

(1)普通黏土砖承受 800～900℃的高温时无显著破坏，遇水急冷的影响也不太大。空心砖因各面受热不均，膨胀不一，产生裂缝及表面剥落。

(2)花岗石等由不同岩石组成的石材，遇高热就开裂。石灰石等单一岩石组成的石材可耐 800～900℃的高温。

(3)钢材在温度上升到 250℃左右时强度最大，当温度在 300～400℃时，强度很快下降。温度达到 500℃时，钢材的强度降低一半。一般情况下，温度达到 600℃时就失去承载能力。根据火灾统计资料分析来看，无防火保护的钢结构，一般均在起火后 10min 左右，建筑物倒塌。此外，钢在高温遇水冷却也会变形，造成房屋倒塌。因此对于无防火保护层的钢结构，为了提高其耐火性，就必须设法推迟构件达到极限温度的时间，其主要方法是在构件表面粘贴隔热的保护层。

(4)混凝土的耐火性主要决定于它的骨料。花岗石骨料混凝土在 550℃时，因骨料碎裂而出现裂纹。石灰石骨料混泥土耐火可达700℃。由于混凝土比热容较大，升温较慢，所以混凝土在短时间内是不易被烧坏的。钢筋混凝土在温度低于400℃时，受力条件较好，但温度过高，钢筋变形较大，受力条件差。钢筋保护层厚度越大，耐火时间越长。

(5)石棉耐高温(200～1300℃左右)，是一种良好的隔热材料。用石棉和水泥混合面制成的板材就是石棉板。石棉板在均匀受热时，能耐热700～750℃，但高温时遇水冷却立即被破坏。

(6)窗玻璃在700～800℃时软化，900～950℃时熔化。在火灾条件下，由于玻璃的膨胀，变形受到窗框的限制，一般在250℃时便开裂，自行破碎。

(7)砂浆抹灰作为结构的保护层，当与结构表面结合牢固，厚达15～20mm时，能使结构的耐火时间延长20～30min。

(8)木材受热后开始蒸发水分，到100℃以后，开始分解可燃气体，放出少量的热。遇明火点燃，便会出现火焰起火燃烧。木材的燃点介于240～270℃之间。木材在高温作用下超过400℃以后，达到发火的自燃温度，不用明火点燃能自己发火燃烧。

1.4.2　建筑构件的耐火极限

根据建筑构件在明火或高温作用下的变化特征，分为三类：

(1)非燃烧体。用金属、砖、石、混凝土等非燃烧材料制成的构件。这种构件受到火烧和高温作用下不起火、不微燃、不炭化。

(2)难燃烧体。用难燃烧材料制成的构件，或用燃烧材料为基层，而用非燃烧材料为保护层制成的构件。此构件在空气中受到火烧或高温作用下，难起火、难微燃、难炭化，当火源移走后，燃烧或微燃立即停止。如沥青混凝土，经过防火处理的木材等都属于难燃烧体。

(3)燃烧体。用燃烧材料制成的构件。此构件在明火或高温作用下能立即起火或微燃，且火源移走后，仍能继续燃烧或微燃。如木柱、木梁、纤维板等。

(4)建筑构件的耐火极限，是按研究实验所规定的火灾升温曲线，对建筑构件进行耐火实验，受到火的作用时起，到失去支撑能力或发生穿透裂缝或背火一面温度升高到220℃的时间，用h表示。

1.4.3　建构筑物的耐火等级

确定合适的建构筑物的耐火等级，不仅可以预防火灾，限制火灾的蔓延扩大并及时扑救火灾，而且还可以减少投资，经济实惠。

建筑物的耐火等级是由组成建筑物的构件的燃烧性能和构件最低的耐火极限决定的。根据建筑常用的几种结构形式，将其耐火性能划分成4级，一般来讲：一级耐火等级建筑物由钢筋混凝土结构楼板、屋顶、砌体、墙组成；二级耐火等级建筑和一级基本相似，但所用材料的耐火极限可以较低；三级耐火等级建筑是由木结构屋顶、钢筋混凝土楼板和砖墙组成的砖木结构；四级耐火等级建筑是由木屋顶、难燃烧体楼板和墙组成的可燃结构。各耐火等级建筑物的燃烧性能和耐火极限应满足《建筑设计防火规范》(GB 50016—2014)的要求，见表1-6。

表1-6　建筑物构件的燃烧性能和耐火极限

构件名称		耐火等级			
		一级	二级	三级	四级
墙	防火墙	不燃性3.00	不燃性3.00	不燃性3.00	不燃性3.00
	承重墙	不燃性3.00	不燃性2.50	不燃性2.00	难燃性0.50
	非承重墙	不燃性1.00	不燃性1.00	不燃性0.50	不燃性
	楼梯间和前室的墙电梯井的墙住宅建筑单元之间的墙和分户墙	不燃性2.00	不燃性2.00	不燃性1.50	难燃性0.50
	疏散走道两侧的墙壁	不燃性1.00	不燃性1.00	不燃性0.50	难燃性0.25
	房间隔墙	不燃性0.75	不燃性0.50	难燃性0.50	难燃性0.25
柱		不燃性3.00	不燃性2.50	不燃性2.00	难燃性0.50
梁		不燃性2.00	不燃性1.50	不燃性1.00	难燃性0.50
楼板		不燃性1.50	不燃性1.00	不燃性0.50	可燃性
顶层承重构件		不燃性1.50	不燃性1.00	不燃性0.50	可燃性
疏散楼梯		不燃性1.50	不燃性1.00	不燃性0.50	可燃性
吊顶(包括吊顶搁栅)		不燃性0.25	难燃性0.25	难燃性0.15	可燃性

1.4.4　防火分隔等级

加气站建筑物的火灾危险性都较大，如果一建筑物的火灾蔓延至其他建筑物，将会造成巨大的经济损失，甚至导致灾难性的火灾。为此，在建筑的设计、布置中，应设置防火间距，确定合理的建筑物耐火等级，控制爆炸危险区域建筑物的层数及面积。

防火分隔就是在建筑物内部设置耐火等级较高的防火分隔物，把建筑物的空间分隔成若干个防火区段，使每一个防火区段发生火灾时，都能在一定时间内不至于向外蔓延扩大。防火分隔场应有较高的耐火极限，能有效地隔绝火势和热气流的影响，为扑灭火灾赢得时间。

1.4.4.1　防火墙的分类及要求

防火墙按其在建筑物中的位置及构造形式，可分为横向防火墙(与屋脊方向垂直)、纵向防火墙(与屋脊方向平行)、内墙防火墙、外墙防火墙、独立防火墙等。对其结构基本要求如下：

(1)防火墙应由非燃烧体材料构成，其耐火极限不应低于4.00h。

(2)防火墙应直接砌筑在基础上或框架结构的框架上。当防火墙一侧的屋架、梁、楼板被烧毁或严重破坏时，防火墙本身仍应不致受到破坏。

(3)防火墙上不宜开门、窗洞口，若必须开时，应设耐火极限不低于1.20h的非燃烧体或难燃烧体的防火门、窗。

(4)防火墙上不宜通过管道，如必须通过时，应用非燃烧材料将穿墙进孔周围的空隙紧密填塞。

(5)在防火墙上内部不宜设置通风道。

1.4.4.2 防火墙的应用

(1)当建筑物的占地面积超过了规定的要求时，应在建筑物内部用防火墙加以分隔，使其符合要求。

(2)建筑物内部防火要求不同或灭火方法不同的部位之间，如在同一库房内存放不同种类的润滑油，压缩机间与锅炉房之间，都要设防火墙或防火间隔墙加以分隔并设单独出入口。

(3)易燃、易爆的作业场所，如压缩机间与配电室及生产管理室之间均应用防火墙或防爆墙分隔。

1.4.5 加气站建筑物防爆设计及要求

1.4.5.1 防爆设计的基本措施

可燃气体或易燃、可燃液体蒸气与空气混合后达到一定浓度后就形成了爆炸性混合物，遇到火源就能引起爆炸。这种爆炸，在极短的时间内释放出大量的能量，产生出大量的高温高压气体，使周围空气发生猛烈震荡，这种空气震荡的现象称为冲击波。在离爆炸中心一定的范围内，人将受到冲击波及被炸裂碎片的伤害，建筑物也将倒塌和燃烧破坏。

由于可燃气体或易燃、可燃液体蒸气与空气混合后发生爆炸的威力巨大，其爆炸压力可达0.15～1.50MPa，而建筑物的耐爆能力却很差，如37cm厚砖墙耐爆压力只有7kPa，显然要想完全通过提高建筑物的耐爆能力来解决这一矛盾是行不通的。为了防止爆炸事故的发生，减少爆炸事故造成的损失，在建筑设计上主要采取以下基本措施：

(1)避免爆炸危险性混合物的形成。

(2)排除能够引起爆炸危险性混合物的引爆源，尽量避免爆炸事故的发生。

(3)对于建筑物，一旦发生爆炸事故，要求主体结构要能承受一定的爆炸压力，并设立各种能减轻爆炸事故危害的泄压设施，不至发生整体建筑物的坍塌。如建筑物采用框架结构、设置防爆墙、采用轻质屋盖和外墙及泄压窗等。

以上防爆技术措施要从建筑物的平面及空间布置、建筑构造及建筑设施上加以实施。

1.4.5.2 合理布置有爆炸危险的建筑物

对于加气站中有爆炸危险的建筑物，在中平面布置和建筑物的平面和空间布置时，都应从防止爆炸事故的发生和减少爆炸事故所造成的损失出发来考虑。

(1)总平面布置。前面已经从安全的角度讨论了加气站总平面布置中应考虑的事项，具体详见1.2压缩天然气加气站平面布置的内容。

(2)平面及空间布置。

①防爆建筑物的形状不宜变化过多，一般应为矩形。面积不宜过大，厂房内部应尽量用防火、防爆建筑物加以分隔，以便在发生事故时，尽量减少损失。

②有爆炸危险的工作场所不宜设在地下室或半地下室内。

③防爆建筑物内应有良好的自然通风或机械通风。

④易发生爆炸的设备在建筑物内布置时，应尽量避开建筑物的主要承重构件，以免发生事故时造成房屋的倒塌，其上部应为轻质屋盖。

⑤防爆房间宜单独设置，如必须和非防爆房间毗邻，只能有一面毗邻，两者之间应用防火墙或防爆墙隔开，相邻两者不应有门相通。

⑥防爆建筑物内不应设办公室、休息室等辅助用房。

(3)选用耐爆较强的结构形式。存在爆炸危险的建筑物尽可能采用敞开式或半敞开式建筑形式，以防可燃气体的积聚。

对于有爆炸危险的建筑结构选型十分重要，选用耐火性好、耐爆性强的结构形式，一旦发生事故可以避免建筑物的破坏。

钢筋混凝土框架结构的建筑，耐爆性强、耐火性较好。装配式钢筋混凝土结构的建筑，有柱、梁、楼板互相连接，整体刚性较差，耐爆强度不如钢筋混凝土框架结构。

钢结构的耐爆强度虽然很高，但是耐火极限很差，当发生火灾爆炸事故时，受到一定高温就会变形倒塌。

(4)设置防爆泄压设施。在有爆炸危险性的建筑设计中设置泄压的轻质屋顶、轻质外墙、泄压门窗等建筑构件。当发生爆炸时，这些耐压最薄弱的建筑构件，将最先爆破释放大量的气体和能量，使室内压力迅速下降，因而可以减轻爆炸压力的作用，承重结构不至于倒塌破坏，所有这些面积称为泄压面积。

泄压方向易朝向上空，尽量避免朝向人员集中的地方和交通要道，以及储存易燃、可燃物质的建筑物，以免伤害人员及二次火灾爆炸。泄压面积的确定，根据规范要求，我国对有爆炸危险厂房泄压面积与厂房体积的比值采用0.5~0.10m^2/m^3。

(5)加气站建、构筑物防火防爆要求。加气站、加油加气合建站内的所有建、构筑物除必须符合国家有关防火的法规及规范外，其耐火等级不应低于二级。此外还必须满足以下要求：

①加气站、加油加气合建站内的门、窗应向外开；有爆炸危险的建筑物，应按现行国家标准《建筑设计防火规范》(GB 50016—2014)的有关规定，采取泄压措施。

②CNG 加气站的储气瓶间宜采用开敞式或半开敞式钢筋混凝土结构或钢结构。开敞面应设置防冲撞钢栏杆，屋面应采用非燃烧材料制作。

③CNG 加气站的储气瓶间与压缩机房、调压气间相邻时，应用钢筋混凝土隔墙隔开，隔墙高度比储气瓶高出 1.0m，隔墙长度为储气瓶组总长每端延伸 2.0m，隔墙厚度不小于 20cm，且无开口。

④CNG 加气站的压缩机房宜采用单层开敞式或半开敞式建筑，净高不宜低于 4.0m，屋面应为非燃烧材料的轻型结构。

1.4.6　加气站采暖与通风要求

加油加气站内的各类房间应根据站场环境、生产工艺特点和运行管理需要进行采暖设计。采暖房间的室内计算温度不宜低于表 1-7 的规定。

表 1-7　采暖房间的室内计算温度

房间名称	采暖室内计算温度/℃
营业室、仪表控制室、办公室、值班休息室	18
浴室、更衣室	25
卫生间	12
压缩机间、调压器间、可燃液体泵房、发电间	12
消防器材间	5

加油加气站的采暖宜利用城市、小区或邻近单位的热源。无利用条件时，可在加油加气站内设置锅炉房。

设置在站房内的热水锅炉房(间)，应符合下列规定：

(1)锅炉宜选用额定供热量不大于 140kW 的小型锅炉。

(2)当采用燃煤锅炉时，宜选用具有除尘功能的自然通风型锅炉。锅炉烟囱出口应高出屋顶 2m 及以上，且应采取防止火星外逸的有效措施。

(3)当采用燃气热水器采暖时，热水器应设有排烟系统和熄火保护等安全装置。

加油加气站内，爆炸危险区域内的房间或箱体应采取通风措施，并应符合下列规定：

(1)采用强制通风时，通风设备的通风能力在工艺设备工作期间应按每小时换气 12 次计算，在工艺设备非工作期间应按每小时换气 5 次计算。通风设备应防爆并应与可燃气体浓度报警器联锁。

(2)采用自然通风时，通风口总面积不应小于 $300cm^2/m^2$(地面)，通风口不应少于 2 个，且应靠近可燃气体积聚的部位设置。

加油加气站室内外采暖管道宜直埋敷设，当采用管沟敷设时，管沟应充沙填实，进出建筑物处应采取隔断措施。

1.5 压缩天然气加气站建设的安全监督

加气站建设的安全设施和劳动保护措施，应贯彻“全过程”监督。所以，安全监督贯穿于建设项目的建议书、可行性研究报告、设计任务书、施工图设计、施工、验收等各个阶段。

1.5.1 加气站建设的监督原则及程序

1.5.1.1 加气站建设的监督原则

加气站建设的安全监督，应针对建设中构成安全隐患及对人、物、环境的危害等诸因素，按照法规和规范的要求，对加气站建设工程的总体规划、工艺流程、设备选用、安全设施、劳动保护措施和环境保护等实施监察和监督。

安全监督除了应严格执行《汽车加油加气站设计与施工规范》、《建筑设计防火规范》、《建设工程质量管理条例》及《中华人民共和国招投标法》等法规、法令及标准外，还应从安全系统工程、实施的可行性、可靠性及紧急效益等方面进行分析和综合评价，保证加气站建设的安全可靠。

1.5.1.2 加气站建设的监督程序

(1)项目建议书。项目建议书的编制、审核及批准阶段，应考虑安全措施及职业安全卫生的要求。

(2)设计任务书及委托。设计任务书的编制，应有安全技术措施方面的论证内容，并将安全方面所需设施的投资，纳入项目投资。设计委托应保证批准后的设计任务书中规定的安全要求得到实施。

(3)设计。设计分两步，一是初步设计，初步设计文件编制时，应有设计单位同时编制有关安全卫生、消防、环保等部门规定的设计说明；二是施工图设计，施工图设计文件的编制及设计交底，应不断完善初步设计所确定的安全技术措施。在设计时如有设计变更，要及时征得各级安全监督部门的同意。

(4)施工。在施工过程中，建设单位的安全管理部门，一方面要加强对建设项目的安全监督，以检查施工过程中对安全设施施工时是否按设计要求进行；另一方面要加强对施工单位施工现场进行安全监督，办理必要的手续，如临时用电，用火许可证等。

(5)验收。工程验收应由建设单位负责，向有关部门递交验收申请报告，完成验收资料和竣工图纸。组织设计、施工、消防、工商、质监、环保等部门参加验收。

1.5.2 项目建设各阶段安全监督要求

1.5.2.1 项目建议书阶段

项目建议书的编写及审批，应对安全措施进行全面综合考虑，这对保证今后加气站项目的安全生产经营要求，起着关键性的作用。

(1)提出加气站建设项目的必要性依据时，应同时考虑建设项目中保证安全的措施及设施，满足国家现行规范、标准等各种法规中有关安全的要求。

(2)加气站的拟建规模应考虑职业危害的可能性及安全生产的可靠性。

(3)加气站地点的选择，除了应从销售网络需要、建设条件和经济效益等因素考虑外，还应从安全、健康及环境保护方面进行综合考虑。

(4)建设项目的投资估算，应包括安全、卫生及环保应采取的技术措施和设施所需要的投资。

1.5.2.2　项目设计任务书阶段

项目任务书包括建站条件、总平面规范、工艺设施、安全设施和投资估算。其中安全设施内容应包括：

(1)按现行的国家标准、规范和当地的有关安全法规的要求，综合考虑安全设施。对必须设置的消防设施、安全监测设施及污水处理等单项工程进行审查。

(2)应对各种事故发生时所需应急措施、事故紧急处理及灾害扑救设施作出研究分析及安全对策。

(3)在投资估算时应考虑到安全检测、报警设备和设施费用，灭火器材等消防设施、安全防范设施费用，事故应急措施费用。

1.5.2.3　初步设计阶段

初步设计包括总平面布置、工艺设计、建筑设计、电气设计、给排水和消防设计等内容。

(1)监督原则。

①初步设计的内容，应满足设计任务书或可行性研究报告及其审批文件中关于安全方面的措施及要求。储罐区和加气区的防火、防爆、防静电、防雷电及防毒等各项措施，还应满足可燃气体浓度的检测和报警系统的要求。

②初步设计应严格执行国家或行业有关安全的法规和技术标准。

③在初步设计变更有关安全方面的内容时，要征得有关各级安全、消防部门的同意。

(2)监督要点。在完成初步设计后，要组织有关部门进行图纸会审，作为建设单位的安全管理和监督部门，要派人参加。这就要求安全管理人员会识读平面布置图、工艺流程图、电气初步设计图、消防器材和设施的设置图等，并指出设计中存在的安全隐患问题。主要包括以下几个方面：

①储气罐的合理容量，储罐区及加气区各个区域之间的位置是否合理，站内各设施之间的安全距离是否满足规范要求，绿化与环保是否满足当地规定等。

②工艺布置是否合理，是否满足安全生产和经营要求。如加气站的进站管道上是否安装紧急切断阀等。

③在消防器材的选用和配置上是否满足使用要求和规范要求。

④对于加气站电气设计，要判断出供配电方案是否合理，是双向供电还是单项供电，电气接地和防静电、防雷设施是否符合安全要求。

⑤在给排水设计中个，含油污水的汇集、处理和排放是否可行。

⑥在土建设计中，要考虑到储罐的基础设计，建筑耐火等级。

⑦在工程预算中，要列出消防设施、防静电、防雷、储罐和管线腐蚀、含油污水处理、防泄漏及其他安全方面款项。

1.5.2.4　施工图设计阶段

建设项目初步设计经审查批准后，在施工图设计时，应不断完善初步设计中确定的职业安全卫生设施，并落实初步设计中提出的有关安全方面的审查意见。

施工图设计一般实施自行监督，主要应有设计负责人与专业设计负责人对施工图设计内容及质量实施监督。涉及安全方面的设计方面，在施工图设计时如有变动，要征得有关部门的同意。

1.5.2.5　施工阶段安全监督

加气站施工图设计完成、项目施工前，建设单位要组织由设计单位、施工单位参加的技术交底会、会上要对施工图纸、施工组织设计和施工方案进行审查，设计单位要针对施工图中有关问题进行交代，必要时应对安全措施的实际作进一步说明，其内容应有安全项目。如消防设施、可燃气体报警装置、含油污水处理、防爆、防静电设施的施工安排。

施工时建设单位和施工单位的工程监管人员要严格把关，认真执行加气站施工安全管理中的各项安全规定，如明火管理制度、安装施工单位管理制度。既要保证安全施工，又要确保安全设施与主体工程同时施工、同时竣工、同时验收投产使用。

1.5.2.6　验收阶段安全监督

在进行项目验收的同时，要提供安全措施和设施施工情况的相关资料，必要时进行现场抽查、测试相关项目。主要包括：

(1)安全生产记录，如储罐防腐施工记录，管线的压力试验记录、隐蔽工程施工记录等。

(2)消防设施及设备的试运行情况记录，防雷、防静电接地点平面图及测试数据记录表。

(3)加气站安全管理规章制度明细及安全人员培训考核成绩表。

(4)加气站灭火器材、消防设施的配置方式和数量情况，安全人员配备情况等。

1.5.3　项目建设各阶段环保监督要求

建设项目自诞生伊始，就必须接受环境保护主管部门的监管，其过程可分为以下三个阶段。

1.5.3.1　建设项目建设咨询，开展环境影响评价及其审批阶段

本阶段包括项目前期的可行性研究、选址、设计和环境影响评价等环节。这里主要讨论环保部门介入的环境影响评价环节。《中华人民共和国环境影响评价法》中明确规定，环境影响评价根据项目实施后对周边环境可能造成的影响利用专业手段进行评估和预测，并给出减轻甚至消除对周边环境不利影响的举措。环境影响评价为项目设计、环境监管及环境规划提供指导意见和具体方案，同时，在这一过程中涉及公众参与的内容。做好建设项目的审批工作，是控制新污染源的产生，实现增产不增污，促进区域经济可持续发展的重要手段。通常我们所说的环境影响评价文件，包括了建设单位应提交的环境影响评价文本和环境保护主管部门据此给出的批复意见。

1.5.3.2　建设项目“三同时”监管阶段

依据《中华人民共和国环境保护法》中的规定，所谓“三同时”制度，指的是“建设项目中防治污染的设施，必须与主体工程同时设计、同时施工、同时投入生产使用”。“三同时”管理制度作为我国环境保护全过程监管中的一项重要制度，规定了环境污染防治工作必须纳入建设项目开发建设活动的过程中，是督促建设单位落实污染防治措施、控制污染物排放、减少项目建设及运营给生态带来的不良影响的重要举措。根据《环境保护部建设项目“三同时”监督检查和竣工环保验收管理规程(试行)》(环发[2009]150号)文件的要求，“三同时”管理应以建设项目环境影响评价文件及其批复为标准，重点检查建设项目与审批内容是否一致，“三同时”制度有否落实等内容。若环保部门经检查发现建设项目确有违反“三同时”制度有关要求的情况，应立刻责令其限期整改，若已构成环境违法的，则由环保部门依法进行处罚。

1.5.3.3　建设项目竣工环境保护验收阶段

从严格意义上讲，建设项目的竣工环境保护验收也属于“三同时”制度中的最后一个环节，但因其具有项目建设周期完成的阶段性意义，是依据环评文件对项目在建设过程中执行环保法律、法规及环保部门要求情况的终审和大考，因此在环境保护日常管理中占据着举足轻重的地位，理应单独作为一个阶段予以讨论。

1.5.4　项目建设各阶段质量管理要求

工程建设项目实施管理程序主要包括：建设准备、工程设计、物资采购、开工报告、工程施工、生产准备、试车工作、生产考核和竣工验收。工程质量管理按照建设项目实施管理程序，应贯穿于工程建设全过程，下面简要介绍工程建设项目的质量管理要点。

(1)工程建设项目对设计、施工、监理、检测单位实行资源库管理。

(2)工程建设项目对物资供应商实行网络成员资格管理。

(3)各参建单位在项目开工前应确定工程质量目标、建立工程质量保证体系、质量

控制方案、编制质量管理手册，项目建设过程中接受工程质量监察。

(4)为确保工程建设项目压力管道工程质量，压力管道安装工程应接受石油化工工程质量监督机构的监督检验。

(5)各企业工程建设主管部门负责工程建设质量管理，其他参建单位对所承担项目的工程质量负责。

(6)工程建设过程中，各企业必须遵守国家法律法规、标准规范及中国石化工程建设的相关规定。

(7)各企业在开展工程建设项目管理工作时，应配备满足现场管理需要的质量管理人员，重点工程建设项目可设置质量部门。

(8)监理单位在人员、检测设备、仪器的配备上，须满足现场需要。

(9)施工承包商(含总承包商)应配备满足质量检查控制需要的质量检查员。

(10)工程部负责工程质量的日常监管，对重点工程建设项目采取工程质量监察、工程质量大检查、不定期质量抽查等方式，对工程质量进行总体评价。

(11)采购单位应对所采购的产品质量负责，组织项目相关单位对采购物资进行验收，对质量问题进行处理，并接受项目工程建设主管部门的质量管理。

(12)各企业应建立工程质量管理信息数据的统计与分析机制，各重点工程建设项目可根据实际情况编制质量管理工作报表。

(13)工程建设项目在办理开工报告或施工许可证前，建设单位应按照石油化工工程质量监督申报程序向石油化工工程质量监督机构办理工程质量监督申报手续，并接受工程质量监督。

1.6 压缩天然气加气站的施工安全管理

CNG 加气站的施工安全管理应坚持“生命至上、安全发展、预防为主、综合治理、领导承包、全员履责”的安全方针，追求零缺陷、零违章、零事故的安全目标。

1.6.1 施工现场安全生产管理的基本要求

(1)成立安全生产管理组织机构，建立健全安全生产管理责任制。

(2)建立安全生产管理体系，制定可操作的作业文件和作业程序，以实现职业健康、安全与环境管理目标。

(3)制定施工现场职业健康、安全与环境风险管理计划并实施。

(4)生产经营和工程建设现场实行封闭化管理。

1.6.2 施工现场的安全基本要求

(1)施工作业队伍进场施工要满足相应的施工资质，施工人员必须持证上岗。

(2)施工作业队伍必须接受施工安全教育并考试合格，按规定和程序办理动火、临时用电、受限空间、高处作业、破土作业、起重作业等施工作业票(施工过程中必须全程安全监护)，认真完成施工进场确认和安全技术交底等进场施工。

(3)施工总平面布局要满足设备、设施、油料、材料等的施工安全距离。

(4)施工作业存在重大风险因素的部位和过程要制定相应的防范措施。

(5)针对冬期、雨期、夏季高温期、夜间，新工艺、新技术、新设备、新材料，施工各专业、工种、施工各阶段、交叉作业等特殊施工作业，要制定相应的安全技术措施。

(6)认真开展日常巡检、专项检查、季节性检查、定期检查、不定期检查等安全检查，及时排查和治理隐患。

(7)生产现场、工程建设项目现场应设立视频监控系统，实现全天候的安全监控。

(8)发生事故按程序及时上报，并按“四不放过”原则调查处理。

第2章　压缩天然气加气站设备

压缩天然气加气站类型包括CNG加气母站、CNG常规站、CNG标准子站及CNG液推子站，因工艺流程不一致，所选择的的设备不一样，涉及机械、压力容器、电气设备、自动化控制，监控设备等，管理难度大。本章从设备本身入手，讲解了设备的原理，操作、安全管理要求及维修维保知识。

2.1　压缩天然气加气站设备

加气站因站点类型不同，设备组成不尽相同，CNG加气母站、CNG常规站的设备通常由调压计量橇、干燥器、脱硫塔(选配)、缓冲罐、压缩机、回收罐、储气井(罐)、加气机(柱)等组成，CNG加气子站的设备通常由车载储气瓶组、压缩机(增压橇)、储气井(罐)、加气机等组成。

2.2　预处理及调压计量系统

2.2.1　天然气预处理

从地层中开采出来的烃类混合物，在其组成、压力和温度条件下，将形成油气共存的混合物。同时也含有液体(游离水或地层水、凝析油)和固体物质(岩屑、腐蚀物以及酸化残留物)。为了加工储存和进行长距离输送的方便，有必要对它们进行预处理。

2.2.2　常用设备

预处理系统通常包括分离器、过滤器、压力调节阀、流量计等设备。下面依次对各个设备的作用、分类及构造原理进行介绍。

2.2.2.1　分离器

分离器的主要作用是进行油、气、水分离，有时候也作为油、气、水以及泥沙等多相的分离、缓冲、计量之用。

(1)分离器的分类。

①按分离器功能，可分为计量分离器和生产分离器两类，计量分离器主要作用是完成油气水的初步分离并计量，一般属于低压分离器。

②按分离器工作压力，可分为真空分离器（小于 0.1MPa）、低压分离器（小于 1.5MPa）、中压分离器（1.5～6MPa 之间）、高压分离器（大于 6MPa）。

③根据分离器工作原理，主要可分为三大类，即重力分离器、旋风分离器和过滤分离器。

(2)重力分离器的构造及原理。重力分离器有各种各样的结构形式，但其主要分离作用都是利用生产介质和被分离物质的密度差（即重力场中的重度差）来实现的，因而叫做重力分离器。

重力分离器根据功能可分为两相分离（气液分离）和三相分离（油气水分离）两种。按形状又可分为立式分离器、卧式分离器及球形分离器。

加气站较常用的立式重力分离器的主体为一立式圆筒体，气流一般从该筒体的中段进入，顶部为气流出口，底部为液体出口，结构与分离作用如图 2-1 所示。初级分离段即气流入口处，气流进入筒体后，由于气流速度突然降低，成股状的液体或大的液滴由于重力作用被分离出来直接沉降到积液段。

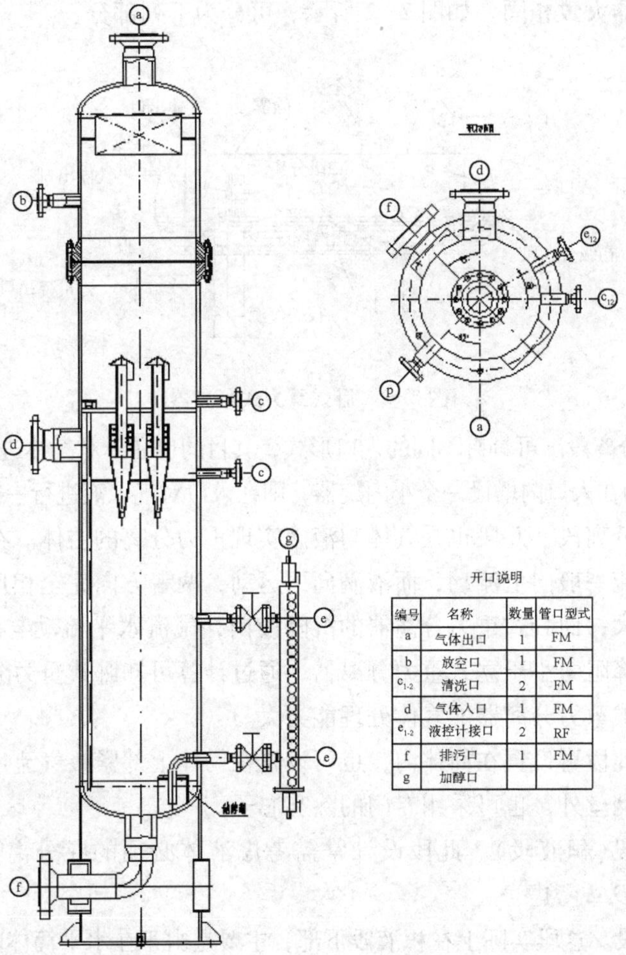

开口说明

编号	名称	数量	管口型式
a	气体出口	1	FM
b	放空口	1	FM
c_{1-2}	清洗口	2	FM
d	气体入口	1	FM
e_{1-2}	液控计接口	2	RF
f	排污口	1	FM
g	加醇口		

图 2-1 立式重力分离器

为了提高初级分离的效果，常在气液入口处增设入口挡板或采用切线入口方式。二级分离段即沉降段，经初级分离后的天然气流携带着较小的液滴向气流出口以较低的流速向上流动。此时，由于重力的作用，液滴则向下沉降与气流分离。本段的分离效率取决于气体和液体的特性、液滴尺寸及气流的平均流速与扰动程度。

积液段，本段主要收集液体。一般积液段还应有足够的容积，以保证溶解在液体中的气体能脱离液体而进入气相。对三相分离器而言，积液段也是油水分离段。分离器的液体排放控制系统也是积液段的主要内容。为了防止排液时的气体旋涡，除了保留一段液封外，也常在排液口上方设置挡板类的破旋装置。

除雾段，主要设置在紧靠气体流出口前，用于捕集沉降段未能分离出来的较小液滴为 10～100μm。微小液滴在此发生碰撞、凝聚，最后结合成较大液滴下沉至积液段。

立式重力分离器占地面积小，易于清除筒体内污物，便于实现排污与液位自动控制，适于处理较大含液量的气体，但单位处理量成本高于卧式。

卧式重力分离器的主体为一卧式圆筒体，气流从一端进入，从另一端流出，其作用原理与立式分离器大致相同，如图 2-2 所示，可分为下列部分：

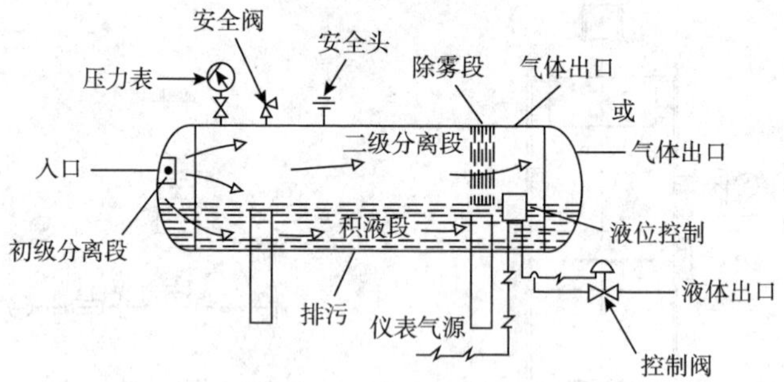

图 2-2　卧式重力式分离器

①入口初级分离段。可具有不同的入口形式，其目的也在于对气体进行初级分离。除了入口挡板外，有的在入口内增设一个小内旋器，即在入口对气、液进行一次旋风分离。

②沉降二级分离段。此段也是气体与液滴实现重力分离的主体。在立式重力分离器的沉降段内，气流一般向上流动，而液滴向下运动，两者方向完全相反，因而气流对液滴下降的阻力较大，而卧式重力分离器的沉降段内，气流水平流动与液滴下降成 90°夹角，因而液滴下降阻力小于立式重力分离器，通过计算可知卧式重力分离器的气体处理能力比同直径立式重力分离器的气体处理能力大。

③除雾段。此段可设置在筒体内，也可设置在筒体上部紧接气流出口处，除雾段除设置纤维或金属网丝外，也可采用专门的除雾芯子。

④液体储存段（积液段）。此段设计常需考虑液体必须的在分离器内的停留时间，一般储存高度按 $D/2$ 考虑。

⑤泥沙储存段。这段实际上在积液段下部，主要是由于在水平筒体的底部，泥砂等污物有 45°～60°的静止角，因排污比立式分离器困难，有时此段需增设两个以上的排污口。

卧式重力分离器和立式分离器相比，具有处理能力较大、安装方便和单位处理量成本低等优点。但也有占地面积大、液体控制比较困难和不易排污等缺点。

2.2.2.2　过滤器

(1)过滤器的作用原理。气体过滤器的作用原理有以下几种：

①筛除作用。气体通过多孔性过滤介质时，因尘粒粒度大于介质通径，固体颗粒被直接拦截。

②深度过滤。多孔过滤介质都具有许多弯曲通道，当尘粒通过这些过滤介质时在曲折通道上不断与过滤介质相撞，逐渐消耗了它的动能，最后被黏附在过滤介质的表面上，这种需要一定的厚度和比表面很大的纤维垫作过滤介质，它可以脱除比过滤介质通道小很多的尘粒，所以深度过滤比筛除作用效果更好。

③静电作用。气流通过非导体纤维介质时，流动引起的摩擦力致使过滤介质带有静电荷，而固体杂质通常带有与过滤介质相反的静电荷，两种相反的电荷产生的静电吸力，使固体杂质附着在过滤介质上，这就是静电作用。

④活性介质的吸附作用。装填有活性介质的过滤器可以达到很高的净化效果。不过气流阻力较大，过滤介质容纳尘粒的能力有限，所以只用于流量小、含尘量低、而净化要求高的气体。

工艺管道过滤器见图2-3。

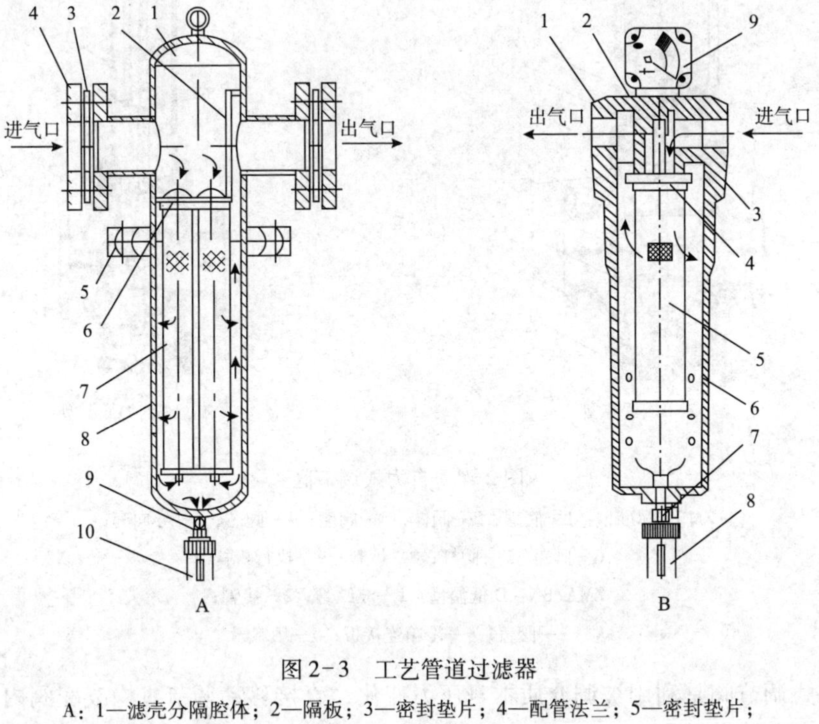

图2-3　工艺管道过滤器

A：1—滤壳分隔腔体；2—隔板；3—密封垫片；4—配管法兰；5—密封垫片；6—滤芯密封圈；7—滤芯；8—滤壳；9—手动球阀；10—自动排水阀；B：1—压盖；2—滤芯固定螺钉；3—筒体密封圈；4—滤芯密封圈；5—滤芯；6—过滤器筒体；7—手动球阀；8—自动排水阀；9—压差表

(2)过滤器的排污操作和维护。

①过滤器的核心部位是过滤器芯件，过滤芯由过滤器框和不锈钢钢丝网组成，不锈钢钢丝网属宜损件，需特别保护。

②当过滤器工作一段时间后，过滤器芯内沉淀了一定的杂质，这时压力降增大，流速会下降，需及时清除过滤器芯内的杂质。

③清洗杂质时，要特别注意过滤芯上的不锈钢钢丝网不能变形或损坏，否则，再装上去的过滤器，过滤后介质的纯度达不到设计要求，压缩机、泵、仪表等设备会遭到破坏。

④如发现不锈钢钢丝网变形或损坏，需马上更换。

⑤某些精密滤芯，不能多次反复使用，如袋式滤芯、聚丙烯滤芯等。

2.2.2.3　压力调节阀

(1)分类及结构。目前市面主要有三种形式，即直接作用式、气动薄膜式和自力式，自力式调节阀具有结构简单、调节和操作维修方便，不需外来能源驱动等优点。因此在天然气输配系统中，对压力调节应用最广泛的调节阀是自力式调节阀，见图2-4。

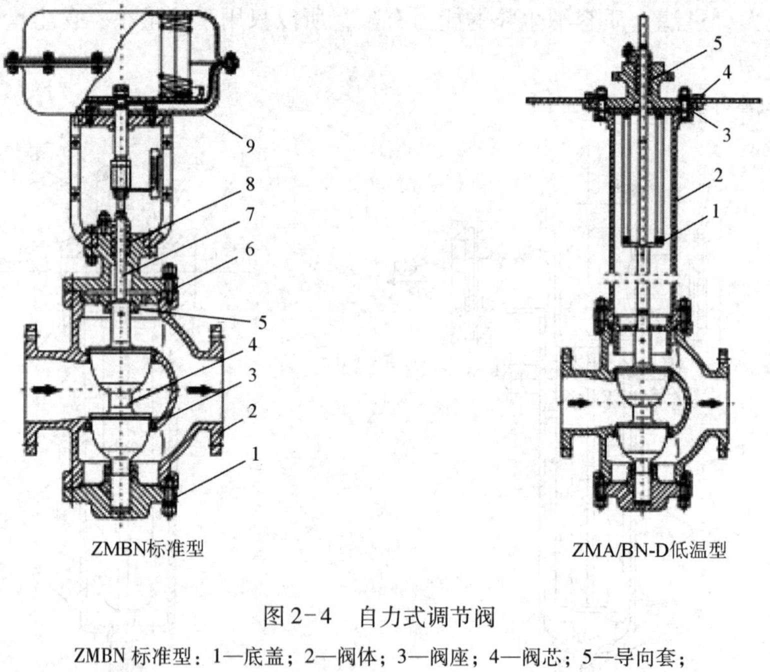

图2-4　自力式调节阀

ZMBN标准型：1—底盖；2—阀体；3—阀座；4—阀芯；5—导向套；6—阀盖；7—阀杆；8—填料；9—执行机构

ZMA/BN－D低温型：1—波纹管；2—接管；3—阀盖；4—冷箱连接板；5—填料

自力式调节阀是利用被调介质本身压力变化，直接移动调节机构改变阀内介质通道面积，达到压力调节的目的，因此，该阀也称减压阀。自力式调节阀的最大特点是无需外来能源，自身调节就能起到阀后压力稳定的作用。

自力式调节阀由指挥器、浮动阀、针阀及导压管组成。

指挥器主要由上盖、下盖、中体、喷嘴、弹簧、挡板、薄膜、调节杆、手轮组成。指挥器是指挥调节阀动作的部件，它发出信号的大小，由调节手轮改变弹簧对喷嘴的压力来实现。

浮动阀主要由上、下膜盖，盯盘，上、下阀盖，阀体，阀芯部件，阀座，弹簧等组成，其作用是接受从指挥器输出的压力信号，执行机构带动阀芯移动，以开启或关闭阀门，改变通过阀座的介质流量，达到调节目的。

针阀是浮动阀高压膜室的节流通道，用来控制作用于调节阀膜头上的压差，以适应其压力波动的需要。针阀主要由手轮、阀体、阀芯组成。

(2)工作原理。当阀后压力升高时，此压力传递到指挥器下模腔，使喷嘴、挡板距离减小，输出至浮动阀的操作信号压力减小，引起浮动阀膜上下压差的改变，压差的改变及带动阀芯部件向上移动，阀芯关小，从而使阀后压力降低到原来给定值上。反之，当阀后压力降低到给定压力以下时，指挥器输出压力增大，浮动阀开度增大，使阀后压力升高至给定压力为止，从而使阀后压力保持恒定。

(3)调节阀的操作和维护。

①调节阀的启动步骤。将针型阀开启在全开状态；打开旁通阀，使阀后压力稍低于所需的压力；在旁路调节基本稳定的情况下，缓慢开启浮动阀下游的切断阀门；缓慢开启浮动阀上流截断阀门，同时关闭旁通切断阀门，随即关小针阀，拧动指挥器使浮动阀开始启动，直到调节阀稳定地工作。

针型阀操作原则：当调节指挥器手轮、阀后压力变化迟钝不灵时，可关小针型阀；当调节指挥器手轮、阀后压力过分灵敏时，将针型阀适当开大。

②关闭调节阀操作过程。缓慢关闭浮动阀上流截断阀门，同时缓慢开启旁通阀门，带转入旁路投入生产后，关闭调节下流出口截断阀门。

③调节阀的维护。投入运行后，一般维护工作很少，平时只要观察阀前、阀后压力示值是否符合工艺所需要求即可。另外，观察填料函与执行机构是否渗漏，若渗漏应拧紧或更换填料及膜片。

2.2.2.4　天然气流量计

目前，CNG加气站对天然气的流量计量一般分为两个独立系统，一是对天然气进站原料气的计量系统；二是对压缩天然气的计量系统。前者是为了与原料气供应商进行商贸结算而设置，后者是为销售压缩天然气与购方进行财务结算而设置。

在天然气工业中，气体的流量计量可用单位时间内通过一定截面的气体体积或质量来表示。目前，测量天然气体积流量的流量计的规格是多种多样的，最常用的有孔板流量计、涡轮流量计、旋进旋涡流量计、腰轮流量计、超声波流量计、质量流量计。

(1)孔板流量计。孔板流量计是将标准孔板与多参数差压变送器(或差压变送器、温度变送器及压力变送器)配套组成的高量程比差压流量装置，可测量气体、蒸汽、液体及天然气的流量，广泛应用于石油、化工、冶金、电力、供热、供水等领域的过程控制和测量。如图 2-5 所示。

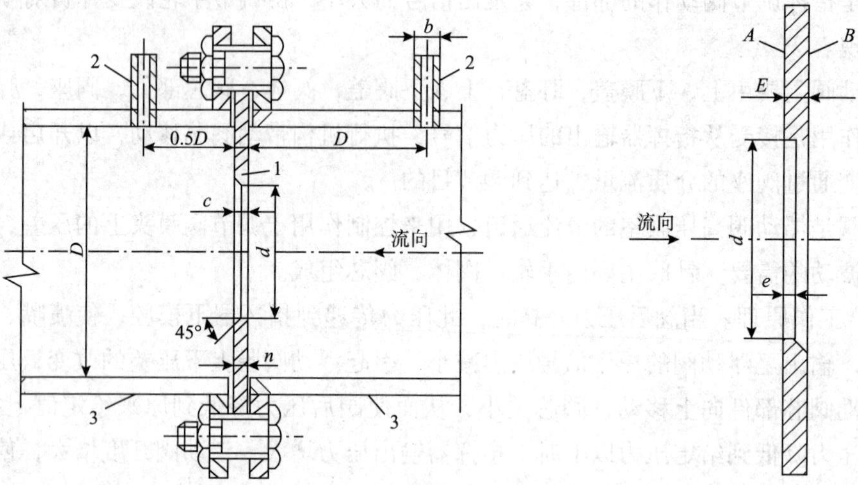

图 2-5 孔板流量计

1—孔板；2—测量嘴；3—钢管

孔板流量计通过在管道中插入一块开有小孔的节流元件来限制流体流动。孔板通常被称为一次元件，如图 2-6 所示。

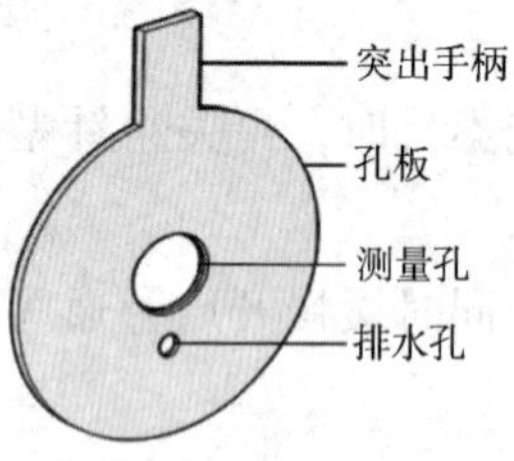

图 2-6 孔板流量计节流元件

为了测量流体流动时产生的差压，在孔板的上下游开有压力感应孔，压力感应孔与二次仪表(差压变送器)相连。差压变送器产生的信号可以输出至流量显示仪，或者与温度和压力信号一起输入流量计算机，这样可以对流体的密度进行补偿。

对于计量蒸汽的水平管道，水(冷凝水)可能会在孔板的上游积聚。为了防止出现这一现象，孔板的底部可以开一个排水小孔。当然，当孔板的外形确定后，在计算流量时，必须考虑排水小孔的影响。

孔板流量计的安装如下：

①压力感应孔。通过感应管(也称作脉冲管)连接孔板的上下游压力孔和差压变送器。最常用的压力感应孔位置有：

从法兰(或孔板安装件)取压。这是最常见的取压方式，但是当取压口在管道底部时需要特别注意，因为在底部有可能会堵塞。

孔板前 1 倍管径，后 0.5 倍管径取压。这种方法相对困难一些，但是更准确，因为差压的最大值在流体的收缩断面处，即 0.5 倍管径处。

②角接取压。在口径较小的孔板上通常采用这种方法。因为空间的限制，在法兰上加工取压孔很困难。

③角接取压法。一般用于管道直径小于等于 *DN*50 的场合。

差压变送器产生的信号可以输出至流量显示仪，或者与温度和压力信号一起输入流量计算机，这样可以对流体的密度进行补偿。

④管道。在孔板下游的最小直管段要求为5倍管径，以减少由于管道效应引起的流速分布变化。

(2)涡轮流量计。涡轮流量计属于速度式流量计，也叫叶轮式流量计。叶轮式流量计是利用置于流体中的叶轮的旋转角速度与流体流速成比例的关系，通过测量叶轮的转速来反映通过管道的流体体积流量大小，是流量仪表中比较成熟的高准确度仪表之一。涡轮流量计(图2-7)一般由下列5个典型部分组成：

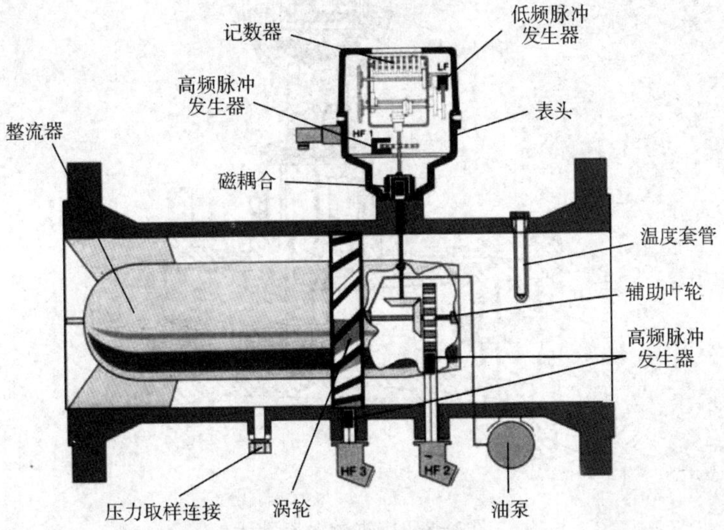

图2-7 涡轮流量计

①表体。表体的材料一般为钢或者是铸铁，其两端为法兰连接。小口径表也有采用螺纹接口方式。

②测量的组件。涡轮上有经过精密加工的叶片，它与一套减速齿轮和轴承一起构成测量组件，支撑涡轮的两个高精度不锈钢永久自润滑轴承保证该组件有较长的使用寿命。涡轮流量计亦可选用外部润滑油泵润滑轴承，但注意不能过量。

③计数器。计数器面板上有以下重要信息：

(a)最大工作温度及压力；

(b)计量及最小和最大流量等级；

(c)产品型号及编号；

(d)防爆等级和标志；

(e)低频或高频脉冲所对应流体的当量以及接线方式。

④整流器。整流器用以使流体流过涡轮流量计时处于规则状态，从而消除扰动对计量无利影响。

⑤磁耦合传动的装置。该装置将处于大气环境中的计数器部分与被测量气体分离开来，并将测量组件的转动传递给计数器。

(3)旋进漩涡流量计。旋进旋涡流量计主要由四大部件组成：

①旋进旋涡流量传感器，由旋涡发生体、壳体、旋涡检测组体、除旋整流器组成；

②流量积算仪，由外壳、温度接口、压力接口、显示窗口、输出接口组成；

③温度传感器组件；

④压力传感器组件。如图 2-8 所示。

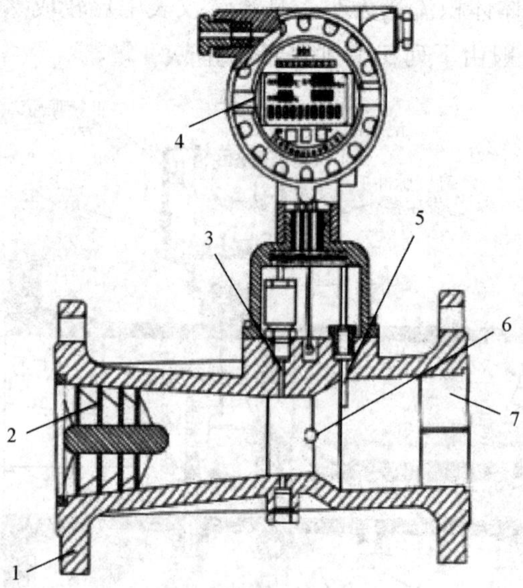

图 2-8　旋进漩涡流量计

1—壳体；2—漩涡发生体；3—压力传感器；4—传送器

5—温度传感器；6—压力传感器；7—出口导流体

工作原理：旋进旋涡流量计属于速度式测量仪表。它通过测量与流量成正比的频率信号，来测量流体的体积流量。进入流量计的流体，通过旋涡发生器产生旋涡流，旋涡流在文丘利管中旋进，至收缩段突然节流使旋涡流加速。智能旋进漩涡流量计主要用于气体的测量，计算机中微处理器按照气态方程进行温压补偿，并自动进行压缩因子修正，如图 2-9 所示。

(4)腰轮(罗茨)流量计。腰轮流量计又叫罗茨流量计，其结构特征为：在流量计的壳体内有一个计量室，计量室内有一对或两对可以相切旋转的腰轮。在流量计壳体外面与两个腰轮同轴安装了一对传动齿轮，它们相互啮合使两个腰轮可以相互联动，如图 2-10所示。

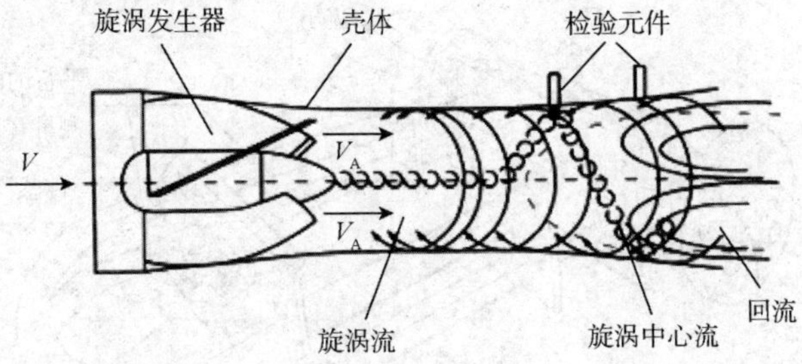

图 2-9　旋进旋涡流量计工作原理图

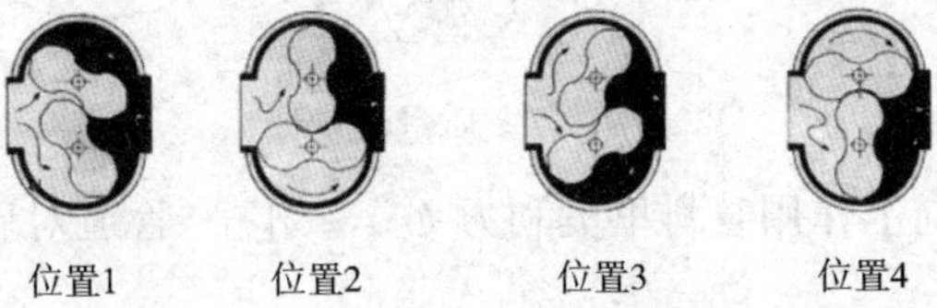

图 2-10　罗茨流量计工作原理图

(5)超声波流量计。采用超声波检查技术测定气体流量，通过测量超声波沿气流顺向传播的声速、查压力温度算出气体的流速及标准状态下气体的体积流量，加气站较少涉及。

超声波流量计由超声波换能器、电子线路及流量显示和累积系统三部分组成。超声波发射换能器将电能转换为超声波能量，并将其发射到被测流体中，接收器接收到的超声波信号，经电子线路放大并转换为代表流量的电信号供给显示和积算仪表进行显示和积算。这样就实现了流量的检测和显示。

超声波流量计按换能器安装方式可分为管段式、外夹式、插入式。如图 2-11 所示。

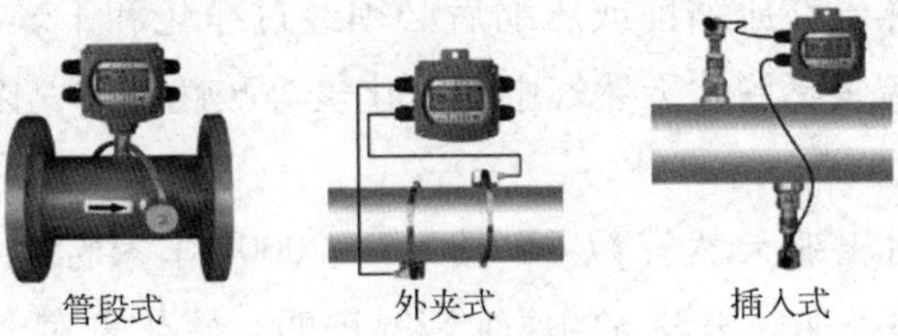

图 2-11　超声波流量计

(6)质量流量计。质量流量计又称科氏力质量流量计，科氏力质量流量计是运用流体质量流量对振动管振荡的调制作用即科里奥利力现象为原理，以质量流量测量为目的的质量流量计，一般由传感器和变送器组成，如图 2-12 所示。

一台质量流量计的计量系统包括一台传感器和一台用于信号处理的变送器。Rosemount 质量流量计依据牛顿第二定律：力 = 质量 × 加速度($F = ma$)，当质量为 m 的质点以速度 V 在对 P 轴作角速度 ω 旋转的管道内移动时，质点受两个分量的加速度及其力：

①法向加速度，即向心加速度 α_r，其量值等于 $2\omega_r$，朝向 P 轴。

②切向角速度 α_t，即科里奥利加速度，其值等于 $2\omega_V$，方向与 α_r 垂直。由于复合

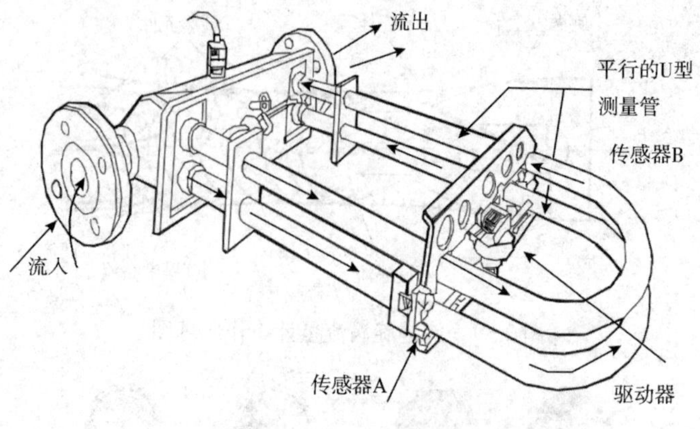

图 2-12　质量流量计

运动，在质点的 α_t 方向上作用着科里奥利力 $F_c=2\omega V_m$，管道对质点作用着一个反向力 $-F_c=-2\omega V_m$。

当密度为 ρ 的流体在旋转管道中以恒定速度 V 流动时，任何一段长度 Δx 的管道将受到一个切向科里奥利力 ΔF_c：$\Delta F_c=2\omega V\rho A\Delta x$

式中，A 为管道的流通截面积。

由于存在关系式：$mq=\rho VA$

所以：$\Delta F_c=2\omega qm\Delta x$

因此，直接或间接测量在旋转管中流动流体的科里奥利力就可以测得质量流量。

2.3　脱硫塔

进入加气站的天然气在压缩前或压缩后必须经过净化和干燥处理，即要经过脱硫、脱烃和脱水过程。脱硫是指脱除天然气中的硫化氢等酸性气体，以防止设备管线腐蚀和钢质气瓶发生“氢脆现象”。

我国制定的《车用压缩天然气》(GB 18047—2000)国家标准要求硫化氢含量小于 $15mg/m^3$，大量的国内外油气田设备的腐蚀情况证明，硫化氢对金属材料具有强烈的氢脆、硫化物应力腐蚀和电化学失重腐蚀作用。从 CNG 加气站的钢瓶检测以及发生过爆炸的钢瓶的抽查中均发现钢瓶内有不同程度的残留水，或者有黑色黏状物油污等。硫化氢极易溶于水而形成酸性溶液，钢瓶内壁与硫化氢水溶液接触，一方面发生阳极反应，引起电化学失重腐蚀，而生成硫化铁膜，呈黑色疏松分层状或粉末状；另一方面在钢表面发生阳极反应，产生氢原子，向钢瓶内部扩散，并在局部地方结合成分子氢，分子氢的体积是原子氢的 20 倍，造成极大的局部压力，可高达数百个大气压。对于高强度、高硬度的钢材，会使晶格变形，致使材料韧性降低，脆性增加，内部出现之字形细微裂纹，裂纹两侧有腐蚀产物，这种裂纹是典型的氢脆特点。CNG 瓶一旦出现局部材料氢脆后，在外力作用下，达到一定的应力水平后氢脆裂纹迅速发展至材料破裂。

2.3.1 脱硫方法简介

2.3.1.1 化学吸收法(用醇胺类化合物做溶剂的化学吸收法)

化学吸收法基于可逆化学反应。吸收剂在吸收塔内与 H_2O 和 CO_2 进行反应，在解吸塔内用提高温度或降低压力的办法使反应向相反方向进行。各种胺溶液是应用最广泛的脱硫吸收剂。其中包括：一乙醇胺(MEA)、常规的二乙醇胺(DEA)、改良的二乙醇胺(SNPA - DEA)、二甘醇胺(DGA)以及二异丙醇胺(DIPA)等。除了各种醇胺法以外，碱性盐溶液和氨基酸盐法亦属于化学吸收脱硫法。

早在20世纪初就已经开始采用烷基醇胺法净化天然气。最先采用的吸收剂是三乙醇胺(TEA)，由于它效率低(因其当量值高)，反应能力弱以及稳定性差，所以逐步被一乙醇胺(MEA)和二乙醇胺(DEA)代替。一乙醇胺溶剂价格便宜，工艺成熟，净化度及酸气负载亦较高，是国外天然气工业最常用的脱硫方法。

二异丙醇胺(DIPA)应用于前荷兰壳牌石油公司发展的二异丙醇胺法(DIPA)和砜胺法中，这两种方法自20世纪60年代中期以来发展颇快，目前已成为重要的脱硫方法。二甘醇胺(DGA)具有与一乙醇胺相当的反应活性，以它为吸收溶剂的气体净化方法称做二甘醇胺法(Alour Ecoamine 法)，此法适于处理酸气含量大于1%的天然气，与一乙醇胺法相比，其投资和操作费约低15% ~20%，可用于寒冷地区。DGA 与 CS_2 和 COS 的反应类似 MEA，是不可逆的，因而需要复活。由于 DGA 溶液浓度高，故允许的酸气负载比一乙醇胺法高，特点是溶剂合成困难，价格昂贵。

2.3.1.2 物理吸收法

物理吸收法是基于吸收剂的选择性吸收来分离天然气中的酸性组分。其操作类似于天然气工厂中的油吸收塔。在物理吸收过程中，可采用 *N* - 甲基吡咯烷酮、碳酸丙烯酯、磷酸三丁酯、丙酮、甲醇等作为吸收剂。由于吸收剂的吸收能力实际上与气相中酸性组分的分压成正比，故而本法对处理高含酸性组分的天然气特别有效。

物理溶剂吸收法全部采用有机化合物做吸收溶剂，吸收酸气的过程为物理吸收过程，溶液的酸气负载正比于气相中酸气的分压，当溶液压力降低时，即放出吸收的酸性气体组分，由于物理溶剂对重烃有较大的溶解度，因而物理溶剂吸收法常用于酸气分压超过0.34MPa，重烃含量低的天然气的净化，其中某些方法可选择性也脱除硫化氢。物理吸收法的优点是：

①吸收在高压、低温下进行，溶液对酸气有较大的吸收能力。由于溶液的酸气负载与酸气分压成正比，故适宜于处理高酸气分压的天然气。

②不仅能脱除 H_2S 和 CO_2，还能同时脱除硫醇、等有机硫化合物并且该溶剂性质稳定，不发生热和化学变质。

③净化含酸气的天然气时，由于 H_2S 有较大的溶解度，故某些物理溶剂对 H_2S 吸

收有一定的选择性，因此，可获得较高 H_2S 浓度的酸气。

④物理溶剂发泡性和腐蚀性小。

⑤溶剂比热小，加热时耗能少。

但是，物理溶剂不宜用于处理重烃含量高的"湿气"，有些物理溶剂受再生程度的限制，净化度可能比化学吸收方法差。

在用物理吸收法净化气体的工艺过程中，用多乙二醇醚做溶剂的气体净化过程工艺技术比较成熟，实践证明，此过程可适应多种用途，有较好的经济效果。

砜胺法净化天然气的工艺流程与醇胺相同，差别仅仅是使用的吸收溶液不同，砜胺法采用的吸收溶液包含有物理吸收溶剂和化学吸收溶剂，物理吸收溶剂是环丁砜，化学吸收溶剂可以用任何一种醇胺化合物，但最常用的是二异丙醇胺。砜胺法溶液酸气负载正比于气相中酸气分压，因此处理高酸气分压的气体时，砜胺法比化学吸收法溶液有较高的酸气负荷，因为砜胺溶液中含有醇胺类化合物，因此净化气中酸气含量低，较易达到管输要求的气质标准。因为砜胺法兼有物理吸收法和化学吸收法二者的优点，因而自1964年工业化以来发展很快，现在已成为天然气脱硫的重要方法之一。

2.3.1.3 直接氧化法

对于低或中等 H_2S 含量（24 ~ 24g/Nm^3）的天然气，当 CO_2/H_2S 比值高、处理气量不太大时，可采用直接氧化法脱硫。直接氧化法是借溶剂中氧载体的催化作用，把被碱性溶液吸收的 H_2S 氧化为硫黄，然后鼓入空气，使吸收液再生，这类方法的特点如下：

①利用悬浮或溶解于脱硫溶液中的氧化剂，使吸收下来的 H_2S 直接氧化为单质硫，不需要另外设置硫黄回收装置。

②净化度高，净化气含硫量一般在 6mg/Nm^3 以下。

③不存在克劳斯装置的尾气处理和防止大气污染的问题。

④其中用于天然气脱硫的蒽醌法和铁碱法对 H_2S 的吸收选择性比物理吸收法更高，几乎不吸收 CO_2 气体。

⑤工艺流程和设备简单，溶液再生不采用加热过程，基本上不用冷换设备。

但是，这类方法吸收溶液硫容量较低，一般不超过 lg/L，溶液循环量大，相应地需要较大的再生设备，因此处理量不宜过大，处理的天然气中 H_2S 浓度不宜过高，一般以每天回收的硫黄不超过 10t 为宜，但是最近也报道了规模达到日产 30 ~ 50t 硫黄的直接氧化法净化气体的装置，故应根据具体情况而定，另外，这类过程中副反应较多，产品硫黄的质量比催化氧化法生产的硫黄差。

直接氧化法应用较早的是铁碱法，它利用悬浮于碱性溶液中的氧化铁与 H_2S 之间的反应，将 H_2S 转化为单质硫。

不同名称的铁碱法的化学原理是一样的，其反应机理可用下列方程式代表。

$$H_2S + Na_2CO_3 \longrightarrow NaHS + NaHCO_3 \quad (2-1)$$

$$Fe_2O_3 \cdot 3H_2O + 3NaHS + 3NaHCO_3 \longrightarrow Fe_2S_3 \cdot 3H_2O + 3Na_2CO_3 + 3H_2O \quad (2-2)$$

$$2Fe_2S_3 \cdot 3H_2O + 3O_2 \longrightarrow 2Fe_2O_3 \cdot 3H_2O + 6S \tag{2-3}$$

反应的第一步是碱性溶液吸收 H_2S 而生成硫氢化物，后者再进一步与氧化铁反应。再生过程是吹入空气使硫化铁转化为单质硫和氧化铁。

除了上述主反应外，按操作条件和原料气的组成不同，还发生一些副反应。对天然气脱硫而言，主要的副反应是生成硫代硫酸钠。

2.3.1.4　干法脱硫（固体脱硫剂）

常温下用于天然气脱硫的固体脱硫剂，多以氧化铁为活性基，传统上有黄土、海绵铁等，目前在国内应用有多种氧化铁基的国产脱硫剂，如 STSOl、T501、JS－12 等，其主要化学反应为：

$$Fe_2O_3 + 3H_2S = Fe_2S_3 + 3H_2O \tag{2-4}$$

$$2Fe_2S_3 + 3O_2 = 2Fe_2O_3 + 6S \tag{2-5}$$

天然气加工及天然气化学工业中常要求天然气中硫含量降至 1×10^{-6} 甚至 1×10^{-7}，因此需进行天然气精脱硫。天然气精脱硫方法主要有两类：一类是以氧化锌脱硫剂为代表的中温脱除法；另一类是在天然气中含有难于脱除的有机硫时，以钼钴催化剂使其加氢转化为 H_2S 而后予以脱除。此外还有用于脱除 H_2S 及 COS 的常温水解催化剂与常温氧化锌脱硫剂。

用海绵铁做氧化剂的氧化法脱硫过程如下：在反应塔内充填有一定高度的海绵铁在气体净化过程中被净化气体由上至下通过反应塔。Fe_2O_3 和 H_2S 反应生成 Fe_2O_3，在再生过程中向反应塔内鼓空气，使 Fe_2S_3 再生。通常当出口气体氧浓度达到 4%～6%，出海绵铁床层的气体温度开始下降时即认为再生结束。也可在原料气中注入少量空气，在气体净化同时，使 Fe_2S_3 转变为 Fe_2O_3，并释放出单质硫，达到连续再生。海绵铁经过几次再生后效率逐渐减低，最后需要更换。用海绵铁法净化天然气仅选择性地脱除 H_2S，同时脱除硫醇或者将硫醇转化为二硫化物，不脱除 CO_2，操作不受压力变化的影响。该法缺点是间歇操作，当天然气中带有油及缓蚀剂时，会污染海绵铁颗粒并减少它的使用寿命。适用于含硫量不超过（7～9）t/d，硫化氢浓度不超过 $24g/Nm^3$ 的天然气净化装置。另外，用海绵铁脱硫化氢所需投资小，比较经济。

海绵铁床层的设计应包含以下几点：

（1）海绵铁床层深度以 3m 为宜，小于此值则气体产生的压降不足以使气体沿容器整个截面很好地分布；大于此值，则会由于床层压缩而产生过大压降。但是，增加深度是延长海绵铁床使用寿命的经济方法，还可延长操作周期，减少操作费用，因而是可取的。但是此时海绵铁床分层排列，以减少海绵铁床底受到的压力。

（2）海绵铁塔直径，取每分钟每平方米塔截面积上硫的沉积量不大于 10.5g（这里指的是硫化氢中单质硫的沉积量）。负载越小，则气体中的硫化物和氧化铁之间的反应越完全，即越接近理论反应量。

按上述要求计算的海绵铁塔的直径，还应根据允许的气体质量流速加以验算，取两次计算中较大的值。允许气体质量流速可按下式计算：

$$m = \sqrt{d \cdot K} \tag{2-6}$$

式中 m——允许气体质量流速，kg/(m²·min)；

d——操作条件下原料气的密度，kg/m³；

K——气体流向系数；当气体沿塔向上流动时，$K=32$；当气体沿塔向下流动时，$K=64$。

(3)计算海绵铁床体积。计算海绵铁床体积时，气体在海绵铁床中的空速可按下式计算：

$$v = \frac{q}{V} \tag{2-7}$$

$$V = L \times S \tag{2-8}$$

式中 v——海绵铁塔中原料气在操作条件下的空速，h^{-1}；

V——海绵铁床空塔体积，m³；

q——原料气在操作条件下的体积流速，m³/h；

L——海绵铁床实际高度，m；

S——海绵铁床实际截面积。

当海绵铁塔有可能在不同压力下操作时，应按最低压力计算 q 值。一般情况下，可取 $v=50 \sim 180h^{-1}$；当原料气含硫量超过 1.2g/Nm³，无氧气存在时，空速最小不能低于 $90h^{-1}$。由空速可计算出海绵铁床体积。

(4)估算氧化铁用量。无氧存在时，在理想条件下，可达到理论转化率，即 1kg 氧化铁脱除 0.56kg 硫，一般情况下只能达到 0.05～0.5kg 硫/kg 氧化铁。当用空气再生时，采用间歇再生或原料气中注氧在净化气体同时进行再生，在理想条件下，可达到 2.5kg 硫/kg 氧化铁。设计时应考虑有足够的海绵铁床体积，避免频繁地装卸海绵铁脱硫剂。对于一定大小的海绵铁床，在已知其氧化铁含量的条件下很容易计算出可脱除的硫化氢量。但是必须考虑生成的硫和随原料气带进床层的液、固杂质污染氧化铁表面，阻碍化学反应进行的影响。

(5)在卸出失效的海绵铁时，谨防着火。因为木刨花上的废硫化铁是易自燃的。同时还应采取措施防止污染大气。

2.3.2 脱硫工艺简介

脱硫工艺流程如图 2-13 所示。

2.3.3 脱硫设备

2.3.3.1 举例设备参数

设备内径：$DN1000$

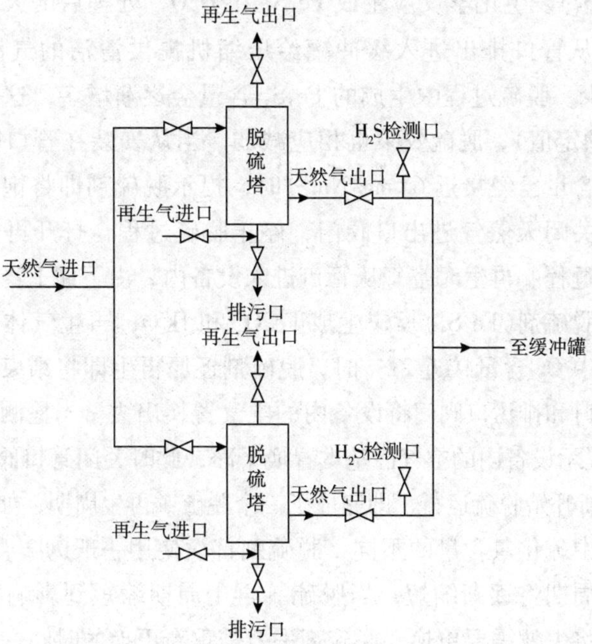

图 2-13 双塔并联工艺流程图

最高工作压力：1.2MPa

工作温度：-15~60℃

设计压力：1.5MPa

设计温度：80℃

再生温度：60℃

设备工作介质：含硫天然气、水分

脱硫剂：CT8-6B，主要成分为氧化铁

设备全容积：约4m^3

脱硫剂装填量：约1880kg

天然气处理量：约3000Nm^3/h

处理前硫化氢含量：≤100mg/Nm^3

处理后硫化氢含量：≤6mg/Nm^3

脱硫剂首次工作周期：2~3个月

安全阀开启压力：1.4MPa

设备设计使用寿命：10年

设备起吊质量：约4700kg

2.3.3.2 设备工作原理

设备工作原理为：脱硫+再生交替进行。

脱硫时，含硫天然气从管口进入容器内从上向下过经脱硫剂填料层时，天然气中的

H_2S与脱硫剂(Fe_2O_3)发生化学反应生成Fe_2S_3和H_2O，处理后的天然气中硫化氢含量≤6(mg/Nm^3)，再从管口排出进入缓冲罐给压缩机提供清洁的气源。随着脱硫剂中Fe_2O_3含量逐渐减少，脱硫过程中生成的Fe_2S_3含量会逐渐增多，这时脱硫剂将会逐渐饱和(含硫量接近预定值)，脱硫效果也相应减弱。当从安装在管口附近的天然气检测仪上观察到硫化氢含量已经接近6(mg/Nm^3)时，提示脱硫剂即将饱和失效，需要还原再生，这时应立即关闭天然气进出口阀门，停止脱硫过程，打开再生气进出口管口阀门，启动还原再生过程。再生时空气从管口进入设备内，由下而上经过脱硫层，空气中的氧气与需还原的脱硫剂(Fe_2S_3)反应生成Fe_2O_3和H_2O，再生气体则从管口排出。当检测到管口处气体中O_2含量接近21%时，脱硫剂还原再生即将结束，此时关闭管口阀门，打开天然气进口和排污口阀门将设备内的空气置换出去。当检测到管口处天然气中O_2含量≤3%时，提示设备内的空气已基本置换干净，此时关闭管口阀门，打开天然气出口阀门，设备又重新开始脱硫运行，即完成了一个脱硫+再生周期，如此反复交替工作。

根据各地气源中硫化氢含量的不同，脱硫剂首次使用一般为2~3个月就需再生还原一次，以后使用周期将逐渐缩短，当脱硫+再生周期缩短到影响整个系统正常运行时，提示脱硫剂即将失效需要更换。脱硫剂失效需重新更换的时间一般为1~2年。

注意：

①脱硫塔在脱硫运行时2~3天需排污一次，以清除脱硫剂与H_2S反应过程中生成的水分及其他杂质。

②脱硫剂还原再生反应过程为放热反应，气体温度会升高，应密切观察温度计指示刻度不能超过60℃，否则会影响再生效果、脱硫剂活性，超温运行会危及设备安全。再生温度可以通过调节空气流量进行控制。

③脱硫剂更换时须将设备中的天然气排尽后方可卸放填料，同样新脱硫剂装填完成后也须把塔中的空气置换干净，设备方可重新投入正常运行。

④废弃的脱硫剂应妥善处理，不得随意放置、丢弃，以防危害安全和污染环境。建议转送有条件的企业进行处理，以回收利用资源。

⑤脱硫剂的脱硫及再生原理(化学反应方程式)：

$Fe_2O_3 \cdot H_2O + 3H_2S = Fe_2S_3 \cdot H_2O + 3H_2O$ (脱硫过程)

$Fe_2S_3 \cdot H_2O + 3/2O_2 = Fe_2O_3 \cdot H_2O + 3S$ (再生过程)

2.3.3.3 脱硫剂使用

(1)操作条件。

①脱硫。

线速：≤0.3m/s

操作压力：≤1.2MPa

操作温度：-15~60℃

原料气湿度：饱和水，过干或过湿都会影响脱硫效率和硫容。

②再生。脱硫剂在使用过程中硫容未达到预定值，可用空气对脱硫剂进行再生，其再生条件为：

操作压力：常压

操作温度：≤60℃，通过调节再生空气量来控制温度

2.3.3.4 脱硫塔操作

操作开始前，员工应规范着装，穿戴好防静电服、工作鞋、手套。

开车操作步骤如下：

(1)打开脱硫塔后分离器阀门，使脱硫塔与进站天然气流程联通循环。

(2)打开脱硫塔进出口阀门，使原料气进入脱硫塔，脱硫后的清洁气进入分离器，将气体中的水分分离出去，定时进行排污。

(3)打开脱硫系统前分离器阀门，使经过水气分离的气体进入脱硫塔脱硫。

(4)观察进、出口压力表，确认系统处于正常工作状态。进口压力高于出口压力1kg左右均为正常状态。

(5)每班对脱硫塔分离器进行一次排污。

(6)填写脱硫操作记录。

停车操作步骤如下：

(1)关闭脱硫塔前分离器阀门，截断进入脱硫塔气源。

(2)关闭脱硫塔进出口阀门，防止流程余气回流脱硫塔。

(3)关闭脱硫塔后分离器进口阀门，防止气体倒流。

(4)对脱硫塔前后分离器进行排污。

(5)对脱硫塔进行排污。

(6)填写脱硫停车记录。

2.4 脱水装置

由于我国管输天然气仅规定进入大管网的净化气不含游离水即可，此外，加上有些地方沿长输管道各站点有大量未经脱水的无硫气及低硫气输入，即使有些净化厂配有三甘醇(TEG)脱水装置，整个天然气管网，除个别地段外水蒸气也基本是饱和的，所以在相当长的时间内，我国原料天然气的含水量达到国际管输标准($0.12g/m^3$)是困难的。

根据《车用压缩天然气》(GB 18047—2000)的规定：在汽车驾驶的特定地理区域内，在最高操作压力下，水露点不应高于-13℃，在最低气温低于-8℃，水露点应比最低气温低5℃。如果达不到该要求，压缩天然气可能会析出液态水。液态水的存在将会对汽车及加气站的安全产生严重损害，如系统冰堵；在高压状态下，液态水的存在会在储气容器中生成水合物；液态水的存在加强了酸性组分(H_2S、CO_2)对压力容器及管道的腐蚀，并可能发生硫化氢应力腐蚀开裂及二氧化碳腐蚀开裂，导致爆炸等灾难性事故的发生。

2.4.1 脱水方法简介

脱水是指脱除天然气中的水分，以防止 CNG 水露点超标和在减压膨胀降温过程中供气系统出现冰堵(常见于初次投产时加气机出现冰堵)。一般多级压缩机对吸入气体有比较严格的要求，原因是天然气含有的水分、尘粒和腐蚀杂质会对压缩机运行带来直接的影响，而且水分的存在还会被带入 CNG 汽车气瓶导致发动机无法正常工作。因此，在多级压缩机前必须对吸入前的天然气进行低压脱水，并且在多级压缩机级间或末级出口设置高压脱水装置进行深度脱水。脱水装置视其承受压力等级的不同，分为低压 0.3～4MPa、中压 4～7MPa、高压 7～25MPa 脱水装置，可配置于天然气压缩机前、中、后。通常中压以下脱水装置体积大，占地面积大，但故障率低，一般用于 CNG 加气母站；高压脱水装置结构紧凑，占地面小，便于安装移动，一般用于 CNG 常规站。根据脱水原理的不同，可分为固体干燥剂吸附法、甘醇液吸附法、冷分离法。

2.4.1.1 固体干燥剂吸附法

固体干燥剂脱水的操作过程是周期性的，用一个或多个干燥塔吸附脱水，干燥剂的选择应采用吸水能力比吸烃类或吸酸性气体能力强的吸附剂，由于吸附时产生吸附热，用热气流加热就会使吸附剂吸附水分，同时吸附剂得到再生，再生冷却后分离出水分。

固体干燥剂有多种。例如氧化钙、活性炭、硅胶、氧化铝、分子筛等，各种固体干燥剂的吸附和再生过程基本上是一样的，其设备和工艺流程也相同，处理量较小的可以用 2 个吸附塔切换吸附和再生。

采用分子筛天然气脱水的优点是：

①分子筛可以使气体深度脱水，以达到要求的低露点；

②在较高的温度下，也能有效地干燥气体；

③能选择性地吸附水分，避免发生重烃类共吸附而使吸附剂失效，从而延长了吸附剂的寿命，经分子筛干燥后的气体，一般含水量可达到 0.1～10μg/g，脱水装置中多用 4A、5A 等分子筛作吸附剂；

④分子筛不易被液态水损坏，而硅胶等吸附剂遇水则容易破损；

⑤在低水汽分压、高温、高气体流速等苛刻的条件下仍然保持较高的湿容量。

分子筛较硅胶成本高，若采用分子筛同硅胶联合使用的复式床层吸附法，气流首先通过硅胶床层脱水，再通过分子筛床层脱掉最后的微量水，使气体达到要求的低露点。

2.4.1.2 甘醇液吸附法

甘醇液吸附法利用甘醇液对天然气、烃类的溶解度低，而对水的溶解度高和对水蒸气吸收能力强的特点，使天然气中的水蒸气及液态水被溶剂吸收，然后再将吸水后的甘醇液与天然气分离；甘醇液除水分再生后，返回系统循环使用。

常使用的甘醇液有乙二醇、二甘醇、三甘醇，其中三甘醇由于其较好的热稳定性，且易于再生，蒸气压低，携带损失量较小，在相同质量分数的甘醇条件下，三甘醇能获得更大的露点降，被较为广泛地使用。

三甘醇脱水面临的主要问题有：系统比较复杂，三甘醇溶剂再生能耗大，存在损失、被污染、氧化生成腐蚀性有机酸等问题，设备所占空间大，设备维护复杂等。适用于大型天然气液化装置中脱除原料气所含大部分水分。

2.4.1.3 冷分离法

冷分离法的原理是利用天然气饱和含水汽量随温度降低、压力升高而减小的特点，将被水汽饱和的天然气冷却降温或先增压再降温的方法脱水。冷却方法包括直接冷却法、加压冷却法、节流膨胀制冷和机械制冷等方法。冷分离法具有流程简单、成本低等优点，特别适合用于高压气体。该方法是国内气田中除三甘醇法外应用较多的天然气脱水方法，对于要求深度脱水的气体，冷分离法一般作为辅助脱水措施，将天然气中大部分水分先行脱除，然后再用其他方法进一步脱水。但当天然气压力不足时，使用冷分离法脱水达不到管输要求，而增压或外部引入冷源不经济时，则必须采用其他脱水方法。冷分离法目前的主要问题为耗能高、水露点高等。

2.4.2 天然气脱水工艺简介

天然气脱水是预处理过程中最关键的一环，CNG 加气站通常选用双塔式干燥器脱水，按脱水装置在站中的位置可分为低压、中压和高压脱水 3 种方式。高压脱水法若能在配件、阀件质量方面解决好相关技术工艺问题，因其结构紧凑、脱水效果好，是比较好的脱水方案。

常用的脱水方案：

①低压：A 等压再生，B 减压再生。

②高压：A 水冷，B 利用节流自冷。

③低压加高压联合。

2.4.2.1 低压、中压脱水工艺

低压脱水工艺又称前置脱水工艺，是将脱水装置安装在压缩机进气口之前，对进站天然气进行深度脱水，使其水露点达到压缩天然气的技术要求，工作压力为管网进站压力。中压脱水是指将脱水装置安装在两级压缩机之间，工作压力为上一级压缩机出口压力。

低压和中压脱水装置有半自动、自动和零排放三种方式，高压脱水装置只有全自动一种方式。半自动装置只需操作人员在两塔切换时手动切换阀门，再生过程自动控制。在两塔切换时有少量天然气排放。全自动装置所有操作自动控制，不需人员操作。在两塔切换时也有少量天然气排放。零排放装置指全过程（切换、再生）实现零排放。这些装置脱水后气体的水露点小于 -60℃。干燥剂一般采用 4A 或 13X 分子筛。

半自动和全自动低压脱水工艺流程见图2-14。图2-14 中原料气从进气口进入前置

过滤器，除去游离液和尘埃后经阀进入干燥器A，脱水后经阀去后置过滤器除去吸附剂粉尘后至出气口。再生气经循环风机增压后进入加热器升温，然后经阀进入干燥器B使其再生，再经阀进入冷却器冷却后去分离器分出冷凝水，重新进入循环风机增压。

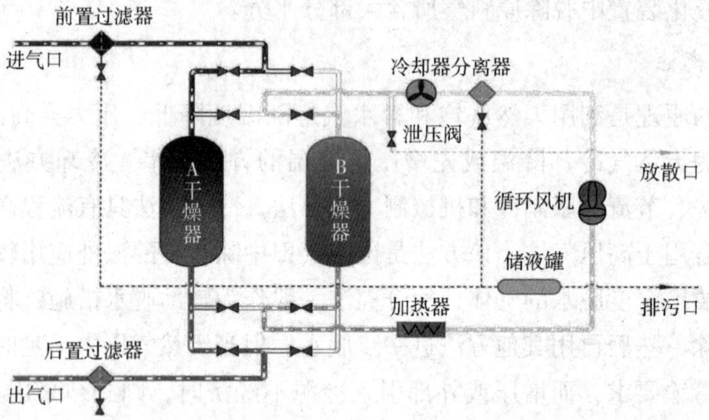

图2-14　低压半自动、全自动脱水工艺流程

零排放低压天然气脱水工艺见图2-15。图2-15中原料气从进气口进入前置过滤器，除去游离液和尘埃后经阀进入干燥器A，脱水后经止回阀和后置过滤器至出气口。再生气来自脱水装置出口，经循环风机增压后进入加热器升温，然后经止回阀进入干燥器B使其再生，再经阀进入冷却器冷却后去分离器分出冷凝水，重新回到脱水装置进气口。

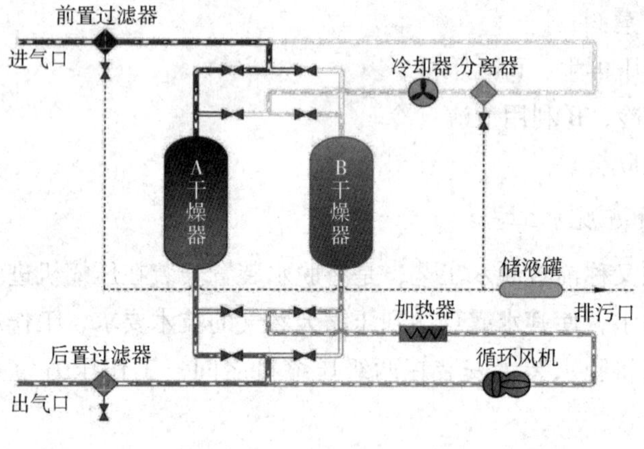

图2-15　零排放低压天然气脱水工艺

半自动、全自动和零排放中压脱水流程与图2-14、图2-15基本相同，只是进气口来自压缩机一级出口(或二级出口，但工作压力不宜超过4MPa)，出气口去压缩机二级入口(或三级入口)。

2.4.2.2　高压脱水工艺

高压脱水装置工艺流程见图2-16。图2-16中的气体依次进入前置过滤器、精密过滤器，除去游离液和尘埃后经阀进入干燥器A脱水，然后经后置过滤器和压力保持阀送至顺序盘入口。再生气从装置出口或低压气井(或低压气瓶组)引入，经减压后进入加热器升温，然后进入干燥器B使其再生，再经阀进入冷却器、分离器分出冷凝水后，进入压缩机前的低压管网或放空。

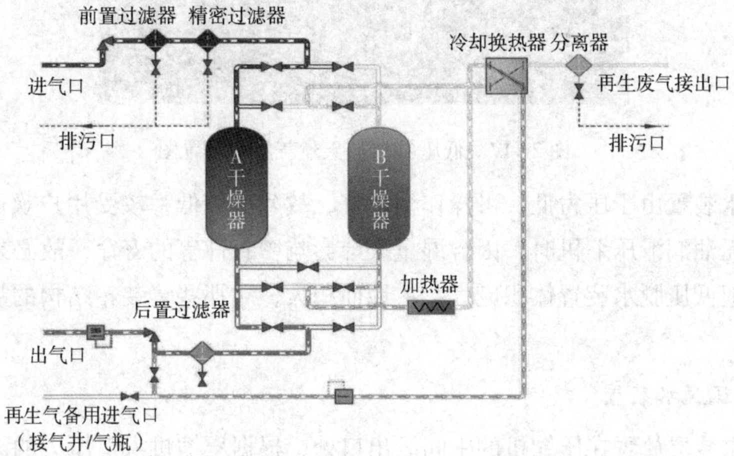

图2-16 高压脱水工艺流程图

2.4.3 天然气脱水设备简介

2.4.3.1 CNG加气站脱水装置常规类型

加气站脱水装置根据再生工艺、控制方式、冷却方式有多重类型，具体见表2-1。

表2-1 CNG加气站脱水装置常规类型

类型划分	天然气脱水装置		
按所处工艺位置	(前置)低压脱水装置	(级间)中压脱水装置	(后置)高压脱水装置
按再生工艺	减压排放型、零排放型		开式循环
按控制方式	半自动型、全自动型		手动型、全自动型
按冷却方式	风冷、水冷		

2.4.3.2 低压脱水装置

低压脱水装置放置在压缩机的进口前，故也称前置式。由于被干燥气体压力低，水含量高，因此这种类型脱水工艺的特点是，干燥剂的再生采用闭式循环回路，整个脱水装置包括2台充填分子筛干燥剂的干燥器、1台循环风机、1台冷却器、1台分离器和1台加热器。分子筛干燥剂的再生系统通过风机反复循环一定量的气体来完成。如图2-17所示。

图 2-17 低压(前置)天然气脱水装置图

低压脱水装置由于压力低，可操作性较好，故障率较低，较受用户欢迎。此外，当加气站采用无油润滑压缩机时，因含湿量大会影响密封件等的寿命，故必须采用低压的前置脱水。但低压脱水装置体积庞大，占地面积大，对那些集装箱结构的加气站，应用起来较困难。

2.4.3.3 中压脱水装置

中压脱水装置放置在压缩机的中间级出口处，根据压缩机入口压力的高低，确定放置在压缩机一级还是二级排出口。国内机组的入口压力为 0.3MPa，脱水装置宜放置在二级出口处。一般说来，脱水压力控制在 4.0MPa 左右比较有利，此时绝对含湿量已很小。在 4.0MPa 压力下，气体的饱和水含量约为常压下饱和水含量的 3%，约为 0.3MPa 压力下饱和水含量的 10.5%。这样既可将气体中所含水的大部分在 4.0MPa 左右的压力下分离掉，又能使设备与管、阀件的压力等级控制在 4.0MPa 这一公称压力级下。实际上，中压脱水装置除压力外其余与低压工艺流程雷同。

2.4.3.4 高压脱水装置

高压脱水装置放置在压缩机末级出口，也称后置式。由于气体中所含水的绝大部分已在压缩机的逐级压缩后被分离出去，所以在 25MPa 压力下气相中的饱和水含量已非常少，仅相当于常压下饱和水含量的 0.91%，约为 0.3MPa 压力下饱和水含量的 3%。由于高压脱水设备结构尺寸相对很小，加气脱水量也小，因此特别适合集装箱形式加气站使用。如图 2-18 所示。

图 2-18 高压(后置)天然气脱水装置

2.4.4 前置减压再生型脱水装置操作

2.4.4.1 工艺流程图

前置脱水工艺流程图如图 2-19 所示。

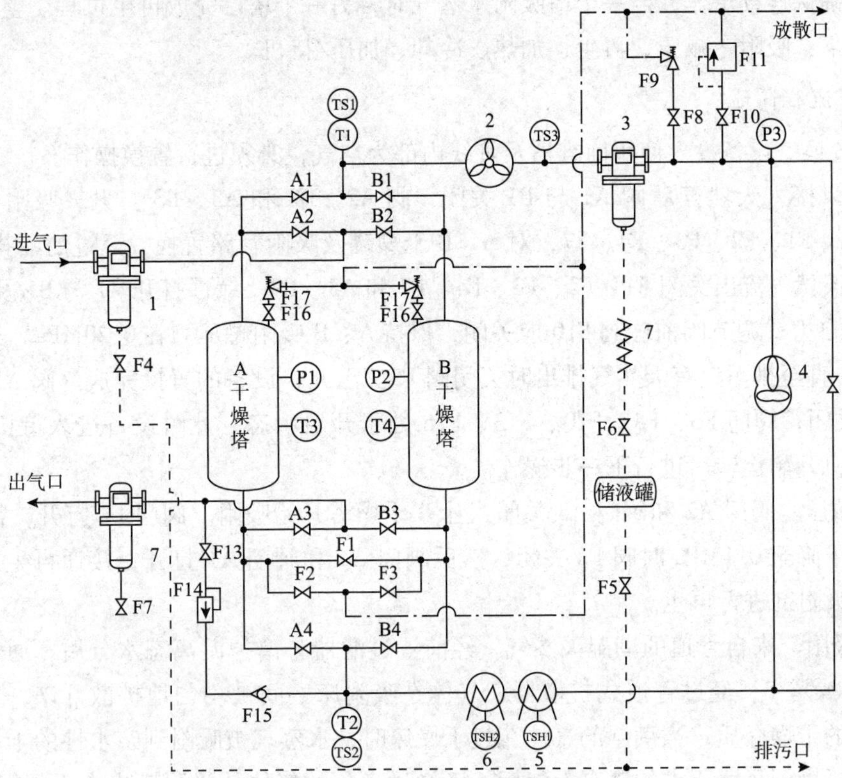

图 2-19　前置脱水工艺流程图

1—前置过滤器；2—风冷器；　3—分离器；　4—循环风机；
5——级加热器；6—二级加热器；7—电热防冻带；8—后置过滤器；

A1—A 塔再生气排气阀；　A2—A 塔湿气进气阀；　A3—A 塔干气排气阀；
A4—A 塔再生气进气阀；　B1—B 塔再生气排气阀；　B2—B 塔湿气进气阀；
B3—B 塔干气排气阀；　B4—B 塔再生气进气阀；　F1—均压阀；
F2—A 塔卸压阀；　F3—B 塔卸压阀；　F4—前置过滤器排污阀；
F5—储液罐排污球阀；　F6—分离器排污阀；　F7—后置过滤器排污阀；
F8—再生回路安全阀前球阀；　F9—再生回路安全阀；　F10—球阀；
F11—自力式调节阀；　F12—循环风机流量调节阀；　F13—减压阀前球阀；
F14—减压阀；　F15—单向阀；　F16—吸附回路安全阀前球阀；
F17—吸附回路安全阀；　T1—再生气排气温度表；　T2—加热器排气温度表；
T3—A 塔温度表；　T4—B 塔温度表；　TS1—再生气排气温度传感器；
TS2—加热器排气温度传感器；　TS3—冷却器排气温度传感器；
P1—A 塔压力表；　P2—B 塔压力表；　P3—压力表

2.4.4.2 说明

整套装置由两个并列工作的干燥塔及加热器、循环风机、冷却风机、分离器、过滤器组成，它们连接在一起组成完整的系统，两个干燥塔以循环的方式交替作为吸附和再生使用。

为了确保连续工作，当一个塔吸附水蒸气时，另一个塔已完成再生过程。整个过程可细分如下：吸附、减压、再生、加热、冷却、加压/待机。

2.4.4.3 流程简述

(1)置换。设备投入使用前容器及管线内部为空气，必须进行置换操作。

进气口接入天然气后阀 A1 与 B1 关闭，阀 A2、B2 和 A3、B3 打开，吸附管路升压；打开阀 F1、F2、F3、F4、F7，对 A、B 干燥罐及吸附管路置换，至过滤器排污口、放散口有天然气流出关闭 F1、F2、F3、F4、F7 和 A3、B3。缓慢打开 A1 与 B1 及 A4 与 B4，此时自力式调节阀前球阀 F10 应关闭，保持 A、B 吸附罐压力在 0.20MPa。开启 F6 阀与阀 F5 直至排污口有天然气排出时关闭阀 F5。至此，设备的置换完成。阀 A1、B1、A4、B4 关闭，阀门 F6、F8、F10、F13、F16 处于开启状态，此时设备进入待机状态。直到压缩机开始运转后进行下一步操作。

(2)减压。阀门 A2 和阀门 A3 关闭，让 B 干燥塔开始吸附。阀门 F2 打开，待 A 干燥塔压力下降至 0.1MPa 时阀 F2 关闭，然后阀门 A4 和阀门 A1 打开，接通再生系统对 A 干燥塔吸附剂进行再生。

(3)吸附。来自管道的潮湿天然气，经前置过滤器分离掉游离态水分后，通过阀门 B2 进入干燥塔 B，经过管道式扩散器，气体在吸附床之间被均匀地扩散开来，充分地利用所有的干燥介质，当潮湿的气体流过干燥床时，水蒸气被吸附到亲水性的干燥剂表面。它被干燥到了所要求的露点。然后，已经过净化的气体从吸附塔出来由阀门 B3 和后置过滤器输出洁净干燥的气体。

(4)加热。循环风机与加热器开启。A 干燥塔残留的余气，依靠循环风机作为动力源，通过加热器将温度提高到所要求的再生温度。被加热的再生气体进入 A 干燥塔床层并均匀地扩散开来，将水分从干燥剂中蒸发出来。潮湿的再生废气经过冷却器冷却，冷凝液在分离器中被分离掉，气体再次通过循环风机，经加热器加热后导入容器。当干燥剂中的水分被逐步蒸发后，再生气体出口的温度随之升高，再生气体出口温度升至设定值时，控制器自动发出指令，加热器停止加热。

(5)冷却。加热器停止工作后，循环风机、冷却风机、分离器继续工作，通过不断降低温度的再生气体循环，使 A 干燥塔内的干燥剂温度逐步降低，当再生气体出口温度降到设定值时，控制器自动发出指令，循环风机、冷却风机、分离器停止工作，终止冷却过程。

冷却过程中单向阀 F15 将自动控制补气管路及时通过成品干气阀门由减压阀 F14 向再生系统充压，使系统压力保持在 0.09MPa。

(6)加压/待机。冷却过程完成后，装置进入均压、加压过程。首先阀门A1和阀门A4关闭，阀门F1打开，A、B塔先进行均压，然后阀门A2打开，对A塔开始充压，当A干燥塔压力升至工作压力后，关闭阀门A2。A塔进入待机状态，等待下一轮切换。

B干燥塔再生和A干燥塔完全一样，仅仅阀门位置不同而已，参照以上程序操作即可。

2.4.4.4 切换

(1)本装置被设计成全自动控制切换方式，系统中所有阀门的动作全自动完成；循环风机、冷却风机、加热器的工作也自动进行。

(2)吸附时间设计为12 h，再生时间设计为8 h，其中加热时间约4 h，冷却时间约4 h，再生过程工作时间以达到设定温度为限。

(3)再生程序启动后，加热器出口温度自动控制在(180 ~ 220 ± 5)℃。当干燥塔再生气出口温度上升到120 ~ 150℃时，加热器自动停止工作，但显示的最高温度有可能高于120 ~ 150℃。系统自动执行冷却过程，随着冷却过程的进行，干燥塔再生气出口温度降到60 ~ 80℃时，循环风机和冷却风机自动停止工作。控制器发出信号，提示再生工作结束。

(4)本装置再生阶段是以达到温度设定值结束的，因此，加热或冷却时间可能和上述说明不一致，如果偏差过大，需要分析原因，重新设定参数。

2.4.4.5 开机

(1)控制系统通电后检查各指示灯及参数是否正确。

在控制器上选择手动方式，打开循环风机和冷却风机，检查电机旋转方向是否正确。循环风机联轴器旋转方向应与其标示一致，冷却器风向应从电机吹向散热器。确认正确后，重新选择自动方式。

(2)装置第一次开机时，建议在系统完全投入使用之前，使两个干燥塔分别作两次6 h的再生循环，保证干燥剂具有充分的活性，操作步骤参照上述内容。

(3)在最初的几个循环过程中，观察温度设定参数是否合适，是否需要调整。如果需要调整，可参照电气控制部分内容调整。若所有的设定参数都已达到要求，不需再调整，装置便可完全正常地使用了。

注意：开机时，再生系统和整个装置不得过载，否则造成的任何损坏，制造商/供应商概不负责。每次启动循环风机时，应先全部打开阀门F6，运转1 min后再缓慢关闭该阀门，使风机缓慢加载，避免损坏风机。

2.4.4.6 停机

装置停止工作时，必须保证干燥塔再生已经完成，避免干燥剂再生不彻底而造成露点升高。因此，绝对不要采用直接切断电源的方式使装置停止工作。这样做的后果是干燥剂的再生(加热/冷却)阶段没有完成。

正确的做法是：关闭吸附回路所有进出口阀门，如果再生塔再生工作没有结束，继续让其再生，直至全部完成再生工作，然后关闭再生塔所有进出口阀门，最后切断电源。

注意：重新工作时，切记让已完成再生的干燥塔用于吸附工作。

2.4.4.7 停电

要防止由于停电而造成控制也被中断的情况发生。这种情况意味着加热或冷却过程突然停止，所有阀门应保持其实际位置，再次通电后，控制将从终止处继续下去。

2.4.4.8 维护与检查

(1)不需中断运行的保养与检查。建议用户定期完成下列保养与检查：

每日一次，检查再生温度、冷却器温度是否正常。

每日一次，检查循环风机、冷却风机声音、振动是否异常。

每周一次，检查切换过程及所描述的功能是否正常。

每周一次，检查吸附、再生、冷却及切换时间。

每周一次，检查干燥塔的压力损失。

每周一次，检查过滤器、分离器排污口是否通畅。

每月一次，紧固所有松动的接头。

(2)需中断运行的保养与检查。若运行中没有故障出现，应定期完成下面的保养工作：

每月一次，检查所有压力表和温度表。

每季一次，检查前、后置过滤器压力损失。

每季一次，检查或更换循环风机润滑油。

每年一次，检查电加热元件、所有阀门及垫片。

每年一次，清洗前、后置过滤器滤芯。

(3)更换吸附剂。正常使用工况下，吸附剂可连续使用3年以上。经验表明，干燥剂的使用寿命有可能更长，使用寿命直接与干燥剂的质量及前置过滤器的质量状况有关。

建议每年检查吸附剂粉化情况。可打开后置过滤器及干燥塔装料、干燥塔底部排污口检查，如果发现粉化严重，应及时更换吸附剂。

(4)再生处理。建议每年对两个干燥塔吸附剂进行一次再生处理。再生处理时可根据需要，调整温度控制设定参数，以达到较好的再生效果。再生处理的方法是：将设备进出口阀门关闭，按上述规定调整好再生压力，然后分别对A塔和B塔进行闭式循环加热再生。

切记：再生结束后，将温度控制设定参数调回原来数值。

循环风机的维护保养，详见风机使用说明书。

注意：更换装置压力系统中任何零部件，都应在设备不带压情况下进行。

2.5 压缩机组

压缩机组是加气站最关键、最重要的核心设备，对整个加气站运行的可靠性及成本有决定性影响。选择不当的压缩机组会给加气站业主带来无法弥补的后患和不可小视的经济损失。

2.5.1 压缩机组简介

2.5.1.1 压缩机的基本概念

压缩机是一种应用广泛的通用机械，因应用场合的不同而有很多种形式，如往复式、离心式、螺杆式、涡旋式等。

压缩机是一种用于压缩气体借以提高气体压力，使气体具有一定能量的机械能，从能量观点来看，它是一种把机械能转化为气体压力能的机械。

不同场合使用的压缩机不同，天然气汽车加气站使用的大都是具有曲柄连杆的往复活塞压缩机，简称往复压缩机或活塞压缩机。活塞压缩机主要用于一些流量不太大但压力相对较高的场合，这种压缩机对运行参数改变的适应能力较强，可较好适应加气站频繁变化的工作参数。

2.5.1.2 压缩机组系统构成

我们所说的压缩机一般指机组中的主机，压缩机本身并不能单独工作，必须附以级间气体冷却、气体净化、安全保护等装置，主要由压缩气系统、冷却水循环系统、润滑油系统、电器控制系统、报警系统等构成压缩机组。天然气压缩机组的全部组成部分共同安装在一个底座上，称为橇装结构，有些露天使用时还要加装一个罩壳。有些母站压缩机组因体积较大而不便于采用橇装结构，而需要设置专门的基础。

2.5.1.3 压缩机分类

压缩机的种类很多，通常有以下几种分类方式。

(1)按工作原理可分为三大类，即容积型、动力型(速度型或透平型)和热力型。在容积型压缩机中，压力的提高是依靠直接将气体的体积压缩实现的。而动力型压缩机则是靠高速旋转的叶轮作用，提高气体压力和速度，随后在固定原件中降低速度转化为气体压力能力。喷射器是热力型压缩机，它采用高速气体或蒸汽的喷射携带向内流向的气体，然后在扩压器中把混合气体的速度转化为气体的压力能。如图 2-20 所示。

(2)按气缸排列形式分类。按照压缩机气缸轴线相对地平线的位置及彼此间的关系，可分为三大类，即立式、卧式、角度式。如图 2-21 所示。

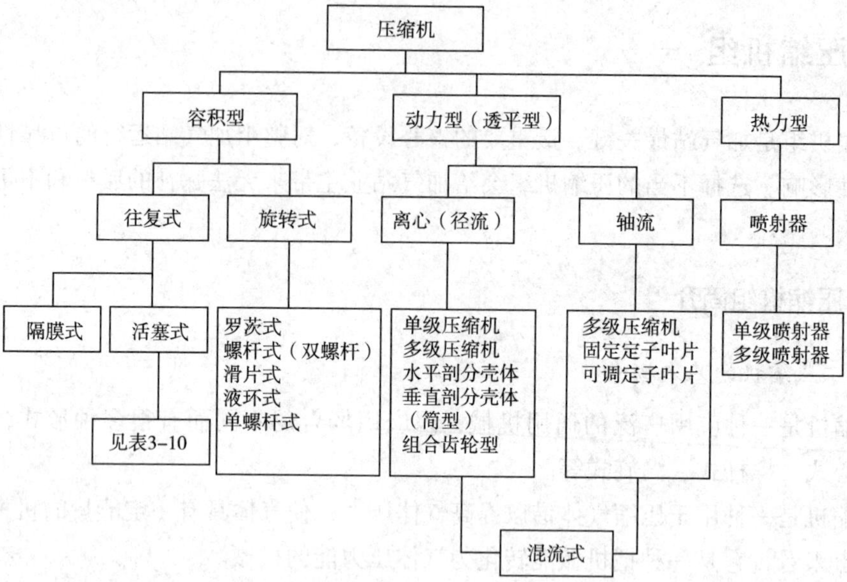

图 2-20　压缩机按工作原理分类

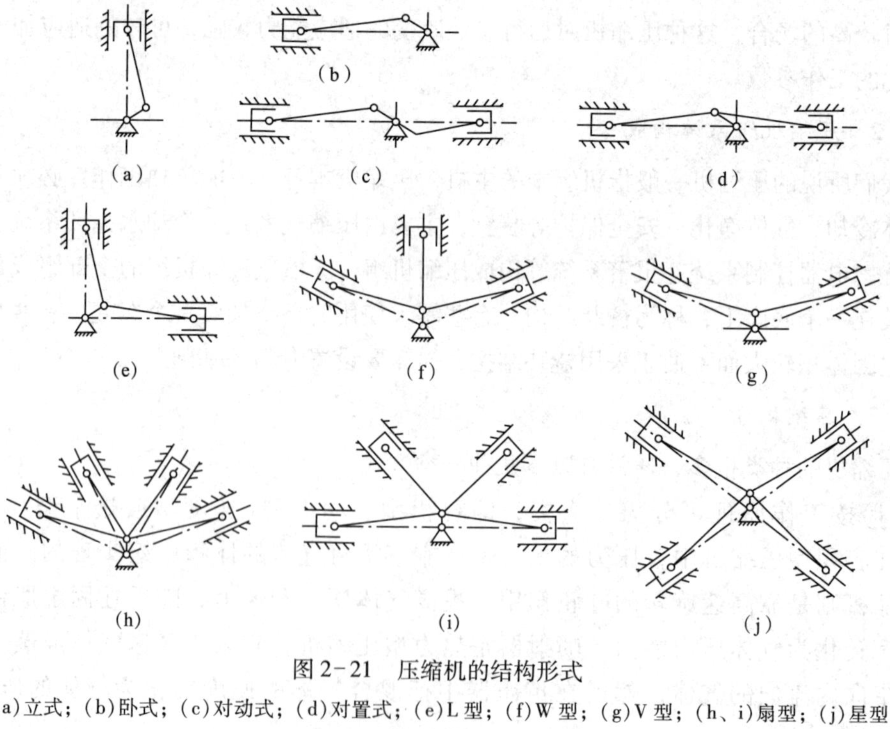

图 2-21　压缩机的结构形式

(a)立式；(b)卧式；(c)对动式；(d)对置式；(e)L 型；(f)W 型；(g)V 型；(h、i)扇型；(j)星型

①立式压缩机。气缸中心线与地面垂直。主要优点是：主机直立，占地面积小；活塞重量不支承在气缸上，没有因此而产生的摩擦和磨损。主要缺点是：大型时高度大，需设置操作平台，操作不方便；管道布置困难；多级压缩时级间设备占地面积大。所

以，立式压缩机仅用于中、小型及微型，使机器高度均处于人体高度，便于操作，且中型压缩机主要用于无油润滑结构——活塞无需支承而仅需导向。此外，级数以少为宜，避免管道布置麻烦。

②卧式压缩机。气缸中心线与地面平行，有一般卧式、对动式、对置式。卧式压缩机大多制成气缸置于机身两侧的结构，其优缺点恰好和立式压缩机相反。卧式压缩机的级间设备甚至可配置在压缩机的上方或下方，中、大型压缩机宜采用卧式结构。在三种类型的卧式压缩机中，一般单列卧式压缩机应用较少。

在卧式压缩机中，相对列活塞相向运动的对动式压缩机，一般简称为 D 型的压缩机，其动力平衡性能特别好，并因为相对列的作用力能全部或部分地相对抵消，使主轴承仅受相对列力矩转化的力，故轴承受力情况改善，且不论奇数列还是偶数列都可以做成对动式结构，所以现在应用最普遍。对动式压缩机的缺点主要是：两相对列中总有一列十字头上作用的侧向力向上，而在两止点位置侧向力小时，其重力又向下，因此造成十字头在运动中有敲击，并导致活塞杆随之摆动，从而影响填料的密封性及耐久性。

所谓对置式压缩机，就是其相对列的活塞部件做同步运动，摆放位置对称，故称对置。采用单一连杆而具有框架式十字头的对置式压缩机主要用于超高压的增压压缩机。超高压级一般都是单作用式，采用框架式十字头可使相对列的气体力抵消一部分，从而减少了连杆、曲轴的负荷。此外，两列均无向上的侧向力，故运转时比较平稳。这种结构往复质量很大，但因考虑到密封元件等的耐久性，超高压压缩机一般转速不高，其惯性力仍不至超过最大气体力。

③角度式压缩机。角度式压缩机优点是动力平衡性比较好，结构紧凑，每个曲拐上装有两根以上的连杆，使曲轴结构简单、长度较短，并可采用滚动轴承，缺点是大型时高度较高。故适于用作中、小型及微型压缩机。角度式压缩机包括 L 型、V 型、W 型、T 型、扇型、星型等。在各种角度式压缩机结构中，星型是较少应用的，因其润滑问题较难解决，当多于一个曲拐时，连杆的安装也很困难；其余几种形式，应视气量及级数等情况选用。角度式压缩机中应用最多的是 V 型和 L 型，其管道和中冷器等附件安装布置也不大方便。

天然气压缩机这三种形式都有应用。立式结构多为两列，也有三列结构，一般用于常规站和子站，很少用于母站。卧式压缩机主要用对动式结构，母站、常规、子站都有应用，前者多为 2～4 列，后两者一般为 1～2 列。角度式压缩机主要应用的是 L 型、V 型、W 型，也有双重 V 型、W 型，但同其他几种形式比较而言，这就显得有些复杂了，角度式结构中 L 型在中国应用较多。

(3) 按润滑方式分类，有以下几种。

①有油润滑压缩机。气缸和活塞杆填料采用高压注油器注入润滑油进行润滑的压缩机。

②无油润滑压缩机。活塞环、支承环、填料采用自润滑材料，气缸和活塞杆填料不用润滑油润滑的压缩机。其运动部件曲轴连杆机构仍然需要润滑油润滑。

③少油润滑压缩机。即采用无油润滑压缩机的结构，但气缸和活塞杆填料采用高压注油器注入润滑油进行润滑的压缩机。由于活塞环、支承环、填料采用自润滑材料，所以注油量比传统有油润滑压缩机少得多，但活塞环、支承环、填料尤其是高压级的寿命又比无油润滑压缩机高得多。是现在用得最多的形式，进口机绝大多数为此结构。

(4)按冷却方式分类，有以下几种。

①水冷式压缩机。压缩介质即天然气、气缸、填料、润滑油均采用水来冷却的压缩机。水通常用循环水，对水质要求为软化水，符合国家相关标准。

②空气冷却式压缩机。压缩介质即天然气，气缸、填料、润滑油均采用空气来冷却的压缩机。其中天然气、润滑油采用带风机的空冷器冷却。气缸、填料采用自然风冷却或风扇冷却。

③混合冷却式压缩机。气缸、填料、润滑油采用循环水来冷却，而压缩介质即天然气，循环水采用空气来冷却的压缩机。

(5)按压力分类。往复压缩机按排气压力可分为：

①低压压缩机，<1MPa；

②中压压缩机，1～10MPa；

③高压压缩机，10～100MPa；

④超高压压缩机，>100MPa。

可见，天然气压缩机属于高压压缩机。

2.5.1.4 典型压缩机组简介

压缩机组的核心设备是压缩机。天然气压缩机的驱动方式有两种，绝大多数采用电动机驱动，少数为节省能源而采用天然气发动机驱动。驱动机与压缩机的连接方式现多为直连，极少部分产品采用皮带传动。电机驱动的压缩机采用直连方案可通过选择电机级数而确定合理的压缩机转速，但天然气发动机直连的压缩机受制于发动机，其转速一般不低于1000r/min。天然气发动机初期投资大，同时发动机的噪声及废气排放在市区加气站是一个棘手的问题，所以，发动机驱动多用于较大型且离市区较远的母站，或供气量小的移动式加气站。

(1)卧式型压缩机主要部件及其特点。卧式压缩机有D、M型等结构形式布置。机身两侧连接气缸，下部为润滑油箱，中间装有曲轴，曲轴两端为双列向心球面滚子轴承支承，M型还设有中间轴承，为滑动轴承支承。中体滑道与机身连成一体，曲轴为45#锻钢件。为了保持机身内外压力平衡，机身上部设置有呼吸器。

D型为两列气缸，相应曲轴为两拐，曲拐互成180°，惯性力可实现完全平衡。

M型通常为四列(也可生产六列机型)，如图2-22所示，相应曲轴为四拐，四列的M型压缩机相对两列曲拐互成180°，两对曲拐互成90°；惯性力及惯性力矩可实现完全平衡，运转平稳振动小；M型机的十字头滑道是可更换的，采用耐磨性好的球墨铸铁QT600-3材料制成。

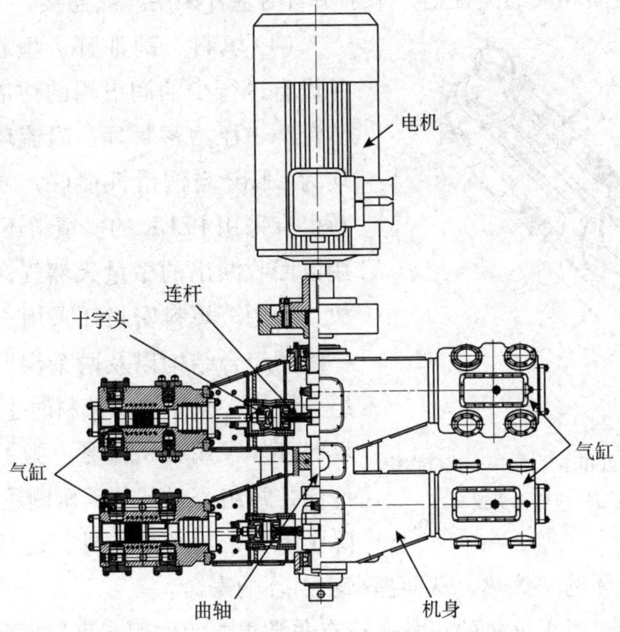

图 2-22　M 型压缩机

每个曲拐上各安装有一根连杆，曲轴一端插有转子油泵的主动轴，另一端通过联轴器与电机相连，曲轴上钻有油孔，作为运动部件润滑油通道，两个双列向心球面滚子轴承以过渡配合装在曲轴两端的主轴颈上，油泵端盖与轴承留 0.5 ~ 0.8mm 热膨胀间隙。

(2) 立式压缩机主要部件及其特点。Z 型压缩机机身为立式整体铸件，上部与气缸连接，中间是十字头滑道，下部是曲轴箱(兼作油箱)。为了保持机身内外压力平衡，机身上部设置有呼吸器。

曲轴为锻件，两列 Z 型机的曲轴为互成 180°两拐，三列 Z 型机为互成 120°三拐。四列 Z 型曲轴为四拐，相对两列曲拐互成 180°，两对曲拐互成 90°。在每个曲拐上各安装有一根连杆，曲轴一端插有齿轮油泵的主动轴，另一端通过联轴器与电机相连，曲轴上钻有油孔，作为运动部件润滑油通道，两个双列向心球面滚子轴承以过渡配合装在曲轴两端的主轴颈上，油泵端盖与轴承留 0.5 ~ 0.8mm 热膨胀间隙。如图 2-23 所示。

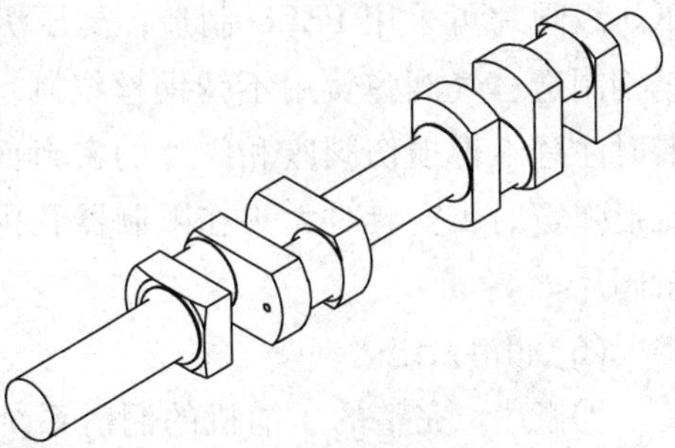

图 2-23　四列压缩机曲轴

(3) 连杆和十字头。如图 2-24 所示连杆为铸钢件，杆身内部有贯穿大小头的油道，大头为分开式，连杆大头滑动轴承，为钢背浇锡锑轴承合金的薄壁瓦，连杆小头压入青铜轴套，与十字头销形成滑动轴承，十字头为滑履镶有轴承合金的整体铸钢件结构，十字头销为优质钢表面淬火的圆柱销，十字头与活塞杆采用螺纹连接。

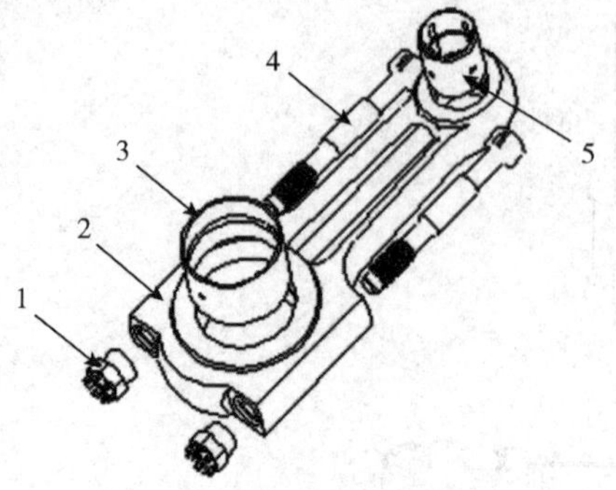

图2-24　连轩

1—连杆螺母；2—连杆盖和连杆体；3—连杆大头瓦

4—连杆螺栓；5—连杆小头铜套

(4)填料、刮油环。填料均通有冷却水，并设有进行少油润滑用的注油口，填料内件由节流环、压力密封环、阻流环等组成。密封环均为CFRP自润滑性能好，强度高，高压级填料也有采用PEEK的。填料还设有漏气回收口，用以回收漏出的微量天然气，送至安全地方排放或利用。填料密封环采用三瓣环和六瓣环为一组的组合结构以及两个沟形三瓣环为一组的组合结构。采用进口填料时主要为沟形三瓣环。填料环外径用弹簧箍紧。为了防止填料密封环冷流，每组密封环非承压侧还设有青铜阻流环，除了阻止密封环变形外，还具有良好的导热功能，可以导出密封环的摩擦热，从而提高密封环的寿命。

填料为易损件，对压缩机的正常运行有非常重要的作用，可根据要求，填料也可采用无油润滑，或采用全套密封件。

刮油环为三瓣剖分结构，外用弹簧箍紧，紧抱活塞杆，内径具有锋利的刀刃，方向朝十字头侧进行刮油。

(5)气阀。如图2-25所示，吸、排气阀为噪声小、寿命长的网状或环状气垫阀，由阀片、阀座、升程限制器、阀弹簧、螺栓、螺母等组成。低压级阀片可采用PEEK制造，高压级阀片用不锈钢制造；气阀弹簧用不锈钢丝绕制。安装、拆装时注意不得损伤阀座和阀片的密封面。弹簧为锥形弹簧时，安装时大头在限制器孔内，小头接触阀片。

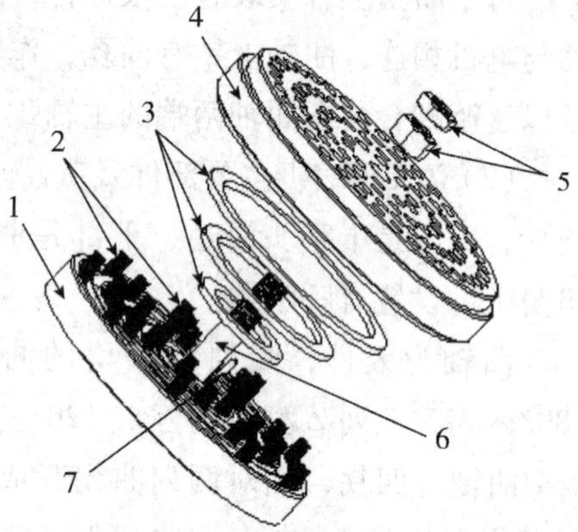

图2-25　压缩机环状气阀

1—限制器；2—弹簧；3—阀片；

4—阀座；5. 螺母；6—螺栓；7—销

(6)润滑系统。

①概述。完整的压缩机的润滑系统分为两个部分，对于有油润滑压缩机两者具有相同的重要性。如图2-26所示。

a. 用于润滑压缩机机身运动部件的系统。

b. 用于润滑气缸和填料的系统。对于无油润滑压缩机，不需要此部分。本机采用循环油管路和注油管路两套独立的系统来分别实现此功能。

②循环油管路。压缩机主机的曲轴、连杆、十字头、滑道等传动机构包括其中所有滑动轴承的润滑采用强制润滑方式，主润滑内齿轮转子油泵位于机身一端，由曲轴带

动。当电动机启动后，机身油池内的润滑油经过滤器过滤后被吸入油泵加压到0.3～0.5MPa，然后经精过滤器精滤。再经油冷却器冷却后送至曲轴，后进入油泵去曲轴油孔润滑连杆大头轴承，再通过连杆杆身的油孔进入连杆小头铜套润滑十字头销，经十字头销的油孔到十字头的油孔润滑十字头滑履、十字头滑道。转子油泵的油压可由泵体上的回油阀调节，油压过高时，油推开阀门溢流回油池。

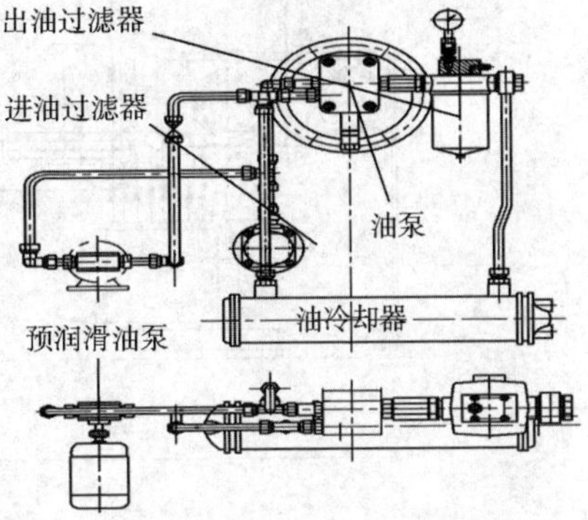

图2-26　压缩机循环油系统

润滑系统中设置过滤器和油冷却器，有利于降低油温和提高油质，提高润滑效果，带走摩擦副热量，改善内齿轮转子泵的工作状况，提高齿轮泵使用寿命。通常精过滤器上装有过滤前油压表和过滤后油压接点。过滤后的油压表安装在控制室操作台上。通过二压力表的压差可以确定过滤器是否堵塞。油冷却器为管壳式，装置在橇上。润滑油通过油冷却器中的冷却管与冷却水热交换实现冷却。立式机滚动轴承为飞溅润滑，M型机、D型机通过曲轴上钻有小孔的喷油螺塞进行喷油润滑。

预润滑油泵由独立电机驱动，与主润滑转子油泵油路并联，设有用独立电机驱动的预润滑齿轮泵，只在主电机启动前工作，用于压缩机启动前，使得在轴头的主润滑转子油泵未工作前各摩擦部位能得到足够的润滑油，以保证其正常工作，防止在刚开车时运动部件因缺乏润滑油而损坏，保证运转可靠。在环境温度低于0℃(例如北方等)时，设置有电加热器及测温铂热电阻。在环境温度低于5℃时，自动启动加热器，对润滑油加热升温，达到规定值启动主机，保证机组的安全运行。我国南方一般不需要电加热器。

③注油管路。对有油和少油润滑压缩机，为增加活塞环、密封环的使用寿命，配备了一套给气缸、填料少量注油的装置，包括注油器、止回阀和管线等，用于气缸和填料的润滑。

注油器是由单独电机驱动的，经减速机构使凸轮轴旋转，凸轮轴再推动高压柱塞将油通过单向阀注入气缸和填料中。注油管路使用的润滑油存储在注油器油箱内，注油器上分布着一个或多个注油点，润滑油流经止回阀，同时向各级气缸、各级填料分别强制注油进行润滑。一个注油点每分钟注油通常为12～15滴，根据工作条件可以增减。如图2-27所示。

(7)气管路系统。气管路为机组进口至压缩机出口。天然气经机组接管进口进入压缩机一级进气口，一级压缩后排出的压缩天然气经一级冷却器冷却和一级油水分离器分离后，再进入下一级的压缩、冷却、分离，经过N级压缩后排气压力达到25MPa。各级油水分离器上安全阀排放口和排污口的排空气体引到安全处放空或至回收罐回收利用。

各级冷却器的出口管段上设有安全阀，各安全阀排放管汇集后回收或放空。安全阀是压缩机的主要安全保护装置，在其工作压力下处于常闭状态，当气体的压力达到启跳

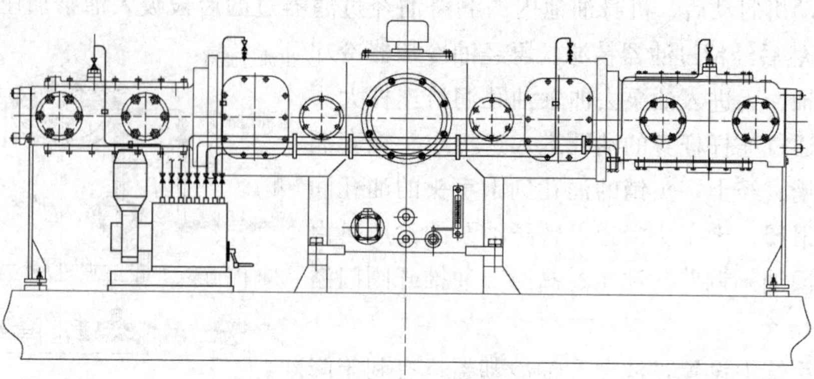

图2-27 注油系统

压力时，安全阀自动启跳卸压，保证压缩机在规定的压力范围内运转。各级排气安全阀调定工作压力已根据不同工况的机型在出厂前分别设定，并由制造厂调节好，并用铅封。按照使用情况，必要时可重新调整，调整完后再次加以铅封，但调整应由有资质人员进行并应遵守当地安全技术监督部门的规定。日常操作时，操作人员不可自行启封或随意调整。

(8)冷却系统。各级排气后设有冷却器，用以冷却被压缩后的高温气体，保证进入压缩机下一级(或系统)的气体温度在规定的范围内。除冷却天然气外，还用于冷却气缸、填料和润滑油。常用的冷却方式有水冷式和混冷式，空气冷却式相对较少。水冷式正常工作时压力为0.3MPa，为了充分保证填料冷却，填料回水应单独引至循环水池使其无背压，或背压小于0.05MPa。混冷式正常工作时压力为0.2～0.3MPa。

(9)仪表控制系统。压缩机配有检测压力、温度的全套仪表控制系统。

(10)压力控制系统。压缩机一级进气压力及各级排气压力的测压点均设在相应的气管道上。各点压力均用导压管引向仪表显示控制柜，供运行时监视各级压力。仪表显示控制柜上集中显示一级进气压力、各级排气压力、润滑油压力、冷却水压力等。柜内设置有压力传感器、压缩机组启停按钮、紧急停车按钮，与PLC控制柜一起完成对压缩机及其配套水泵、注油器等手动启停功能。

(11)温度控制系统。各级气缸上设有双金属温度计，可以就地显示观察进、排气温度。末级排气冷后管线上设有铂热电阻，通过铂热电阻将温度转换为4～20mA电信号引至PLC采集显示，超过报警值即可报警。

(12)仪表控制系统的PLC远程控制柜

压缩机仪表控制系统中起控制作用的是PLC远程控制柜，各级进排气压力通过开关箱内的压力变送器将气压转换为电信号引至控制室操作台，总进水压力及油泵压力也引至控制柜。

PLC远程控制柜是专为CNG压缩机系统设计制造的配套电气控制系统。较大型压缩机主电机采用软起动器控制。

PLC控制柜以触摸屏、软启动器作为控制核心，包括接触器、空气开关、按钮等其他低压器件，以及电流表、电压表、指示灯等。在触摸屏上可以进行实时数据显示，报警值在线设置、变送器量程设置、手动控制以及故障信息显示等。由于采用了PLC，电气控制系统接线简洁，故障率低，便于维护。

2.5.1.5 压缩机组的布置

从目前的产品来看，压缩机与电机多采用直联方式，皮带传动应用较少。前者连接方便，传动效率较后者高3%，但后者可选用价格较低的高转速电机，同时整个橇座的面积也可减小，尤其是大型机组的橇座外形尺寸受到运输限制而比较紧张时。当然，后者还需要定期更换防静电皮带，这也是一笔日常开支。直联电机的轴线一般沿橇座长度方向放置，并置于宽度方向的中间位置，以平衡整个机组的重心。

冷却器中水冷和风冷相比较，水冷冷却器的尺寸和占地面积要小一些。水冷冷却器的放置一般有三种方式：一是各级冷却器排成一排，竖立放置在电机旁，其所在排列平面平行于电机轴线，各级气液分离器则一一对应竖立在相应冷却器的前面；二是将所有冷却器水平放置并一一叠高，仍顺电机轴线置于电机一侧，这可占用最少的橇座面积；还有一种方式是将各级冷却器平行排成一个平面，并像一个盖板一样架在电机上方，各级分离器则——竖立在对应的冷却器端部，这种方案占用橇座面积最小，可大幅度减小整个橇体的占地面积和体积。风冷冷却器还包括防爆轴流风机，尺寸较大。风冷冷却器的布置一般有两种方式：一是布置在靠近机头一侧的机组端部，相应从橇的另一端吸风，风流过整个电机和主机部位而对冷却器进行吹风冷却，这也构成对主机一定程度的冷却作用，但这一方案的占地面积较大；另一种方案是将冷却器水平架在整个机组的上部，从下面吸风吹响冷却器，这一方案可大幅度减小机组占地面积，同时热风自下向上流动也有利于气流的组织，各级分离器则可方便地就近安排在下一级入口处，但这样会导致机组的高度较高。吹风冷却的冷却器在换热效果和噪声控制方面都不如吸风冷却方式，所以在机组设计时若有可能应尽量采用吸风方式。混合冷却的气体风冷冷却器以及气缸循环水散热器的布置方式总体上与风冷差不多。水冷冷却塔一般建在站上的角落里，通过管路和水泵与机组连接，这部分投资不计入压缩机组。

此外，整个机组橇体的设计应尽量向集装箱尺寸规格和标准靠拢，这一方面可便于产品的陆地和海上运输，另一方面也给制造带来方便和有利于采用集装箱原料而降低成本。

2.5.2 天然气活塞式压缩机

压缩机是加气站最主要的设备，要了解并掌握压缩机的选型或运行操作，就需要具备一些压缩机基本知识。天然气加气站使用的曲柄连杆式活塞压缩机是各类型压缩机中应用最广泛，流量范围最宽，压力适应范围最大，结构变化最灵活，适应能力最强的一种压缩机。

2.5.2.1 活塞式压缩机的基本知识

一台天然气压缩机可能有数百个零件，但这些零件按照功能基本可被划分成四部分，即气缸部分、传动部分、机身部分、辅助设备。

(1)气缸部分。气缸部分是直接用于气体压缩的部分，主要包括气缸、缸盖、缸座、活塞、气阀、填料等。填料安装于活塞杆穿出气缸的部分，其作用是对气缸内外部分进行密封，防止气缸内压力较高的气体漏出，显然填料并不能杜绝泄漏，只能减小而已。当气缸工作腔容积增大时，相应的吸气阀打开，低压气体进入工作腔；当工作腔容积达到最大时吸气阀关闭，活塞反向运动，压缩过程开始；当工作腔内的压力增高到一定程度时，相应的排气阀自动打开并开始排气直至活塞运动到极限位置而排气结束。

气体的吸入、压缩和排出是通过活塞在气缸内往复运动实现的，二者之间必然存在滑动摩擦。从材料学的角度讲，有些材料适于配合在一起成为滑动摩擦副，如灰铸铁与青铜；但有些材料却不适合成为滑动摩擦副，如钢与钢之间。所以，有时如果因为配磨材料不合适的原因而需要在气缸内加入一个缸套，加入缸套的另一个目的是希望缸套磨损后可以换一个而不是报废气缸。缸套与气缸内壁之间采用过盈配合，二者装配好后有一定的预紧力而不会脱落。

气体在压缩过程中温度可能会升得比较高，进而造成缸壁的温度较高。如果缸壁的温度太高，那么附着在气缸壁上的润滑油就有可能变质。另外，大的温升也导致相应部位热变形较大，影响运动部件的运行精确性，造成摩擦和磨损加剧，零部件寿命缩短。此外，缸壁温度太高也会对吸进的气体产生加热作用，从而使排气温度和压缩机功耗上升。因此，需要对工作中的气缸进行冷却，以控制气缸的温度不能太高。

活塞与气缸或气缸套之间属于间隙配合，但这个径向间隙一般较大，以防两者相互擦伤，故对这个较大的径向间隙需要采用另外的手段进行密封。这个起密封作用的圆环称为活塞环。

(2)传动部分。图2-28传动部分主体包括、连杆、十字头等部件，其功能是把原动机输入的旋转运动转化成活塞的往复运动。曲轴与原动机通过皮带、联轴器或其他变速机构相连，活塞杆的大头套在轴承上，小头通过十字头销连接在十字头上，故活塞杆的一端与十字头连接，另一端与活塞连接。对传动部分各零件的要求主要是强度和刚度方面的，对于活塞杆还有受压时的稳定性问题，同时要求满足一定的结构关系。

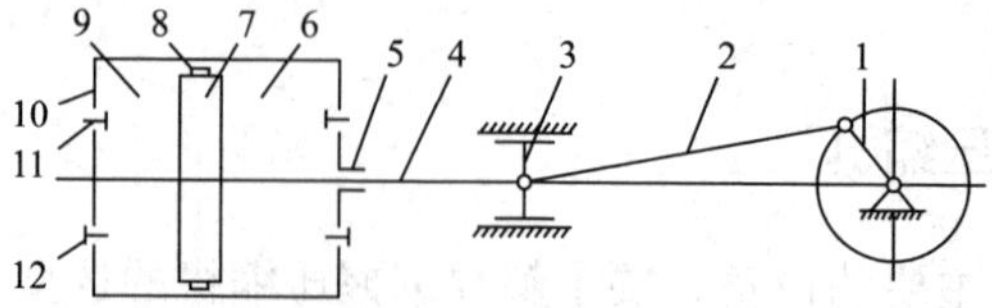

图2-28 压缩机的机构学原理及构成示意图

1—曲柄；2—连杆；3—十字头；4—活塞杆；5—填料；6—工作腔；7—活塞

8—活塞环；9—工作腔；10—气缸；11—吸气阀；12—排气阀

曲轴是压缩机中最关键的零件之一，如图2-29所示，它主要由主轴颈、曲柄和曲柄销三部分组成，曲柄和曲柄销构成的弯曲部分称之为曲拐。一根曲轴可能有一个或几个曲拐。主轴颈、曲柄和曲柄销三部分可能是一个整体，也可能分开制造再组装成整体，这主要针对大型压缩机。在曲柄上曲柄销相反方向一般装有平衡重，用以抵消压缩机中的惯性力，相应曲柄、平衡重及其联接件共同构成曲轴组件。曲轴上一般开有纵横交错的油孔，以将润滑油导入主轴承、连杆大小头轴瓦、十字头滑道等部位。曲轴一般多为锻钢材质，尺寸不大和和形状复杂的曲轴也有采用球铁铸造的。平衡重一般与曲轴分开制造再用螺钉、键等联接在一起，对于铸造曲轴也有做成一体的。一般而言，曲柄销的两侧各有一个曲柄和一段主轴颈，但也有一些比较小的压缩机曲柄销的一端悬臂，没有曲柄和主轴颈，这样的曲轴一般称为曲柄轴，主要用于小型的制冷和空气压缩机中。对曲柄的要求有强度和刚度两个方面，实际设计的曲轴一般安全系数都超过3，所以，实际曲轴的过载能力都比较强。

连杆与曲轴相连的一端称为大头，而与十字头相连的一端则称为小头，连杆的大头孔内衬有薄壁轴瓦，小头孔内一般衬有整体轴套，起到滑动轴承的作用，连杆的大头一般做成剖分结构，便于安装，小头多做成整体结构，以减轻重量并提高强度，如图2-30所示。

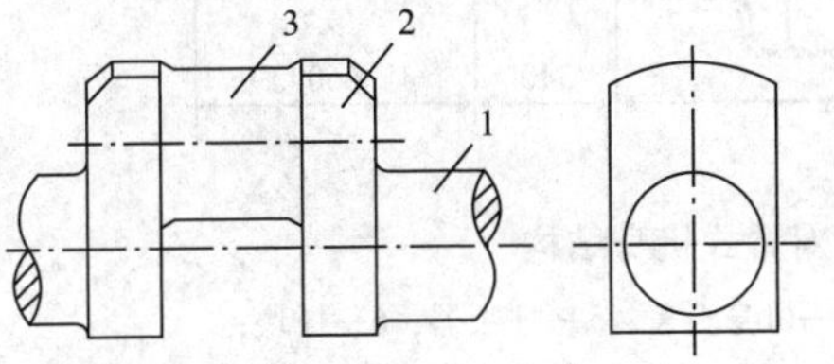

图2-29　曲轴组成

1—主轴颈；2—曲柄；3—曲柄销

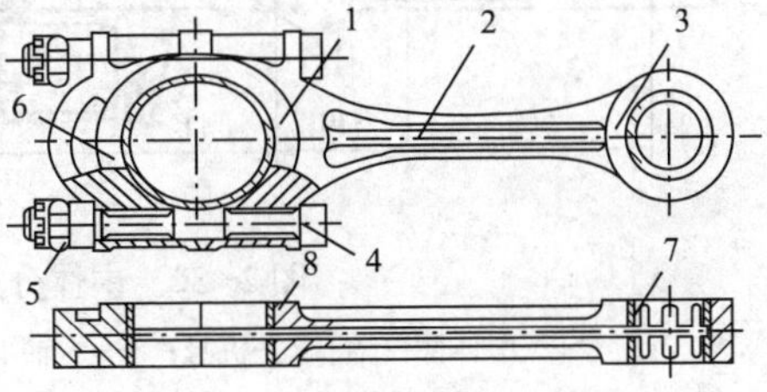

图2-30　连杆的组成及结构

1—大头；2—杆身；3—小头；4—螺栓
5—螺母；6—大头盖；7—小头衬套；8—大头瓦

十字头的结构有开式和闭式之分，开式要与叉形连杆配合使用，实际应用较少。闭式十字头的形状及结构如图2-31所示，连杆小头被包容在十字头内，故称闭式，它主要由两段弧形滑履、侧壁与销座及活塞杆紧固部位三者组成，也称十字头体。有些十字头体在滑履上涂一层巴氏合金，这样在合金材料被磨损后再涂一层，用于一些较大型压缩机中。十字头与活塞杆的联接有螺纹连接、法兰连接、凸缘连接等。

(3)机身部分。机身部分的作用是支撑和容纳气缸部分和传动部分的零件，同时安装其他辅助设备，包括曲轴箱、中体等。所谓中体就是曲轴箱与气缸的中间连接件，有时曲轴箱本身也被单独称为机身或机座。一个完整的机身组件如图2-32所示，此处的一个机身安装了两个中体，也有将中体和机身直接铸造成整体，以简化加工并有利于保证加工精度。对于机身的要求主要是刚度方面，所以内部往往围绕轴承座设有纵横交错

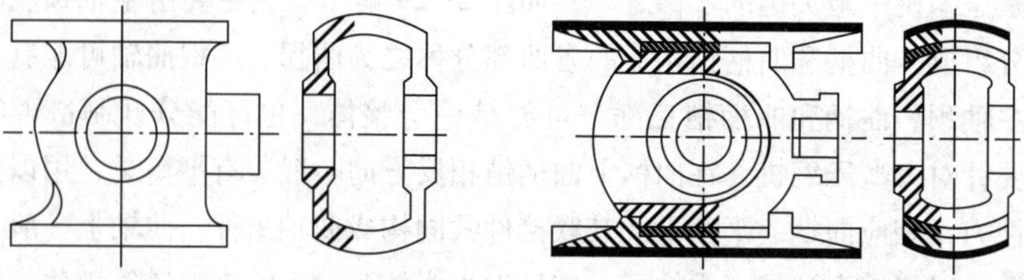

（a）整体十字头　　（b）带单独滑履十字头

图 2-31　闭式十字头体的结构

的加强筋。对于中小型压缩机一般曲轴箱内底部也兼做润滑油池，大型压缩机往往另设油箱。天然气压缩机的主轴承多采用滚动轴承，大型压缩机则多采用滑动轴承。

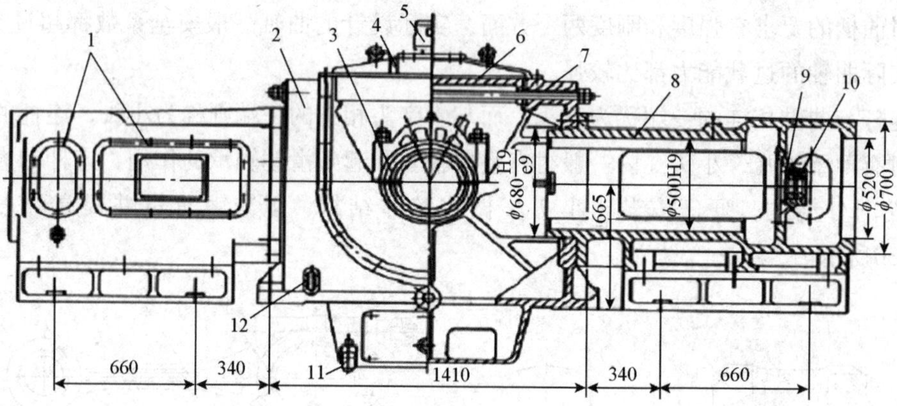

图 2-32　中体分开的对置式机身结构

1—中体侧窗盖；2—机身；3—主轴承；4—机身上盖；5—呼吸器；6—撑块；7—拉紧螺栓；8—中体；9—挡油板；10—刮油环；11—放油阀；12—油箱视窗

（4）辅助设备。压缩机仅有主机还无法工作，压缩机系统还必须有级间气体冷却装置、气体净化装置、润滑油循环装置、流量调节装置等辅助部分才能正常工作。气体净化装置一般在压缩机各级进口前及压缩机出口后都需要设置，其作用是将气体中的水分、灰尘、润滑油及其他固体杂质分离掉，以保证气缸吸入和输送给用户气体的洁净度。

冷却装置的作用有两方面，一是对压缩机各级排出的气体进行冷却，以便给下一级提供合适的吸气温度；二是对气缸、填料等部位进行冷却，冷却气缸的目的是防止气缸温度过高而导致润滑油结焦和积炭，冷却填料的目的是防止填料温度过高而活塞杆表面或填料烧毁。气体和气缸的冷却有水冷和风冷两种方式，有时气缸采用空气自然冷却。填料部位的冷却多采用润滑油进行，也有不冷却的；有的大型压缩机还采用在中空活塞杆内通油的办法来冷却填料。

润滑油在机器内的循环是必须的，这一般是通过油泵和注油器来实现。需要润滑的部位有主轴承、连杆大小头，十字头滑道、气缸与活塞配合面、活塞杆与填料配合面等。主轴承、连杆大小头、十字头滑道的润滑是通过主轴及连杆上的油孔构造润滑油回路的，循环使用；气缸部分则要靠专门的注油器缓慢注入，油一次使用；填料部分往往是靠飞溅或爬行的少量润滑油进行润滑。一般气缸与机身部分使用的油是不同的。无论哪种压缩机，曲轴、连杆、十字头这些部位都必须要润滑，但有些压缩机的气缸和填料部分可以不润滑，以减小输送气体的含油量，相应称为有油和无油压缩机。

有些压缩机我们还希望其流量能根据实际需要而变化，那么，就需要一套流量调节装置来实现，天然气压缩机中一般不设流量调节装置。

(5)往复活塞式压缩机压缩气体的工作过程。往复活塞式压缩机，是通过曲柄连杆机构将电机的旋转运动转化为活塞在气缸内的往复直线运动，使气缸内的容积发生周期性变化，再通过气缸上装有能根据气缸内压力自动实现进、排气的气阀(其中进气阀只能向气缸内开启，排气阀只能向气缸外开启)，从而实现天然气的吸入、压缩和排气过程。当活塞从该侧上死点位置开始移动时，该侧气缸容积逐渐变大，气缸内气体压力就降低，排气阀关闭，进气阀打开，吸入气体，一直到活塞运动到该侧的下死点。当活塞从该侧下死点位置继续移动时，该侧气缸容积逐渐变小，气缸内气体压力就逐渐增大，进气阀关闭，压力增大到一定程度时，排气阀打开，排出气体。这样循环往复，就实现了对气体的压缩。

(6)压缩机压缩气体的热力学原理。

①实际气体状态方程。气体压缩是一种热力学过程，其压力、容积、温度之间的关系可用气体状态方程来表示。

$$PV = ZRT \tag{2-9}$$

式中　P——气体绝对压力；

V——气体容积；

Z——气体压缩因子；

R——气体常数；

T——气体绝对温度。

从上面方程可以看出：

气体压力越高，容积越小，气体温度越高，容积越大。

气体压缩因子 Z 越大，表示气体越不容易被压缩。常温及低压时气体压缩因子 Z 近似等于1。

天然气的压缩因子 Z 随着压力增高而减小，说明天然气较容易被压缩，也表明对压缩天然气采用容积计量时误差很大，所以加气机都采用质量式流量计。

②气体压缩的热力学过程种类。

a. 绝热压缩过程。气体压缩过程中既没有热量传入，也没有热量传出。气体压缩所需要的功通常最大。

b. 等温压缩过程。气体压缩过程中通过导出热量，保持气体温度不变。气体压缩所需要的功最小。

c. 多方压缩过程。气体压缩过程中既有热量传入，也有热量传出。气体压缩所需要的功通常介于绝热压缩过程和等温压缩过程之间。但当传入热量大于传出热量时，气体压缩所需要的功可能大于绝热压缩过程。实际气体的压缩都是多方压缩过程。

③多方压缩过程中的参数关系公式

a. 压缩过程中容积、温度和压力的关系。

$$\frac{T_2}{T_1} = \left(\frac{P_2}{P_1}\right)^{\frac{n-1}{n}} \tag{2-10}$$

$$\frac{V_2}{V_1} = \frac{Z_2}{Z_1}\left(\frac{P_2}{P_1}\right)^{\frac{n-1}{n}} \tag{2-11}$$

式中，n 为多方过程指数，绝热过程时 $n = k$（绝热指数）；等温过程时 $n = 1$。多方过程时通常 $k > n > 1$

b. 理论压缩循环指示功。即曲轴旋转一周，活塞从上死点开始往复运动又回到上死点，压缩机从吸气开始到排气结束的过程称为一个压缩循环。不考虑进排气压力损失时，一个压缩循环所需要的功称为理论压缩循环指示功 W，计算公式如下：

$$W = P_1 V_1 \frac{n-1}{n}\left(\frac{P_2}{P_1}\right)^{\frac{n-1}{n}} \quad \frac{Z_1 + Z_2}{2Z_1} \tag{2-12}$$

c. 压缩机的实际压缩循环曲线。压缩机活塞和气缸之间必须留有一定间隙，以防止因为热胀冷缩等原因发生碰撞，这个间隙称为死点间隙。气缸上安装气阀的阀孔和活塞的结构也要产生一些间隙容积。这些容积和死点间隙中的容积称为余隙容积。余隙容积中的气体在排气过程中不会排出气缸，所以在活塞从上死点开始运动时，吸气过程不会马上开始，要等到气缸余隙中的气体膨胀到压力低于进气管道的压力一定数值（包括气体的阻力损失和气阀开启力）后，吸气阀才能打开，吸气过程开始。吸气阀打开后，气缸内压力还会继续下降一点。然后随着气体吸入，压力又逐渐上升，直到活塞到达下死点，吸气阀关闭，压缩过程开始。当气缸内压力达到排气管道压力时，排气阀也不会马上打开，要等到气缸内压力超过一定数值（包括气体的阻力损失和气阀开启力）后，排气阀才能打开，排气过程开始，直到活塞再次到达上死点。以压力为纵坐标，气缸容积（或活塞位移）为横坐标，可绘制出压缩机实际循环曲线。如图2-33所示，曲线中的面积即代表压缩过程所需的功，不包括排气压力直线以上和吸气压力以下部分的面积就代表压缩过程的理论指示功。由曲线中还可看出气缸吸入气体容积 V_s 与理论容积

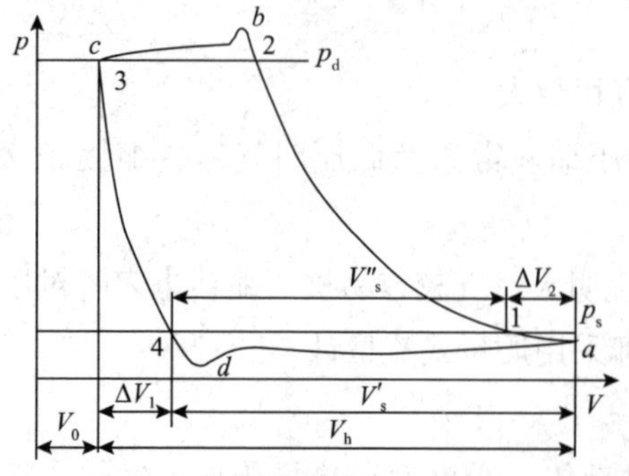

图 2-33　压缩机实际压缩循环曲线

V_h 的关系为：

$$V_s = V_h - \Delta V \tag{2-13}$$

$$\lambda_V = \frac{V_s}{V_h} \tag{2-14}$$

λ_V 称为容积系数，可按下面公式计算：

$$\lambda_V = 1 - \alpha\left[\frac{Z_1}{Z_2}\left(\frac{P_2}{P_1}\right)^{\frac{1}{m}} - 1\right] \tag{2-15}$$

式中，m 为气体膨胀系数，低压时小于绝热指数，高压时可以认为等于绝热指数；α 为相对余隙容积，为实际余隙容积与气缸理论行程容积之比。

可以看出气缸理论行程容积相同时，α 越小、m 越大及压缩比越小，压缩机气量越大；反之，气量越小。

(7)多级压缩和气体级间冷却。

①多级压缩和气体级间冷却可以省功。由于压缩机转速较高，压缩过程更接近绝热过程，当总压缩比较高时，采用单级压缩能耗很高。采用多级压缩并将每一级压缩后的气体冷却到接近进气温度，就更接近等温过程所以能耗较低。因此，多级压缩机要设冷却器。

②降低排气温度。根据排气温度计算公式，压缩比越高，排气温度越高，当总压缩比较高时，采用单级压缩时排气温度可能达到不能允许的程度，所以此时也必须采用多级压缩。

③级数的合理选择。理论上级数越多越接近等温过程，但级数过多，不但成本太高，而且由于冷却器及级间管路等的压力损失增大，反而会造成能耗增加。对 CNG 压缩机而言，进气压力 0.3MPa 以下通常采用五级压缩，0.3MPa 到 0.8MPa 通常采用四级或五级压缩，0.8MPa 到 2.5MPa 通常采用四级或三级压缩，2.5MPa 以上采用两级压缩，7.5MPa 以上采用一级压缩。

(8)压缩机的气阀。压缩机气阀通常均为自动阀。

①利用气缸内压力变化与进排气道之间的压力差实现气阀阀片的自动开闭，不需采用类似发动机中的凸轮机构来强制开闭。

②自动阀不会出现强制开闭气阀出现的不同步现象，如进气过程还没有结束，进气阀就关闭等。但是气阀的开闭同时也不能人工干预和控制，当气阀偏离设计工况时，可能工作不正常。

③气阀形式。气阀种类繁多，常见的有网状阀、环状阀等。都具有阀座、升程限制器、阀片、使阀片处于初始关闭状态的弹簧、固定用螺柱、螺母等。

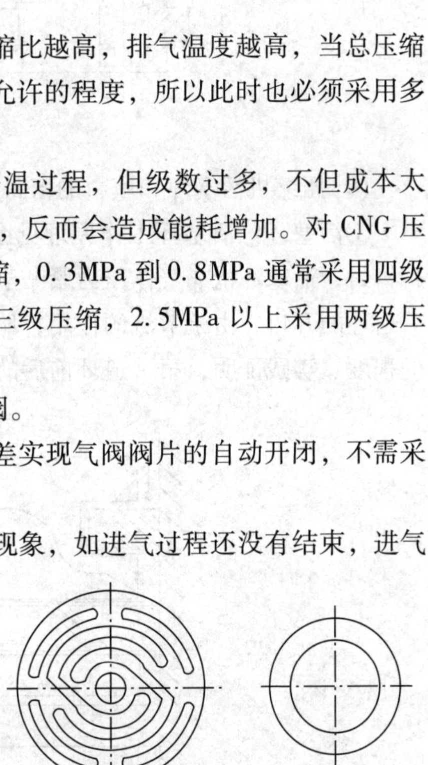

(a)　　(b)

图 2-34　环状和网状阀片

(a)网状阀片；(b)环状阀片

a. 网状阀。网状阀片(图 2-34a)为一整片，开有弧形槽，形似网状，所以称为网状阀，网状阀除阀片外，还有一片或多片缓冲片，以减少阀片开闭时的冲击。在同样的安装尺寸下，网状阀具有较大的通流面积，阻力较小。但网状阀阀片形状复杂，开槽部分应力集中较大，可能影响使用寿命，一旦阀片损坏，更换费用较高。

b. 环状阀。气阀阀片为不同直径的同心环状阀片(图 2-34b)组成。环状阀片制造容易，适应性广，一旦损坏，只需更换一环，费用较低。

c. 气垫阀。如图 2-35 所示，气垫阀是环状阀的一种，但阀片与升程限制器环槽内外径形成配合，阀片与升程限制器环槽底部形成一个空气垫，当阀片在升程限制器环槽中运动时，气流通过升程限制器环槽底部的小孔流进或流出，受到小孔的限制，气流减缓，使得阀片对阀座和升程限制器的撞击大为减轻，使用寿命增加。

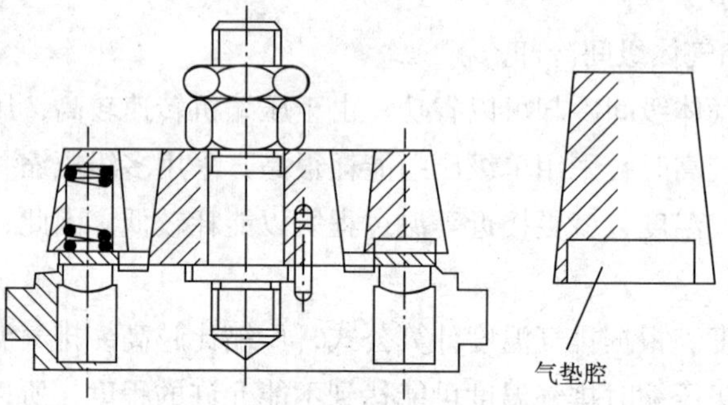

图 2-35　气垫阀

(9)压缩机活塞环和填料的密封。

①活塞环。活塞环工作原理见图 2-36。压缩机活塞通常都采用多道开口活塞环进行密封，活塞环依靠气体压力紧贴于气缸壁上，通过节流和阻塞进行密封。气体每通过一道环的开口，由于节流的作用，压力就下降一定数值，多道环就可以使泄漏达到允许的程度。实践证明，第一道环前后的压力差最大，因此磨损也最大。

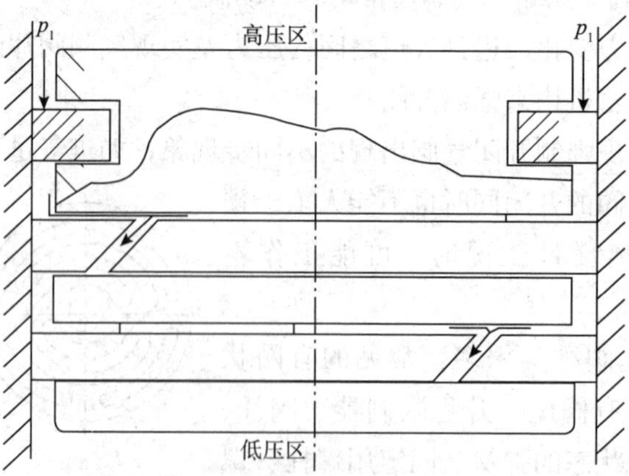

图 2-36　活塞环工作原理图

气体泄漏是活塞环工作的必要条件，因此，活塞环不可能做到零泄漏。只要气量满足要求，就无需更换。

②填料。常见填料见图 2-37。压缩机活塞杆密封靠多组填料环实现。填料密封环为多瓣组成，磨损后可以补偿。填料的密封机理以阻塞为主，也有部分节流作用。填料也是最靠近压力高压级填料往往要设置专门的节流环，以减轻填料的负荷，提高其使用寿命。

填料环材料通常都是填充增强的聚四氟乙烯或聚醚醚酮，温度越高，其强度和耐磨性越低。因此填料盒的冷却越好，填料和活塞杆的摩擦热越容易导出，填料密封环的温度就越低，相应其寿命越高。

所以填料盒通常采用通水冷却，并要保持水路畅通，防止堵塞。和活塞环一样，填料环在使用过程中不可能一直保持气体完全不泄漏，一般控制泄漏在千分之五以下，泄漏的气体通过漏气回收管道引至安全位置排放或用其他方法回收。

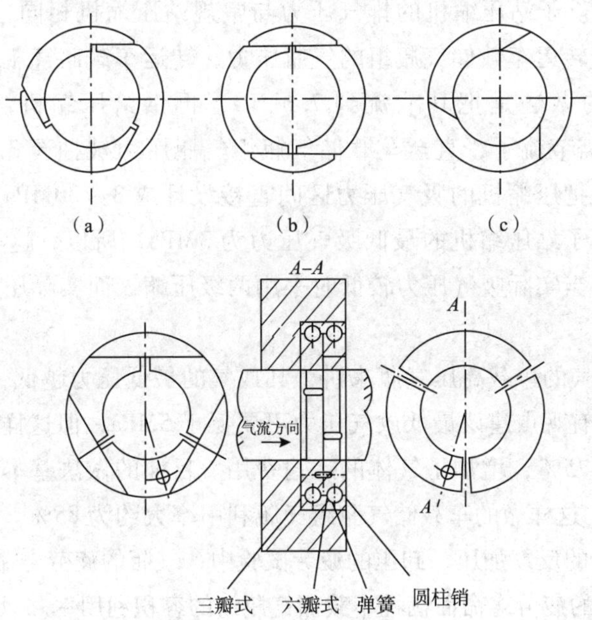

图 2-37　常见填料

2.5.2.2　活塞式压缩机级数、列数及其配置

天然气压缩机的使用工况、天然气的性质以及天然气压缩机组的安装形式决定了天然气压缩机的级数、列数、级数和列数的配置方式。

因加气站的不同，天然气压缩机有三种类型，即常规站压缩机、母站压缩机、子站压缩机，不同压缩机的使用工况不同，因而级数有所差别。

(1)压缩机的级数。

①常规站压缩机。常规站压缩机的额定排气压力为 25MPa，吸气压力一般为

0.2～0.5MPa，排气温度一般限定不超过180℃，所以这种压缩机基本都采用四级压缩。少数常规站的吸气压力达到0.7～01.5MPa，此时多采用三级压缩，也有采用四级压缩的方案，这多是在原有四级压缩机的基础上改型的。个别站常规站的吸气压力甚至达到2.5MPa，这时一般采用两级压缩即可满足升压要求。常规站压缩机绝大多数情况下都工作在25MPa以下的排气压力，所以，各级压缩比一般在2.5～3.5之间。

②母站压缩机。母站压缩机的额定排气压力有两种情况，如果母站只给车载储气瓶组充气，而不同时给汽车加气，则为20MPa；如果同时也要给汽车加气，则要设计成25MPa。母站压缩机的吸气压力多在0.8～1.6MPa之间，所以，基本上都设计成三级压缩方案。个别公司生产的母站压缩机采用四级压缩，是因为该产品在设计时考虑了强度因素，能同时满足常规站和母站的使用要求，当然这样的方案相对而言结构就要复杂一些，易损件多一些。

③子站压缩机。子站压缩机的排气压力与常规站压缩机相同，额定值为25MPa，其进气压力取决于转运车载储气瓶组的气瓶压力，转运车载储气瓶组气瓶的初始压力是20MPa，早期的做法是把其节流到7.6MPa，再供给压缩机，当气瓶压力降至7.6MPa以后就无需节流了，直至车载储气瓶组气瓶压力被抽至3.5MPa以下便告结束。现在的做法是把压缩机的吸气压力区间直接设计成3～20MPa，而无需节流，以减少功耗。可见，子站压缩机的最低吸气压力为3MPa，所以，这类压缩机基本设计成两级压缩方案，当实际吸气压力较低时采用两级压缩，而实际压力较高时将压缩机切换成单级压缩。

对于反复充放气的车载高压气瓶来讲，其放气的最低压力越低，则循环应力越大，对寿命越不利。故有观点建议最低放气压力不要低于5MPa，但这样的车载储气瓶组气瓶利用率只有不足75%，增加了气体的运输费用。目前的做法基本都是将车载储气瓶组压力抽到3MPa，这样做的车载储气瓶组气瓶利用率大约为85%。实际研究表明，即使在32MPa至常压的反复加压、卸压的疲劳试验中，气瓶的疲劳寿命也超过2万次，所以，不必担心气瓶的疲劳寿命而牺牲车载储气瓶组的容积利用率。

(2)压缩机的列数。压缩机的列数主要取决于压缩机的结构形式和采用的级数。常规站压缩机多采用两列结构，如L型、DL型、VL型常规站压缩机基本都是两列结构；也有采用三列结构的，主要有W型和三列立式结构；个别排量较大或高转速短行程压缩机采用四列对动或双重V型结构。母站压缩机主要有两列对动式、六列的双重W型或双重倒T型结构。子站压缩机多为两列对动式结构，也有采用单列立式或卧式结构的。

(3)级在列中的配置。

①级在列中的配置原则。级在列中的配置，有十字头和无十字头压缩机不一样，基本的原则有：

a. 谋求活塞力均衡性原则。个列的活塞力要均衡，有十字头压缩机还希望内外止点的活塞力尽量接近，以充分利用传动部件的承载能力，提高运动机构利用系数。

b. 谋求最佳气密性原则。相邻工作腔的压力差尽可能小，以减少相互间的气体泄漏。在曲轴一侧应该配置较低的压力机，以利于填料密封。

c. 谋求活塞杆反向负荷原则。连杆小头衬套在一转之内承受双向负荷才能形成稳定的润滑，因而级在列中配置时要注意不能使连杆中产生单向负荷。

d. 曲柄错角排列原则。应使各列惯性力、惯性力矩尽量相互抵消，以取得良好的动力平衡性，力求总切向力曲线均匀，以便所需飞轮矩小，争取使级间气体管道中的气流压力脉动相互削弱，以减小管道振动。

e. 活塞组件运动与导向的精确对中和运动直线性原则。在同一列中串接长度较长的活塞时，其运动与导向的精确对中和直线性对填料和活塞环的可靠和耐久工作能力影响很大，对于有十字头压缩机还包括十字头与滑道之间的间隙控制有一定影响。

f. 谋求压缩机整机强刚性原则。

g. 谋求便于制造、安装和维修原则。

h. 谋求管路系统布置合理原则。

多列压缩机中通常每列配置 1～2 级，个别情况达 3 级或更多。列数较多时低压级一般做成双作用结构，列数少时一般将各列均做成级差式结构，如两列四级的常规站压缩机的两列都采用了极差气缸。

②关于正极差和倒极差。各种用途的天然气压缩机以采用极差结构的最多，极差结构有正极差和倒极差两种形式。正极差方案将高压级置于缸侧，低压级置于轴侧，以减小填料所承担的密封压力差，同时在两个级的工作腔之间设置平衡腔，其内通以一定压力的气体，以减小工作腔的泄漏并适当平衡内外止点活塞力；倒极差方案则将低压级置于缸侧而将高压级置于轴侧，如果因此省去了平衡腔还可减小气缸长度，但相应填料处要承受很大的密封压力差，如 25MPa，影响填料的寿命及密封可靠性。此外，正极差的气缸在更换活塞环时需要拆除高压级气缸及其连接管道，比较麻烦；而倒极差气缸只需拆除缸盖便可更换两级活塞环，比较方便。

早期的填料难以可靠密封 25MPa 的高压差，因而高压倒极差结构应用不多。现在的填料技术能够保证 25MPa 压力差的密封，因而可以采用倒极差方案来简化气缸结构和缩小气缸轴向尺寸。两种方案各有利弊，并不存在哪一种更先进的问题。

2.5.2.3　*活塞式压缩机曲轴箱结构形式*

曲轴箱分为开式和闭式。闭式曲轴箱在曲轴的动力输入端设有机械密封，起到将被压缩气体密封在曲轴箱内的作用，曲轴箱是承受内气压的。一般用在制冷压缩机上，还有介质为剧毒、珍稀、易燃易爆、强腐蚀性等类型时，同样也需要闭式曲轴箱的压缩机；开式曲轴箱不需设置机械密封，无内气压。天然气的开式曲轴箱没有特殊之处，只有传统的功能，将传动部件和压缩容积部件结合为一体，其自身固结于基础或底座，使压缩机能正常工作。

2.5.2.4 运动部件的润滑

压缩机运动部件的润滑包括机身部分传动件的润滑和气缸部分的润滑两方面，机身部分传动件采用润滑油润滑，也有个别微型压缩机采用脂润滑。而气缸部分既可采用润滑油润滑，又可采用具有自润滑效果的密封材料而实现气缸无油润滑。

(1)润滑油的类别及选用。压缩机中使用的液体润滑油包括石油基机油和合成机油。润滑油的添加剂用来改善黏度指数(黏度指数是指对油抑制由于温度升高而变稀效应能力的量度指标)，抑制氧化，降低倾点，抑制铁锈产生，改善进化性，提供抗磨保护和极端压力保护，减少由于气体稀释作用而导致的润滑能力降低效应，提高湿润性(湿润度是指润滑油黏附在金属表面能力的量度。润滑油湿润度的提高会增加其对冲刷的抵制能力)，承受住由于水、潮湿或者饱和气体对润滑油的冲刷或气体的稀释性能。但并不是所有的润滑油都适合于压缩机使用。

润滑油选用是润滑油使用的首要环节，是保证设备合理润滑和充分发挥润滑油性能的关键。选用润滑油综合考虑以下三方面的因素：加气站压缩机实际使用时的工作条件即工况；压缩机制造厂商说明书的指定或推荐；润滑油制造厂商的规定和推荐。同时充分考虑润滑油性能指标选定，如黏度、倾点、闪点等。

(2)传动机构的润滑。除一些微型压缩机外，多数压缩机传动机构的润滑是靠油泵将油提升压力后送到需要润滑的部位，这种润滑方式称为压力润滑。传动机构需要润滑的部位有主轴颈轴承、连杆大头瓦，连杆小头套、十字头滑道等。

对传动部件进行润滑的目的有三个：润滑、冷却、清洁。此外，润滑油附着在零部件表面还起到防锈防腐蚀的作用。

压缩机传动机构各摩擦副润滑并不是同时注油的，受压缩机结构所限，它们的润滑一般是一次进行的，这种次序又因主轴承种类的不同而有所差异。按照润滑油首先到达的部位及润滑油在运动部件中的行走方向大致可将油路系统分为两种：一种是润滑油首先通过曲轴上的孔进入主轴承或连杆大头，再去润滑连杆小头和十字头，这称为正向润滑方式；一种是润滑油首先进入十字头滑道，然后再去润滑连杆小头、大头、主轴承，这种称为反向润滑方式。

两种方式比较：正向润滑系统中，油路均在压缩机内部，没有外露管道，因而压缩机外形整齐美观，也不存在外部油管被碰撞、腐蚀等损坏的可能。但这种润滑方式需要在曲轴上开设油孔，对曲轴的强度和刚度可能削弱，同时也增加加工工作量。这种系统十字头滑道是油路末端，若油压和油量以及结构处理不当，有时会产生连杆小头和十字头滑道润滑不良进而烧损的事故。

反向润滑系统中，润滑油首先保证了十字头滑动面和连杆小头的润滑，从而保证比压相对较高的连杆小头的润滑可靠性，而连杆大头比压一般要小一些，所以可稍后和以稍低的油压来润滑也不至于损坏。这种润滑方式的另一个好处是无需在曲轴上钻孔，不会削弱曲轴强度和刚度以及产生油孔部位的应力集中，并减小相应加工工作量。这种系统所有油管路全部布置在压缩机外部，增加了安装工作量，也可能影响整齐、美观，且亦受磕碰及腐蚀而损坏。

曲轴箱中的润滑油会被不断消耗，润滑油的消耗途径有三个：一是蒸发，消耗量相当小；二是管道漏油，正常情况下不存在；三是通过活塞杆带入气缸，这是润滑油消耗的主要途径。正常情况下油耗量是很小的。

(3)气缸部分的润滑。气缸的润滑方式有两种：一种是通过注油器强制将油注入气缸，以对缸内相对摩擦表面进行润滑，这称为气缸有油润滑，有油润滑需要选择合适的注油量；一种是使用无油密封材料制作密封和导向元件，从而可不向缸内及填料部位注油，并采用一定手段防止曲轴箱润滑油沿活塞杆进入气缸，这称为气缸无油润滑。近年来还有些压缩机虽然使用无油密封元件，但也向气缸内注油，只是注油量较普通的气缸注油润滑压缩机少很多，称为少油润滑，有人则称为气缸的第三种润滑方式。气缸注油润滑的压缩机可使用专门的气缸油。

压缩机排出的气体需要控制其含油量，否则会在地面瓶组和汽车瓶中逐渐形成润滑油沉积，占据气瓶有效水容积。其次润滑油对加气机精密计量系统产生影响。过量的润滑油对汽车发电机的天然气供给系统产生极为不良的影响。

气缸注油润滑的压缩机必须在各级中间排气和末级排气后设置气液分离装置，以分离掉润滑油和水分，尤其是末级有时还需要增设一个分离能力更强的油分离器，以保证压缩机组排气的洁净度。气缸无油润滑压缩机各级气缸出口无需设置气液分离器，但应注意塑料磨屑的分离问题。气缸无油润滑压缩机必须在机身和气缸之间设置长度超过一个行程的中间接筒和有效的活塞杆防爬油机构，才能保证润滑油不进入气缸。少油润滑压缩机虽然缸内其他含油量较少，但各级仍需设置气液分离器，只是负担小一些，因而尺寸选得可小一些而已。少油润滑压缩机多数也不设置中间接筒和活塞杆防爬油机构，允许少量的曲轴箱润滑油进入气缸对缸内摩擦面进行润滑。

气缸有油润滑的压缩机各级和末级排气分离器的设置增加了机组成本，同时压缩机使用过程中也要不断支付润滑油消耗费用以及分离器滤芯的定期更换费用，有油系统的注油器等成本也是固定开支。但气缸有油润滑的机械效率较高，能节省压缩机动力费用。另外，气缸有油压缩机的活塞环和填料制造成本较低，寿命较长，这方面可节省其定期更换开支。

气缸无油润滑压缩机节约了各级气液分离开支、注油器等油路设备开支，也省了运行过程中润滑油消耗及分离器滤芯更换开支。但气缸无油润滑的机械效率稍低，压缩机运行动力费增高。此外，无油密封原件的定期更换成本高于有油压缩机，无油压缩机中设置的中间接筒和活塞杆防爬油机构也增加了压缩机成本。

从长期运行来看，有油和无油两种压缩机的总体投资和运行费用基本相当。

2.5.2.5 活塞式压缩机的冷却

整个压缩机组需要冷却的部位主要有三个：一是压缩机的各级气缸；二是压缩机各

级排出的气体；三是压缩机机身传动部分的润滑油。

(1)压缩机气缸的冷却。压缩机气缸的冷却方式有三种：一种是在气缸外部采用铸造或焊接的手段设置一个冷却水套，在其中以冷却水来冷却气缸；一种是在气缸外部设置散热片，并引风进行强制冷却；还有一种气缸不进行专门冷却，仅靠自然对流和辐射散发热量，这称为自然冷却，当然这样的冷却效果是很差的，这种气缸一般也就不再设置散热肋片。

(2)压缩机各级排气的冷却方式有水冷、风冷、混合冷却三种。所谓水冷就是压缩机各级排气在水冷式换热器中被水冷却，而吸热升温的冷却水又有三种处理方式：一是直接放掉；一种是将水送入冷却塔进行开式散热，以降低温度并循环使用；还有一种是将升温后的冷却水送到一个封闭的散热器中进行散热降温以再次使用。这个散热器一般是风冷的，这种冷却方式一般为区别于普通的开式水冷却系统而被称为混合冷却。混合冷却方式的冷却水封闭在系统中，不与外界空气等其他介质接触。

润滑油的冷却方式与各级排气的冷却方式相同。

(3)各种冷却方式比较。水冷机组适于温度较高的南方地区，能营造较低的压缩机各级吸气温度，有利于控制各级排气温度和油温，保证压缩机传动机构或填料的可靠冷却和润滑。但在温度比较低的北方，冷却水在冬季有冻结而损坏冷却器和压缩机气缸的可能。如果在冷却水中加入大量防冻液则涉及成本问题。此外，水冷系统还存在水的结垢和腐蚀问题。水冷系统还需要定期补充水。

全风冷却机组没有冷却水，因而可适应较低的环境温度，在更广阔的地域内都能可靠运行，因而对气候的适应能力更强。尤其适用于野外或缺水地区，但各级冷却器出口的气体温度和油温较水冷式要稍高一点。

混冷机组兼顾了两种冷却方式的优点，气候适应能力也比较强，在封闭循环水中加入适量的防冻液可解决冻结问题。该系统冷却水不存在被污染和蒸发散失等问题。这种冷却方式经过两次换热，所以被冷却介质出口的温度也较单纯水冷要高一点。

2.5.2.6 活塞组件的支承及结构

活塞杆在运动过程的径向跳动度是影响填料密封效果及其寿命的关键因素，活塞杆的两端分别与活塞和十字头相连，因而这部分的运动精度和结构决定了活塞杆的径向跳动度。

(1)活塞杆径向跳动。与活塞杆两端相连的十字头和活塞如果没有处于自己的理论位置，则活塞杆在运动中将产生径向跳动，径向跳动主要影响填料的工作，其次是活塞杆中产生的附加应力，前者是主要的。因实际零件的加工和装配精度，运动件的磨损等原因，活塞杆在实际运动中的径向跳动是必然的，但如果其跳动度被控制在一定范围内，并不会对填料产生破坏性影响。活塞杆的径向跳动度在API618中有明确规定，即每毫米行程不超过0.00015mm，允许的最大径向跳动度为0.064mm，不超过该限定的径向跳动能保证填料的正常工作。引起活塞杆径向跳动的主要原因有以下几方面：一是活塞或十字头在运行中产生磨损而下沉，尤其是前者；二是活塞没有设置合适的支撑手段而造成活塞的先天下沉及运行中的迅速下沉，尤其是卧式气缸结构；三是对动式压缩机中的一列十字头在运行过程中是贴在上滑道上的，而活塞则是设置在缸体底部的，这从原理上就必然产生活塞杆的径向跳动。

既然活塞杆由活塞和十字头支撑，那么控制活塞杆的径向跳动量就应该从活塞和十字头两方面入手。活塞杆必须可靠及合理支撑和导向，即使是立式压缩机也不例外。活塞杆的支撑和导向是靠活塞和十字头进行的，而不是靠填料部分或中间接筒的刮油环及副密封填料。压缩机的运行过程中还要对活塞支撑结构及十字头和滑道的磨损情况进行监测，以保证活塞杆径向跳动度始终处于允许范围内，否则就要将活塞或十字头翻身、或调整十字头滑道、或调整活塞支撑等部位来减小活塞杆跳动量。

(2)级差活塞的结构。天然气压缩机一般需要2～5级压缩，为在有限的列数内实现多级压缩，其气缸多为级差结构，相应要采用多级组合在一起的级差活塞。级差活塞直径最大的一级称为基本部分，基本部分一般要负担整个活塞组件重量的支承。压力较高级的小活塞与基本部分之间的连接有三种形式：一种是高低压级活塞之间采用刚性连接或直接制作成整体；一种是二者之间采用能微量摆动或径向移动的可补偿连接；一种是将高压级活塞做成和基本部分无任何机械连接的柱塞结构。

整体结构的级差活塞多用于倒级差气缸，尤其是省去平衡腔的倒级差气缸，结构非常紧凑，活塞支承也很容易实现。当用于正级差气缸时，需要认真解决活塞的支承问题和高压级气缸间隙的选取问题，否则可能导致活塞的迅速磨损和活塞杆跳动超标，如图2-38所示。

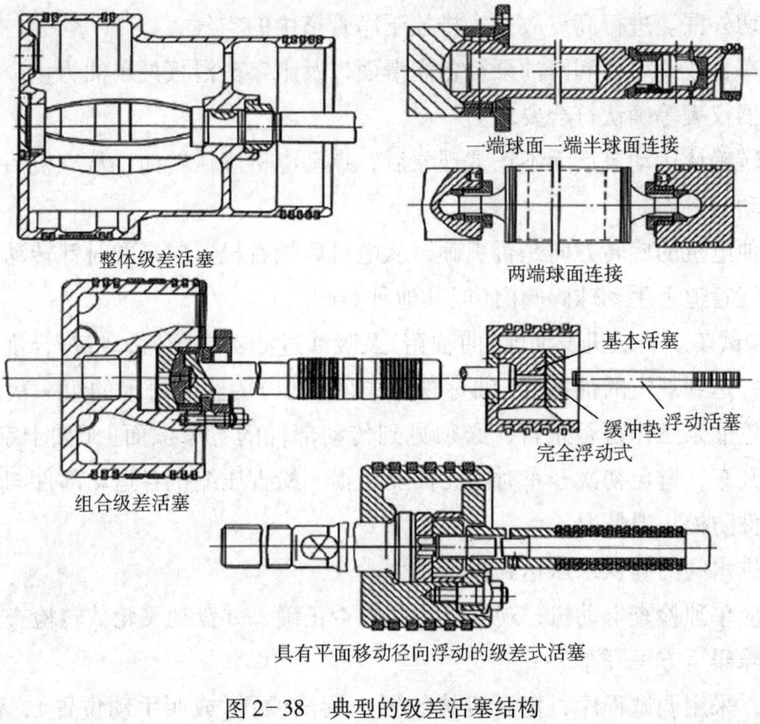

图2-38　典型的级差活塞结构

2.5.2.7　活塞式压缩机操作

(1)试车前的准备工作。

①安全保障。正确操作是设备安全可靠运行的保证，对压缩机进行操作前必须阅读如下要求：

压缩机操作人员应具有一定的理论知识和经验，操作人员必须经过全面培训，熟悉使用说明书，遵守各项安全规程。

机器运行过程中操作人员不得拆去飞轮罩，切勿接触飞轮和联轴器等高速旋转部分，也不应进行维修，以免造成人身伤害。

若有气源空压机，必须放置于室外安全场所，以免发生意外。

在压缩机运行过程中切勿接触排气管路，因为这些部位压力和温度较高，以防止人身受到意外伤害。

压缩机的维修必须在压缩机全部卸压后才能进行，在维修时应关断主电源开关，同时设置警示牌，防止误开机造成机器损坏及人身伤害。

电气现场柜只能由合格并经授权的人员打开，并按电气安全规程进行维修。

机房内无安全措施及未经许可不得进行动火作业。

②准备工作。检查清洗机身油池和吸油过滤网，清理干净后，向油池内加入经过滤干净的润滑油，以油标的上下限为准保证机组正常运转时油位在上下限之间。

检查各部位的紧固情况，对运动部件还要着重检查各种规定的止退措施是否有效可靠。

打开总进出水阀门，检查水流动情况，保证各支路水量分配均匀，同时检查和清除水管路的一切外漏。进行高点放气，排放干净管道中的空气。

手动盘车，或开启预润滑油泵至各润滑面以及十字头滑板处出油为止。

检查电器仪表等确认符合要求。

盘车数转确认运动灵活无不正常现象后，点动电机确认转向，从电机后端看机器应是顺时针转动。

确定其他电机的旋转方向是否正确，从电机后端看机器应是顺时针转动。

打开进气管道上手动球阀阀门(或其他种类阀门)。

(2)实验试车。确认机身油池(曲轴箱)及吸油过滤器清洁后，将符合规定牌号的润滑油注入，并达到规定的油面线(油标视窗中间部位)为止。每天的第一次开机前应检查预润滑齿轮油泵工作是否正常，必须见到传动部件的各摩擦面上(如十字头滑道)有油流出才能开车，避免初次开车时因无油而烧损。检查压缩机各运动部件与静止件的紧固及运动部件防松止退情况。

打开总进水阀门确认水压达到规定压力。

开车前应单独检查电动机，观察其转向是否正确，并盘动飞轮数转检查运行是否灵活，确认无障碍后方可开车。

试车时，采用调试程序，把开机按钮置入调试位置(或叫手动位置)，需要人工手动进行一步一步的操作，按照电器说明书的相关规定进行，打开排气阀、进气阀、排污阀、回路阀；先启动水泵，依次间隔启动预润滑泵、注油泵、冷却风机(空冷式压缩机)，一切准备就绪后启动主机，主机运转正常后，依次关闭排污阀回路阀。

请特别注意：调试程序运行中，各报警联锁功能不具备，需要人工检查水压、油压是否满足要求。同时在运行过程中必须有人在现场监控各参数及现场情况，如有异常立即停机。

无负荷试验。在完成开车前的准备工作后，打开气管路上的全部阀门，以从大气吸入空气排出到大气进行开车作无负荷试验，时间不少于4 h达到下列要求：

循环油压力符合规定并消除一切油管路的外漏。

无不正常响声。各摩擦部位的温度不大于65℃；润滑油温度小于65℃；活塞杆温度小于65℃。

低负荷试验。在完成无负荷试验的基础上，关闭级间的排污阀门，并逐步关小末级排出阀门，每升高压力2MPa，维持运转半小时直到末级排出压力5.0MPa，连续运转2 h。

低负荷试验中必须达到以下要求：

①运行中应满足无负荷试验时的全部要求；

②消除气管路的一切外泄漏；

③各级排气温度小于150℃。

负荷试验。在完成无负荷试验后，连接压缩机进出口管路将压缩机内空气以天然气置换排尽空气后进行负荷试验，逐步提高末级排气压力，直到终压为25MPa。达到正常运行后连续运行24 h，即可投入正常使用。

运行中应注意以下事项：

①试验期间首先消除一切管路和压缩机各连接处的外泄漏。

②运行时的其余参数应符合无负荷试验和低负荷试验的要求。

③试验期间调整和验证各项控制项目符合规定和要求。

④润滑油泵压力不低于0.4MPa。

⑤每30min排放一次油水分离器的积水和油污(根据用户介质含水量情况适当调整排放时间)。

⑥各级进排气温度、压力是否正常。

⑦出水温度是否太高或水量太少。

⑧不得在负荷运行状态下关闭主电机。

运行中出现异常情况应立即卸压停车检修，检修合格后重新进行连续负荷运行。

停车注意事项：关闭主进气阀，逐渐卸载后停车，负荷运行状态下不得停车。压缩机停车后3～5min应将各级冷却水及废油水排出，以免引起锈蚀、沉淀和堵塞现象。

(3)开车。必须在准备工作完成后进行。

①手动球阀控制的压缩机。开车前打开进排气的手动阀门，打开排污阀和回路阀，

关闭放空阀，经过盘车数转后，即可开车，把开机按钮置入运行位置(或叫自动位置)，当电机完全启动(此时预润滑油泵已停止运转)、转速正常后，检查油、水的压力、温度正常则可逐渐关闭排污阀和回路阀。再次检查油、水的压力及天然气压力、温度正常后即可投入正常运行。

②气动球阀控制的压缩机。开车前打开进、排气的手动阀门，关闭放空阀，经过盘车数转后即可开车，把开机按钮置入运行位置(或叫自动位置)，按下开机按钮，由PLC程序自动依次启动水泵、油泵、风机、注油电机等，打开气动进气阀，依次关闭排污、回路等阀门，自动对运行参数进行监控、报警停机。

(4)监测。启动完成后，压缩机即投入正常运行和升压，其润滑油压、冷却水压、进气压力、各级排气压力、温度等参数信号进入PLC控制装置，如有异常将会自动报警直至停机。必要时实施人工紧急停机再开机时，紧停开关必须先复位。

在压缩机运行中，操作人员应巡查运行情况，检查阀门、管路接头等有无泄漏，并按规定对参数进行记录(包括压力、温度、电流、电压等参数)。

(5)紧急事故处理。压缩机现场柜备有紧急停车按钮，当发生紧急情况需要立即停车时，可按紧急停车按钮停车，停车后，再按正常停车步骤操作。发现下列情况之一时，应紧急停车进行检查和处理：

①排气压力、温度超过允许值，并继续升高；

②突然停水、断油、电机某相断电或部分断电。如因断水而停车，应待机器自然冷却后再通水，不允许立刻向热气缸送冷却水，否则气缸会因收缩不均而炸裂；

③严重的不正常响声或发现机身、气缸有裂纹甚至断裂等异常情况；

④电动机出现明显的故障；

⑤压缩机任意部位温度升高异常；

⑥危及机器或人身安全时；

⑦其他异常有危险状况的情形。

(6)停车。

①压缩机的正常停车。

a. 采用手动阀门控制的压缩机。正常停车时，首先关闭进气阀，依次从高压级逐级打开排污阀门，打开回路阀，卸荷完毕后停车。每次停机后，应等冷却水回水温度降低至与进水温度相近后再关冷却水进水阀门，并切断电源。停车检修时，在关闭压缩机进出阀门以后要放尽压缩机内的气体，才可以拆卸零部件，以免有压气体膨胀，弹出零件伤及人身安全。

b. 采用气动阀门控制的压缩机。正常停车时，直接按下电控柜的停机按钮。

②压缩机长期停车。直接按下电控柜或现场柜上的紧急停机按钮，再手动关闭进气阀门，依次从高压级逐级打开排污阀门，打开回路阀，进行卸荷。压缩机长期停车必须放出压缩机内的全部积水，以避免锈蚀，或冬天冻裂零部件。如使用符合相应低温条件

的防冻液，可以不放出。关闭相应的气体管道、水管道、排污管道阀门。

2.5.2.8 活塞式压缩机故障判断与处理

在压缩机的日常运行中会出现一些小问题。主要问题通常是由于超长期的服役、润滑不充分、操作初心大意、没有进行定期维护，以及将压缩机用于非设计状态所致。由于不可能列出所有压缩机可能出现的故障，表2-2所列的仅为一些常出现的故障现象及可能的原因及相应的解决措施。

表2-2 常见故障及主要原因与解决措施

故障特征	主要原因	解决措施
排气量达不到设计要求	(1)气阀泄漏，特别是低压级气阀的泄漏 (2)填料漏气 (3)第一级气缸余隙容积过大 (4)第一级吸气压力过低或吸气温度过高	(1)检查低压级气阀，并采取相应措施 (2)检查填料的密封情况，并采取相应措施 (3)调整气缸余隙容积 (4)调整第一级吸气压力达到规定压力和规定的吸气温度
功率消耗超过设计规定	压缩级间的内泄漏	检查吸排气压力是否正常，各级气体排出温度是否增高，并采取相应措施
级间压力超过正常压力	(1)后一级的吸、排气阀不好 (2)第一级吸入压力过高 (3)前一级冷却器冷却能力不足 (4)填料、活塞泄漏过大 (5)到后一级间的管路阻力增大 (6)压力表失灵	(1)检查气阀，更换损坏件 (2)检查并消除 (3)检查冷却器 (4)检查并更换磨损过大的零件 (5)检查管路保持畅通 (6)更换压力表
级间压力低于正常压力	(1)第一级吸排气阀不良引起排气不足及第一级活塞环泄漏过大 (2)前一级排出后或后一级吸入前的机外泄漏 (3)吸入管道阻力太大	(1)检查气阀，更换损坏件，检查活塞环 (2)检查泄漏处并消除 (3)检查管路保持畅通
循环油温度过高	(1)循环油过脏 (2)运动机构配合间隙过小或摩擦面拉毛 (3)润滑油不足	(1)换油 (2)检修摩擦面 (3)添加润滑油
冷却水温升高	(1)水压低，流量小，水管漏水或堵塞、结垢 (2)气体泄漏(水中有可见气泡)	(1)开大水量，清洗水管 (2)检查气、水间密封情况，使之完全密封
水压低或不稳定	(1)水泵有故障或损坏 (2)水中空气太多，闭式或半闭式循环水系统排气设计不良	(1)维修或更换水泵 (2)加强排气，改进闭式、半闭式循环水系统的排气设计，使水中空气通畅排出

续表

故障特征	主要原因	解决措施
排气温度过高	(1)冷却水量不足，水道内积垢过厚 (2)活塞工作不正常 (3)吸气温度超过规定值 (4)排气阀泄漏	(1)加大水量，清洗水道 (2)检查活塞与气缸的间隙，调整到规定范围，检查活塞环磨损情况及时更换 (3)检查吸气阀垫片阀片及其密封面，弹簧是否完好，并消除其影响 (4)检查排气阀并消除泄漏原因
运动机构响声异常	(1)连杆螺母松动 (2)连杆大头瓦小头衬套间隙过大 (3)十字头与滑道间隙过大	(1)紧固连杆螺母 (2)以备件更换 (3)更换十字头
气缸发热	(1)冷却水太少或冷却水中断 (2)气缸润滑油太少或润滑油中断 (3)由于脏物带进气缸，使气缸镜面拉毛	(1)检查冷却水供应情况 (2)检查气缸润滑油，油压是否正常，油量是否足够 (3)检查气缸，并采取相应措施
填料漏气	(1)油、气太脏或由于断油，把活塞杆拉毛 (2)回气管不通 (3)填料装配不良	(1)更换润滑油，消除脏物，修复活塞杆或更换 (2)疏通回气管 (3)重新装配填料

2.5.2.9 活塞式压缩机维护保养

为了使天然气压缩机保持良好的状态，必须进行定期维护和周期性检查，且要严格遵守推荐的程序。对每一台机器，需要建立维护保养周期表，在表上注明各种维护保养操作。注明需要进行维护保养的原因和需要进行的维护工作，在运行多少小时后需要进行的维护工作，这些就构成了保养程序的内容。

(1)保养分类。保养分为日常保养和定期保养。根据压缩机的磨合特性，应进行走合保养。电机的保养按电机生产厂家的使用说明书进行。

日常保养指压缩机在每班作业前后及运转中，为及时发现隐患和保持良好的工作条件所进行的以清洁、紧固、调整、润滑、防腐为主的检查和预防性的保养措施。

定期保养指压缩机在运行一定时间后，为消除不正常状态，恢复良好的工作状况所进行的一种预防性的维护保养措施。

走合保养指新机或大修后的机械，在投入使用初期所进行的一种磨合性保养。压缩机的走合保养按实际运行300h进行，走合期满后应进行一次一级保养，然后更换一次润滑油。

(2)保养作业。活塞式压缩机的维护保养内容可参照表2-3。

表 2-3 活塞式压缩机维护保养参照表

保养级别	运行时间	作业内容
日常保养	每日或每班	(1)检查各种安全设施、紧固件的紧固情况、机身油池内的油位、油过滤器前后的压差 (2)检查 PLC 柜内元器件 (3)检查机器振动是否正常 (4)每次开机前和停机后均应进行排污，保持设备清洁
定期保养	2000h	(1)除日常保养的内容外，新机运行 300 h 后应更换机身油池内的润滑油，待再运行 800 h 后再次更换油池内的润滑油，以后则每 3000 ~ 4000 h 更换一次，每次换油要更换滤芯 (2)检查清洗各级油、气滤芯，检查各级阀门的阀片、弹簧并清除积炭 (3)检查活塞及活塞环
定期保养	8000 ~ 16000h	(1)包含以上检查内容 (2)检查活塞、活塞环、活塞杆及填料密封等 (3)检查连杆大头瓦与曲拐的配合间隙 (4)检查压缩机和电机联轴器的径向跳动和端面跳动 (5)检查注油器和循环油泵 (6)检查仪表控制系统，修复或更换失效和动作不可靠的元器件，校正仪表 (7)水冷却系统除垢 (8)检查压缩机基础有无沉降

(3)压缩机的封存。压缩机使用后，如需停止工作 10 天以上，90 天以下，应进行临时油封。停车后将活塞盘至下止点，在气缸、活塞和气阀表面涂以防锈油，并盘动曲轴转动 3 ~4 转，再将润滑油放尽，然后封闭所有和内部相通的孔道。压缩机停止工作在 3 月以上者，需进行长期油封储存，储存超过 6 个月需检查油封质量或重新油封。

重新启用油封的压缩机，应全面清洗防锈油脂，检查各运动部位配合间隙符合要求后，才能开机。

2.5.3 天然气子站液压压缩机

子站除了机械往复式压缩机外还有一种液压活塞式天然气压缩机。利用防爆电机驱动恒功率变量油泵，将机械能转化为液压油的压力能后，通过油缸活塞杆带动气缸活塞作往复直线运动，把管束车内的天然气抽出，经过一级或两级压缩经冷却后输出压力为 25MPa 的高压压缩天然气(排气温度≤45℃或不高于环境温度 10℃)。

液压压缩机应用液压传动及恒功率控制技术于活塞式压缩机中，液压传动系统取代了传统机械式活塞式压缩机的曲轴、连杆机构系统。自动润滑回路结构，省掉了两套润滑系统又能保证润滑可靠。具有结构简单、高效节能、运行平稳可靠、适应进气范围更大、使用寿命长、操作方便、生产及运行成本低廉等优点。

2.5.3.1　液压原理

液压基本回路由液压元件组成，是用来完成特殊功能的控制油路，液压回路是液压系统的核心，是构成液压传动的基本单元。

液压基本回路可分为：压力控制回路、速度控制回路、方向控制回路三类。

下面我们先认识几种常用的液压元件：

(1)二位二通电磁阀。图 2-39 中电磁阀共有 2 个工作位、2 个通道口，当线圈通电时，阀芯向右移动，A 与 P 相通；当线圈断电时，阀芯向左移动，A 与 P 断开。

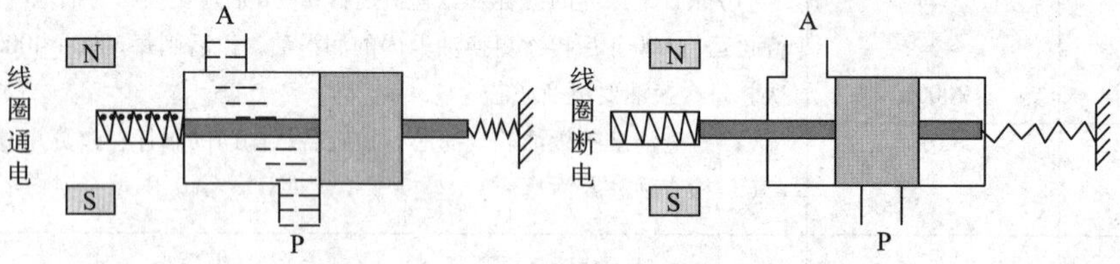

图 2-39　二位二通电磁阀工作原理

(2)三位三通电磁阀。图 2-40 中电磁阀共有 2 个工位、3 个通道口，当线圈通电时，阀芯向右移动，B 与 P 相通；当线圈断电时，阀芯向左移动，A 与 P 相通。

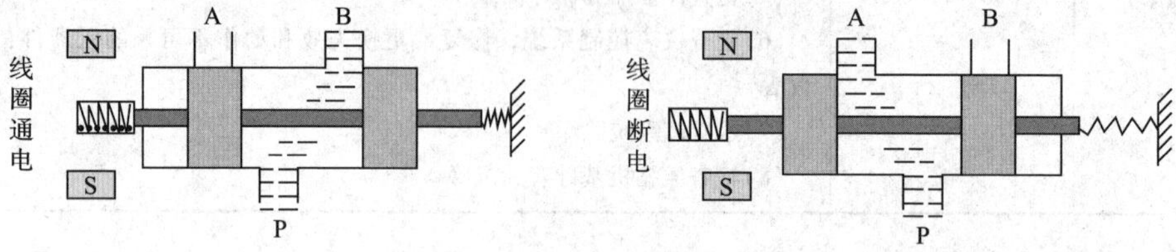

图 2-40　三位三通电磁阀工作原理

(3)三位四通电磁阀。图 2-41 中电磁阀共有三个工位、四个通道口，当左线圈通电时，阀芯向左移动到左工位，A 与 P 相通、B 与 O 相通；当两端线圈断电时，阀芯移动到中间工位，4 个通道全部断开；当右线圈通电时，阀芯向右移动到右工位，A 与 O 相通、B 与 P 相通。

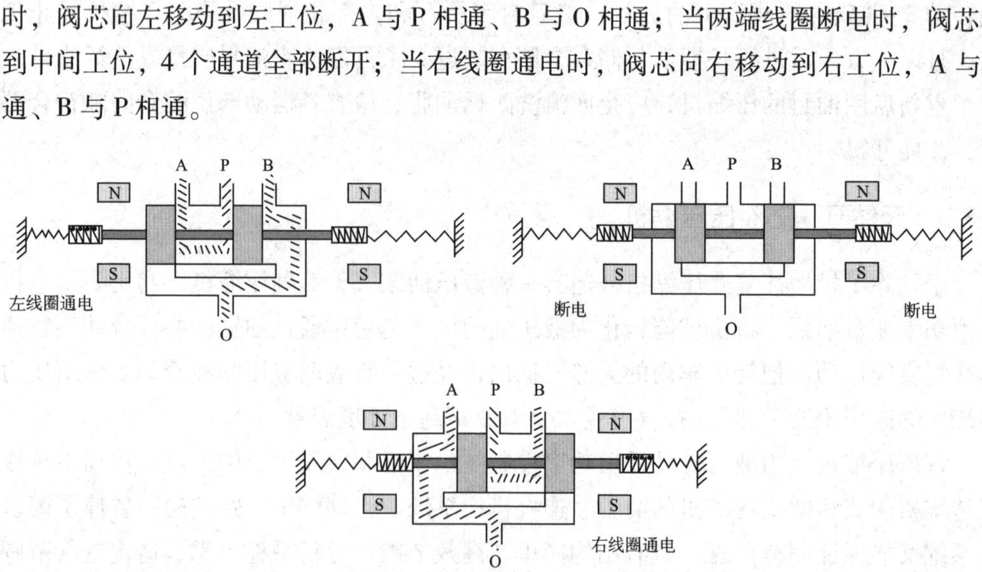

图 2-41　三位四通电磁阀工作原理

液压压缩机是压缩气体主要是采用液压控制回路，用液压油传递动力带动压缩机活塞往复运动从而提高被压缩气体的压力。

液压传动系统由以下五个主要部分组成：

①动力装置。如液压泵，它是将原动机输出的机械能转换为液压能的能量转换装置，它供给液压系统压力油。

②执行机构。包括各种液压缸和液压马达。它的作用是将液体的压力能转换为机械能，以驱动工作台(活塞)部件而做功。

③控制调节装置。包括各种阀类，如换向阀、压力阀、流量阀、溢流阀等，用以控制液压系统的液体压力、流量(流速)、和液流方向，以保证执行机构完成预期的工作运动。

④辅助装置。指各种管接头、油管、油箱、滤油器和压力表等。起连接、储油、过滤、储存压力能和测量油压等作用。

⑤工作介质。指液压油。

液压压缩机的工作原理如图2-42所示，在两气缸之间设置与其连接的液压缸，气缸和液压缸采用同一根活塞杆，气缸活塞组件位于活塞杆两端，液压缸活塞位于中部，在液压缸与两气缸连接处分别设置有液压缸导向套，液压缸导向套处设置有液压油进出口，汽缸与液压缸组合成液压气缸。当液压油从油箱经油泵增压后，通过换向阀(通常为三位四通阀)，若阀芯移动到左工位，进入上端液压缸，推动活塞向上运动，下端液压缸内的液压油流回油箱。此时，上端气缸内气体压缩后排气，下端气缸吸气。反之，若阀芯移动到右工位，带压的液压油进入下端液压缸，推动活塞向下运动，上端液压缸内的液压油流回油箱。此时，下端气缸内气体压缩后排气，上端气缸吸气，从而实现连续压缩气体的功能。

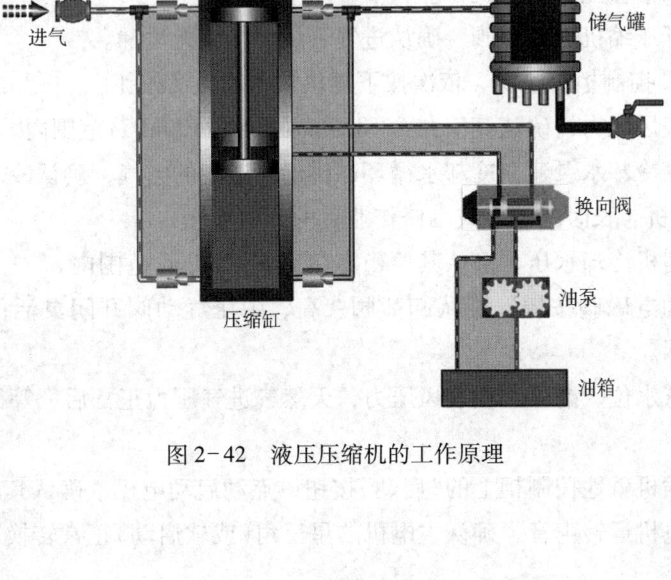

图2-42 液压压缩机的工作原理

2.5.3.2 压缩机结构

液压压缩机主要由压缩缸、液压系统、冷却系统、驱动系统构成。

压缩缸主要由活塞和组件、缸套、填料函、气阀组件。

液压系统主要由油泵、溢流阀、单向阀、换向阀组成。

冷却系统主要由换热器、水管组成。

驱动系统主要由防爆电机、联轴器、连接定位罩组成。

2.5.3.3 液压压缩机操作

(1)准备工作。

①禁止任何人员携带明火、能产生电火花的物件进入压缩机工作区域。

②操作人员必须遵守安全操作准则，经过培训持证上岗。

③检查电源柜，确认其处于断电状态，三相电压正常，且供电电压不超过或低于额定电压的±10%。

④检查PLC控制柜，确认其正常。

⑤检查压缩机各级缸座、主电机座，确认其固定螺栓稳固。

⑥确认压缩机橇体内无多余物件，无油渍。

⑦检查压缩机油箱液压油油位，确认油位保持在油窗油位高度的1/2~2/3处。检查液压油颜色，确认其未被水、天然气污染。

⑧检查空压机机油液位，确认其油位保持在油腔油位高度的1/2~2/3处。

⑨开启压缩机冷却水进水总阀和出口总阀(适用于首次开机、长时间停机或维修作业后的开机作业)，检查冷却水水位，确认其水位处于补水箱总高度1/2~2/3处。

⑩检查压缩机的压力表、温度表、传感器等仪表，确认其处于完好状态。

⑪用手旋转主电机尾部扇叶5圈以上，确认运动机构无阻转现象(适用于首次开机、长时间停机或维修作业后的开机作业)。

⑫缓慢打开压缩机进气球阀，确认进气管线、接头无泄漏。

⑬闭合PLC控制柜总电源，依次按下复位按钮和激活按钮。

⑭检查仪表风压力，确认其值在6~8.5bar(1bar=100kPa)范围内。

⑮手动启动冷却水泵建立冷却水循环，排出管道中的空气，确认冷却水管路无泄漏(适用于首次开机、长时间停机或维修作业后的开机作业)。

⑯检查压缩机冷却水压，确认其值稳定在2.0~2.5bar范围内。

⑰手动按动电磁阀按键，确认卸荷阀、高、中压气动阀开闭灵活；确认各气路管线、接头无泄漏。

⑱再次确认水位、油位、仪表风压力，天然气进气压力正常后，等待开机。

(2)开机。

①按下压缩机就地控制柜上的“启动”按钮，点动启动电机，确认其旋转方向正确。

②监听主电机运转声音，确认主电机的星三角(或软启动)正常转换。

③打开液压系统放空阀2～5min。

④检查压缩机高压、中压气动阀，确认其开闭正常。

⑤检查压缩机液压油压力，确认低压油压在70bar左右、高压油压在130bar左右，换向阀动作灵活。

⑥用肥皂水或便携式可燃气体报警仪检查各管线接头、阀门，确认无泄漏。

⑦读取压缩机运行参数，确认所有参数在规定范围内，填写《压缩机运行记录》。

(3)监控运行。

①压缩机在正常工作期间，每隔30min对空压机进行一次排污操作。

②监听压缩机运转声，确认其运动、工作部件工作正常。

③定时定点巡视压缩机，每隔30min读取或测量压缩机参数，填写《压缩机运行记录表》。

(4)紧急情况及处理。

①压缩机联锁停机系统在下列情况之一时应自动报警停车，同时有手动停车或紧急停车功能，操作人员可按下"紧急停车"按钮。

a. 压缩机任意级排气压力值超过允许值，并继续升高造成安全阀起跳。

b. 压缩机任意部位温度升高异常，或油温、水温超过60℃时。

c. 压缩机水压、油压超低报警，电机缺相断电或部分断电。

d. 主电机运转声音异常，过载、轴承温度超过60℃时。

e. PLC控制柜、电源柜有糊臭、焦臭味或异响。

f. 压缩机任意部位出现漏气现象。

g. 压缩机进气压力低。

②紧急停车的处理程序。按下停车按钮后，立即关闭进气球阀和排气球阀，缓慢打开放空阀，逐渐降低各级压力。关闭卸气柱主阀、管束车主阀，以及小阀，缓慢打开卸气柱放空阀卸压。查明原因，排除故障，按动复位键消除报警。

(5)正常停机。

①一般情况下，压缩机出口压力达到PLC停机设定值时，会自动停止运转，一旦压缩机出口压力低于PLC启动设定值时，压缩机将自动开机运转。

②如需手动停机，可直接按下压缩机就地控制柜上的"停止"按钮，并观察压缩机出口气动阀的动作情况(如果长时间不充装，应关闭压缩机进出口阀门)。

③再次检查仪器仪表是否正常，各管线接头、阀门有无泄漏现象。

④打扫卫生，擦净机器，并作好运行记录。

(6)其他事项。

①如长期停用，应排除各级气缸和各级冷却器中的冷却水。

②排除故障时，严禁带压紧固或拆卸操作。

③压缩机正常运转时，除站长、设备管理员和操作工外，严禁其他人员靠近压缩

机，站上所有员工应做好监督工作。

④压缩机系统内的安全阀、压力表，可燃气体报警仪等安全附件应定期送检，确保其功能安全，有效。

⑤对压缩机进行清洁卫生维护保养时，应待压缩机机体温度冷却到环境温度时才能进行，避免烫伤。

⑥严禁操作人员正对阀门阀杆进行阀门的开闭操作。

⑦压缩机运行期间，严禁触摸压缩机高温部位和高温管线。

⑧压缩机操作人员需取得《特种设备作业人员证》之后，方可上岗操作。

⑨生产废水、油污应集中处置，不得随意排放。

⑩严禁擅自更改压缩机的设置参数。

⑪压缩机运行过程中，严禁向曲轴箱加注润滑油。

⑫如因断水而停车，应待压缩机自然冷却后再通水，不允许马上向热气缸送冷水，否则气缸会因收缩不均而炸裂。

2.5.3.4 液压压缩机故障判断与处理

(1)油位报警(压缩机的油箱发出的电信号使连接关闭)。

原因：接线不正确；油位低。

(2)空气压力低报警(位于底部电磁阀上的浅蓝色压力开关探测到空气压力低使连接关闭)。

原因：空气压力低(报警设置在6bar)；连接不正确。

(3)压力过高报警(连接最后一级出口管线的灰色压力开关使连接关闭)。

原因：连接不正确(报警设置在260bar)。

(4)水温过高报警(进水管上安装的黑色球使连接关闭)。

原因：连接不正确

注意：因为所有的报警信号都是气关的，因此从报警到显示之间不能连接任何导线是必要的。

2.5.3.5 液压压缩机维护保养

液压压缩机的保养与活塞式压缩机保养类似，可分为日常保养和定期保养。液压压缩机日常保养和定期保养内容如表2-4所示。

表2-4 液压压缩机维护保养参照表

日常保养	每班或每日	(1)观察油标检查油位，油位要超过油标的一半 (2)确保油不被水污染。当被水污染时，油将呈现乳白色，必须全部换掉并清理油箱

续表

日常保养	每班或每日	(3)确保油不被气污染。当油被气污染时，在其表面可以看到泡沫和小的气泡，当压缩机停机后，泡沫和小的气泡会很快消失 (4)检查油、气、水路管线渗漏，并随时发现随时处理 (5)排净任何凝结物和级间分离器收集到的油
定期保养	每2000h	(1)检查和清理油箱滤筒 (2)检查和清理进气过滤器，在任何情况下，进气过滤器必须是清洁的，尤其在冬季 (3)清理空冷器散热片 (4)清理电机的冷却风扇
定期保养	每5000～8000h	(1)检查继电器的连接状况 (2)更换天然气过滤器滤网 (3)更换油过滤器滤筒、换油 (4)更换所有受压的挠性管子 (5)检查泵单元的进出口阀门，判断磨损、损伤和洁净情况 (6)检查动密封及杆 (7)检查各级气阀 (8)水冷系统除垢
定期保养	每16000～20000h	对缸体的组件进行解体检查 (1)检查或更换液压泵 (2)检查液压回路中油的成分 (3)检查电机和油泵的联轴器 (4)更换缸体部分的垫片

某液压压缩机保养周期及保养内容举例如表2-5所示。

表2-5　液压压缩机保养周期及保养内容举例

序号	保养周期/h	部位清单	执行的维护	更换的部件
1	500	润滑： 油过滤器	控制润滑油过滤器上的金属颗粒含量	
2	1000	润滑： 油过滤器	控制润滑油过滤器上的金属颗粒含量	
3	1500	润滑： 油过滤器	控制润滑油过滤器上的金属颗粒含量	
4	2000	润滑： 油过滤器	更换润滑油滤筒 控制润滑油过滤器上的金属颗粒含量	润滑油滤筒
5		气体循环： 气体阀组	清除任何不洁净产物，包括结炭 检查阀座、阀片、弹簧	

续表

序号	保养周期/h	部位清单	执行的维护	更换的部件
6	2500	润滑： 油过滤器	控制润滑油过滤器上的金属颗粒含量	
7	3000	润滑： 油过滤器	控制润滑油过滤器上的金属颗粒含量	
8	3500	润滑： 油过滤器	控制润滑油过滤器上的金属颗粒含量	
9	4000	润滑： 润滑油	更换润滑油	
10		润滑： 油过滤器	更换润滑油滤筒 控制润滑油过滤器上的金属颗粒含量	润滑油滤筒
11		气体过滤器	更换进口气体过滤器	气体过滤器
12		气动阀组	清除任何不洁净产物，包括结炭	
13	4500	润滑： 油过滤器	控制润滑油过滤器上的金属颗粒含量	
14	5000	润滑： 油过滤器	控制润滑油过滤器上的金属颗粒含量	
15		动密封组件	更换动密封组件	动密封的活塞及杆
16	5500	润滑： 油过滤器	控制润滑油过滤器上的金属颗粒含量	
17	6000	润滑： 油过滤器	更换润滑油滤筒 控制润滑油过滤器上的金属颗粒含量	润滑油滤筒
18		气体循环： 气体阀组	清除任何不洁净产物，包括结炭 检查阀座、阀片、弹簧	
19	6500	润滑： 油过滤器	控制润滑油过滤器上的金属颗粒含量	
20	7000	润滑： 油过滤器	控制润滑油过滤器上的金属颗粒含量	
21	7500	润滑： 油过滤器	控制润滑油过滤器上的金属颗粒含量	
22	8000	润滑： 润滑油	更换润滑油	
23		油过滤器	更换润滑油滤筒 控制润滑油过滤器上的金属颗粒含量	润滑油滤筒

续表

序号	保养周期/h	部位清单	执行的维护	更换的部件
24		气体过滤器	更换进口气体过滤器	气体过滤器
25		气动阀组	清除任何不洁净产物，包括结炭	
26		冷却回路： 冷却系统	用除垢剂清洗冷却回路	
27	8500	润滑： 油过滤器	控制润滑油过滤器上的金属颗粒含量	
28	9000	润滑： 油过滤器	控制润滑油过滤器上的金属颗粒含量	
29	9500	润滑： 油过滤器	控制润滑油过滤器上的金属颗粒含量	
30	10000	润滑： 油过滤器	更换润滑油滤筒 控制润滑油过滤器上的金属颗粒含量	润滑油滤筒
31		动密封组件	更换动密封组件	动密封的活塞及杆
32		气体循环： 气体阀组	清除任何不洁净产物，包括结炭	
33	10500	润滑： 油过滤器	控制润滑油过滤器上的金属颗粒含量	
34	11000	润滑： 油过滤器	控制润滑油过滤器上的金属颗粒含量	
35	11500	润滑： 油过滤器	控制润滑油过滤器上的金属颗粒含量	
36	12000	润滑： 润滑油	更换润滑油	
37		油过滤器	更换润滑油滤筒 控制润滑油过滤器上的金属颗粒含量	润滑油滤筒
38		气体过滤器	更换进口气体过滤器	气体过滤器
39		气动阀组	清除任何不洁净产物，包括结炭	
40	12500	润滑： 油过滤器	控制润滑油过滤器上的金属颗粒含量	
41	13000	润滑： 油过滤器	控制润滑油过滤器上的金属颗粒含量	
42	13500	润滑： 油过滤器	控制润滑油过滤器上的金属颗粒含量	
43	14000	润滑： 油过滤器	更换润滑油滤筒 控制润滑油过滤器上的金属颗粒含量	润滑油滤筒

续表

序号	保养周期/h	部位清单	执行的维护	更换的部件
44		气体循环： 气体阀组	清除任何不洁净产物，包括结炭	
45	14500	润滑： 油过滤器	控制润滑油过滤器上的金属颗粒含量	
46	15000	润滑： 油过滤器	控制润滑油过滤器上的金属颗粒含量	
47		动密封组件	更换动密封组件	动密封的活塞及杆
48	15500	润滑： 油过滤器	控制润滑油过滤器上的金属颗粒含量	
49	16000	润滑： 润滑油	更换润滑油	
50		油过滤器	更换润滑油滤筒 控制润滑油过滤器上的金属颗粒含量	润滑油滤筒
51		气体过滤器	更换进口气体过滤器	气体过滤器
52		气动阀组	清除任何不洁净产物，包括结炭	
53		缸套	检查缸套尺寸	缸套
54		冷却回路： 冷却系统	用除垢剂清洗冷却回路	

2.5.4 天然气子站液压平推装置

液压平推装置是以自动控制的方式，运用成套专用设备，将特殊性质的液体，以高压充入压缩天然气(CNG)长管拖车的瓶式压力容器中，将容器内的压缩天然气推出，经过过滤，通过站内的加气机实现给以天然气为燃料的汽车加气的设备集合。

本节主要介绍液压平推装置的工作原理、结构、操作、故障判断与处理等基本内容。

2.5.4.1 工作原理

该装置利用特殊性质的液体，用高压泵(压力不高于22MPa)直接将液体充入CNG长管拖车的储气钢瓶中，将钢瓶内的压缩天然气推出，经过过滤，再通过单线加气机把高压天然气充入汽车的储气瓶内，达到给汽车加气的目的，不需采用其他增压设备，其工作原理如图2-43所示。

当刚开始启动设备或PLC控制系统监测到液压系统压力低于19MPa时，高压液压泵开始工作，向CNG拖车钢瓶内充入高压液体介质；在液压泵出口设有压力控制阀，并配置有压力传感器，压力控制阀设定液体出口压力控制范围20～22MPa(由用户设定)。当液压系统压力达到高限22MPa(或用户设定值)时，压力控制阀停止向高压系统供液，并通过旁通回路把高压液体回流到液体储罐中；液压泵经一定时间的延时，如果系统压力仍然不降，则液压泵停止工作；当系统压力降至低限19MPa(或用户设定值)时，液压泵重新开始工作。

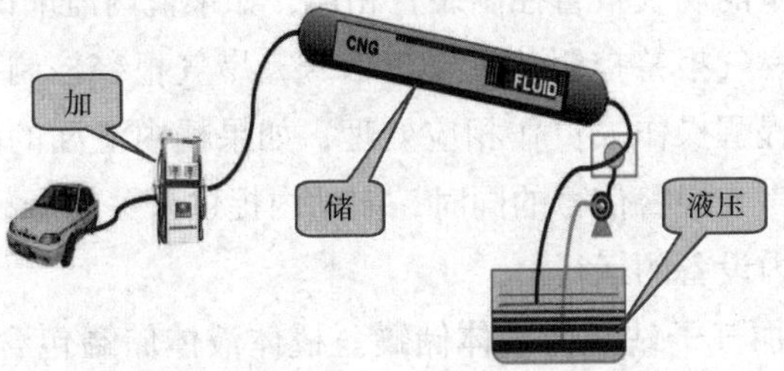

图2-43　液压平推原理图

2.5.4.2　液压平推装置结构

液压平推装置结构主要由五部分组成：

①液压式天然气加气子站橇体；

②液压式天然气加气子站拖车；

③液压式天然气拖车顶升装置；

④液压式天然气加气子站气源设备；

⑤液压式天然气加气子站控制柜。

液压平推装置主要组成设备如图2-44所示。

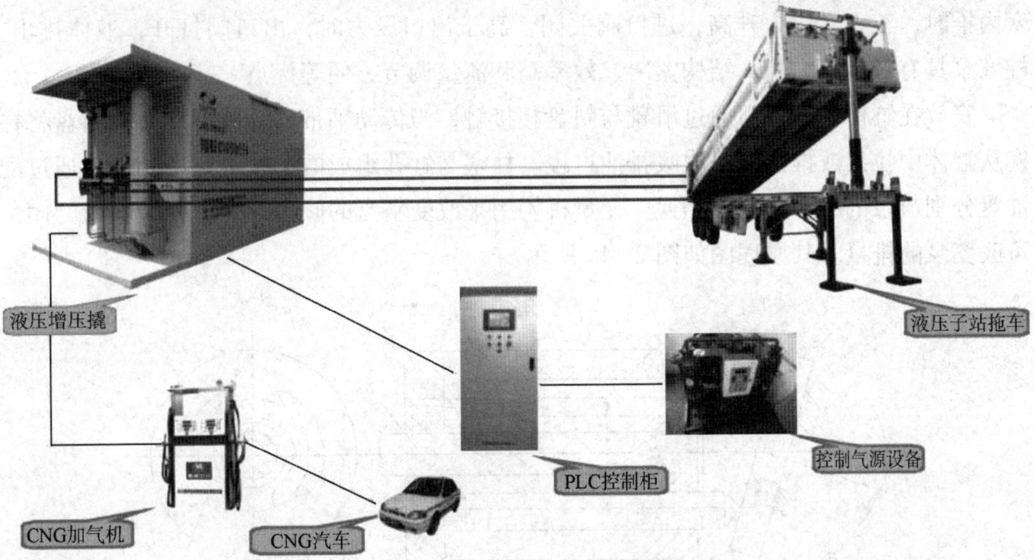

图2-44　液压平推装置主要组成设备图

(1)液压式天然气加气子站橇体。

①液压式天然气加气子站橇体框架。橇体框架采用100mm×100mm的方钢管制作，外涂防腐涂料，设有吊环螺钉，方便吊装移动。设有平开门2个、通风用防爆风机、防爆接线箱、气体缓冲罐、橇体内和橇体外操作台处设置防爆照明灯等。橇体内设有燃气报警探头与设在控制室的燃气报警控制装置相连，如果橇内泄漏的燃气达到5%（体积）时，燃气报警探头向燃气报警控制装置发出信号，燃气报警控制装置接到传感信号后，发出声光报警信号。提醒操作人员作相应处理；如果橇内泄漏的燃气达到15%（体积）时，控制装置在发出声光报警信号的同时，向站内提供开关信号，由站内配电系统断开设备的电源，停止站内设备的运行。

②液压式天然气加气子站橇体液体储罐。橇体液体储罐包含储罐、液位计、低压过滤器等器件。液位计由连通管、液位控制装置、高强树脂管等组成，传递液位信号至自动控制系统，具有控制液位等功能。其控制参数已在出厂时设定好，用户不能变动。

③液压式天然气汽车加气子站橇体增压系统。橇体增压系统包含防爆电机、高压柱塞泵、压力控制阀、高压管件等部件。

主电机：功率30kW，1470r/min，380VAC，dⅡBT4。

高压柱塞泵：一般选用进口产品，设计工作压力：48MPa。高压柱塞泵是液压系统的一个重要装置，是往复泵的一种，属于体积泵。它依靠柱塞在缸体中往复运动，使密封工作容腔的容积发生变化来实现吸油、压油。其吸入和排出阀都是单向阀。当柱塞外拉时，工作室内压力降低，出口阀关闭，低于进口压力时，进口阀打开，液体进入；柱塞内推时，工作室压力升高，进口阀关闭，高于出口压力时，出口阀打开，液体排出。柱塞泵具有额定压力高、结构紧凑、效率高和流量调节方便等优点。

安放在缸体中的柱塞通过滑靴与斜盘相接触，当传动轴带动缸体旋转时，斜盘将柱塞从缸体中拉出或推回，完成吸排油过程。柱塞与缸孔组成的工作容腔中的油液通过配油盘分别与泵的吸、排油腔相通。变量机构用来改变斜盘的倾角，通过调节斜盘的倾角可改变泵的排量。其原理图如图2-45所示。

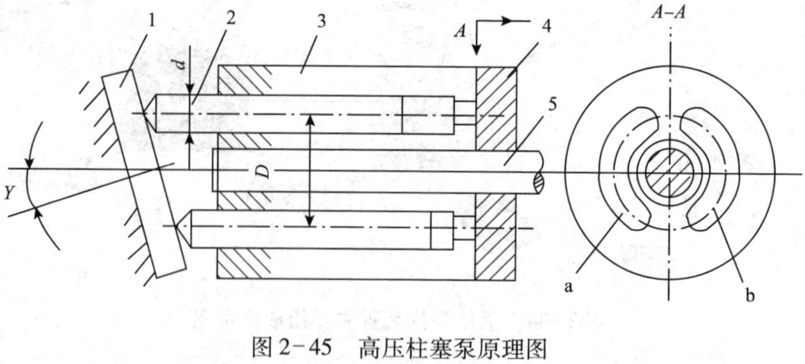

图2-45 高压柱塞泵原理图

1—斜盘；2—柱塞；3—缸体；4—配流盘；5—传动轴

高压管件：选用进口优质产品，耐压：31.5MPa。

④压力控制阀及缓冲罐。橇体中配置有CNG缓冲罐、注液控制阀、回液控制阀等部件。

注液控制阀、回液控制阀是由一个二位四通换向阀来控制。

当有电流通过线圈时，产生励磁作用，固定铁芯吸合动铁芯，动铁芯带动滑阀芯并压缩弹簧，改变了滑阀芯的位置，从而改变了流体的方向；当线圈失电时，依靠弹簧的弹力推动滑阀芯，顶回动铁芯，使流体按原来的方向流动。从而控制注液、回液。如图2-46所示。

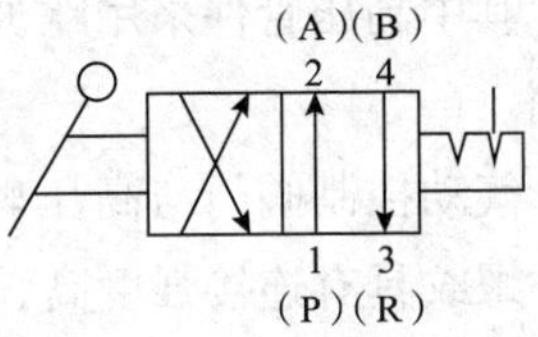

图2-46　二位四通换向阀原理图

CNG缓冲罐容积不小于80L，配有排污阀；采用符合国家强制标准GB 5099《钢质无缝气瓶》的钢制压力容器。压力表量程为0~40MPa，用于现场显示高压泵出口的压力。它通过一个两位三通手动滑阀控制，用手按压按钮，则压力表显示当前压力；抬起手后滑阀切断高压液体管路，同时把滑阀至压力表之间管线内的压力介质卸压并部分回流到储罐中。压力控制阀用于调整、控制、稳定由高压泵压出的液体介质的工作压力，阀后配有压力传感器，用于把系统压力信号传送到PLC。

⑤液体介质。在环境温度-40~+50℃时保证系统正常工作。

介质的其他性能：

毒性作用：本介质在操作人员正常操作情况下的一般接触不会对人产生毒性影响，但大量的介质进入人体(如误食等)可能会对人产生一些伤害。

其他油脂影响：由CNG带入的、含量在母站出口气设计允许含油量的范围内的润滑油杂质对本介质的正常运行不会产生影响。

微量水影响：由CNG带入的、含量在GB 18047—2000《车用压缩天然气》允许范围内的微量气态水对本介质的正常运行不会产生影响。

(2)液压式天然气加气子站拖车。

①CNG加气子站拖车组成。拖车主要由集装管束、拖车底盘组成。

储运CNG用的集装管束由以下部分组成：①钢瓶；②气动控制阀门、管件、高压管件系统等组成。

40英尺(≈12.2m)骨架式半挂车底盘是运输40英尺标准集装箱的专用底盘，该底盘的详细使用见供应商提供的使用说明书。

②CNG加气子站拖车主要部件。

a. 钢瓶。每只钢瓶上都配置有：爆破片组件二件、手动高压阀门二件、液体介质进口气动高压阀门一件、液体介质出口气动高压阀门一件、CNG气动高压阀门一件、压力表一件及高压管件。

b. 操作后舱。在拖车后舱包含了大部分的操作部件，包括：控制气管路快装接头、高压液体进出口高压快装接头、高压天然气进出口快装接头等。

在操作仓每个瓶口端塞上安装带爆破片的安全装置、压力表及控制每个钢瓶的气动球阀、手动球阀及管路，然后各管路汇总到进出油块体及快装接头。所有的高压阀门采用进口不锈钢球阀，高压软管采用美国 PARKER 公司的 5CNG 压缩天然气专用高压软管，防静电，耐压高达 35MPa(5000psi)。安全装置采用进口高精度爆破片，爆破压力控制精度高；爆破压力 33.3MPa，保证钢瓶在遭受极端破坏、压力急剧升高时，爆破片能及时爆破，保证工作人员、环境、钢瓶的安全。

快装接头采用进口的 HANSEN 快装接头，使用方便。

其中高压管件采用欧洲进口优质产品，阀门气动执行器根据开启阀门需要的扭矩选用。

气动控制阀门与高压软管连接方式：在阀门出口采用了 NPT 螺纹连接密封方式，此种螺纹具有连接强度高、密封性能好等优点。

在部分管件之间、管件与高压软管之间采用了液压系统常用的胶圈密封型式，具有密封性能好、耐压等级高、使用方便等特点，大大方便了维护、检修。

气动控制阀门与钢瓶端塞通过高压管件、三通相连接，所有高压管件选用欧洲进口产品，耐压等级高，符合使用要求。

ⓐ拖车后舱左半部分控制部件。注液控制气快装接头和 CNG 控制气快装接头分别用于注液阀气动执行器及 CNG 阀门的开启和关闭的控制。控制气快装接头选用欧洲进口优质产品，耐压≥1MPa，连接牢固、密封性好，与工程塑料控制气管路采用承插快速连接，维护、更换方便。

CNG 快装接头共有两个，一个较大的用于连接母站加气软管，另一个较小的用于连接子站的卸气软管，采用美国 PARKER 公司优质产品，保证工作的可靠性。

ⓑ拖车后舱右半部分控制部件。拖车后舱右半部分控制部件包含：回液控制气快装接头、8#钢瓶回液用接头、母站加气备用气源、拖车刹车控制器等。

回液控制气快装接头用于回液阀气动执行器的开启和关闭控制，其中包含第 1#到第 7#钢瓶的控制气管路控制，气快装接头选用欧洲进口优质产品，耐压≥1MPa，连接牢固、密封性好，与工程塑料控制气管路采用承插快速连接，维护、更换方便。第 8#单元回液用接头单独有一个快装接头，主要用于在更换拖车操作时使用。在第一辆车的第 8#单元工作完毕后需要把第一辆车卸气的相关管路转接至第二辆车，在此时先不要把第 8#单元控制气管路移过去，待等到第一辆车的第 8#单元回液完毕后再将第 8#单元控制气管路移至第二辆车上。

母站加气备用气源引自拖车自带的储气罐气源，用于母站气源有故障的情况下拖车在母站加气用。但由于该气源压力不稳定，所以应在加气的母站设置 0.8MPa 的洁净压缩空气气源(参考仪表风气源设备气体出口指标)，以保证拖车加气的快速，安全。

拖车刹车控制器用于在拖车停放在子站或母站时刹车用，使用拖车自带的储气罐气源。在拖车停稳后，打开拖车后舱门时，该装置自动把顶住刹车片的压缩空气放散，使刹车片抱住轮箍，将拖车固定在停车位处。待拖车加满气或在子站卸完气关上后舱门后，该装置则打开控制器内的气路，压缩空气顶开刹车片，拖车即可离开子站或母站。

ⓒ操作前舱。在操作前仓每个瓶口端塞上安装带爆破片的安全装置、压力表及控制每个钢瓶的气动球阀、手动球阀及管路，然后各管路汇总到进出气连接块。所有的高压阀门采用进口不锈钢球阀。安全装置采用进口高精度爆破片，爆破压力控制精度高；爆破压力33.3MPa，保证钢瓶在遭受极端破坏、压力急剧升高时，爆破片能及时爆破，保证工作人员、环境、钢瓶的安全。

(3)液压式天然气加气子站拖车顶升装置。拖车顶升装置是利用液压系统将拖车框架顶升起仰角的专用设备。当拖车到达指定位置后，将拖车主支撑腿与地面撑实，放下辅助支撑腿(下面加垫木)，启动液压顶升装置，拖车框架顶起，仰角为≤10°。

该装置包括如下主要部件：①隔爆型三相异步电动机；②油箱；③吸油滤油器：④油泵：⑤溢流阀：⑥压力表：⑦单向阀：⑧手动换向阀：⑨主控阀板：⑩回油滤油器。

(4)液压式天然气加气子站气源设备。本气源设备是由小型压缩机、气源净化装置、吸附式干燥机等组合而成的装置，它的作用是为控制系统提供干燥、洁净的压缩空气，供气动执行器使用，最大限度地减少压缩空气中的水、油等杂质对自控系统的影响，使系统电磁阀、气动执行器能长期稳定工作。需安装在安全区域内，建议安装在控制室内，且环境温度≥5℃。

空气压力：0.65～0.8MPa；

排量：≥0.1m^3/min；

含水温度：－40℃；

含尘粒径：≤1μm；

含油：≤1mg/m^3。

(5)液压式天然气加气子站控制柜。含进口PLC可编程控制部件、进口电机软启动器等；通过PLC控制程序来控制系统的自动运行，对子站设备进行自动监控，并在面板上实时显示设备的工作单元、工作压力、电机电流等参数。

控制柜放置在安全区域内，建议安装在站内控制室中。

控制面板上的键用于PLC功能显示的转换，数据键用于输入、修改各种功能数值。

2.5.4.3　液压平推装置操作

(1)准备工作。

①引导长管拖车进入装卸区。

②将长管拖车停放在装卸站指定的安全作业地点。

③长管拖车停到指定位置后，用挡块双向固定好拖车。然后摇下两边主支撑腿，放置在拖车的主支撑腿垫木上，摇下拖车辅助支撑腿置于垫木上，使牵引车离开。

④防静电接地夹夹在拖车专用导静电端子上，设置好“正在作业，严禁烟火”警示牌。

⑤车辆停好后，采取警示措施，如设置隔离桩等，防止无关人员进入，避免造成伤害事故。

⑥确认制动有效后，打开拖车操作仓(后仓)门，此时拖车自动刹车装置启动。

(2)液压式天然气子站拖车到达子站和卸气过程。

①卸气前检查。

a. 检查拖车上各高压管件、气动阀、手动阀、连接头是否连接牢固，有无"跑冒滴漏"等情况，先检查操作仓，后检查安全仓，如发现问题，必须在处理好问题后再进行下一步工作。

b. 检查液体连接块、气体连接块上的放散阀门，确保其密封性。

c. 在拖车与子站橇体连接前，打开拖车上各块体处的放散阀门，将该部分卸压，以便连接高压软管；检查手动阀处于正确位置，以确保连接部分在无压状态，然后关闭放散阀。

②管路连接

a. 高压液体管路(注、回油管路)连接高压系统所用的快装接头采用了目前加气站通用的进口快装接头，工作可靠，连接及脱开方便，在系统中两个液体接头是相同的，故采用在拖车上同时安装公接头及母接头的方式，与之连接的软管上安装母接头及公接头，保证卸气系统软管不会连接错误。

在确认各连接处完全卸压后，连接时，清洁快装接头，将注液高压软管母接头对准拖车上的公接头，逐渐用力向前推，听到"咔哒"声音，高压软管公母接头即是锁住，连接成功。

脱开时，将快装接头前推到位，母接头活动锁套向后(前)推开，到要求的位置后，注液高压软管公母接头即脱开。高压液体管路连接头如图2-47所示。

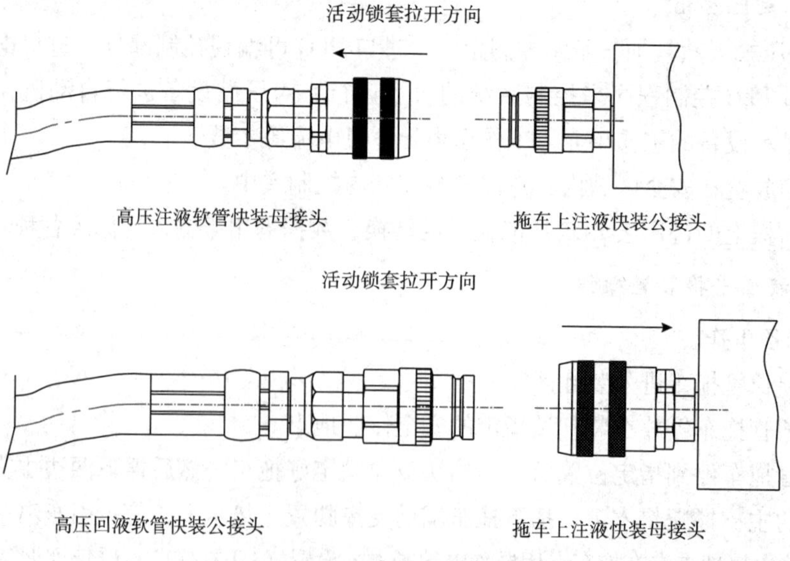

图2-47 高压液体管路连接头图

b. 高压天然气管路连接。在确认各连接处完全卸压后，先清洁快装接头，将天然气软管母接头上的活动锁套向后拉开，与公接头插到要求的位置后把活动锁套松开将其复位，即可将接好的接头锁住。

③气动控制气管路连接。自控系统所用压缩空气快装接头采用了欧洲产品，密封性好，连接可靠。气动控制气快装接头、注液控制气快装接头和CNG控制气快装接头，回液控制气快装接头、第8#钢瓶回液用接头。

连接方法：在母接头内靠近边缘的地方有一个定位插脚，清洁快装接头后，连接时需将插脚对准公接头有缺口的部位，轻轻插入后拧紧锁母即可可靠连接，切忌暴力操作，保证自控系统正常工作。脱开时，先将锁母拧开，再拔下插头即可。

压缩空气控制器快装接头也采取了在拖车上安装不同的公接头和母接头的方式，保证控制器空气管道连接正确，系统工作无误。

注意：多孔密封接头连接时，螺纹不是越紧越好，应上紧后退回1/3圈，以便拆卸。气动控制气管路连接头如图2-48所示。

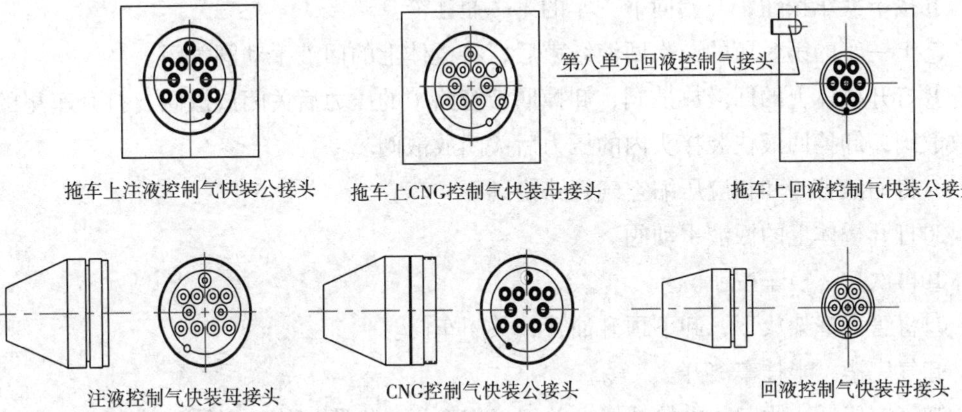

图2-48 气动控制气管路连接头图

(3)拖车框架顶升。

①关闭拖车及子站系统中的放散阀门。

②启动液压顶升装置，将管束框架顶起，仰角为≤10°。操作中发现异常立即停止。

(4)启动前准备

①卸气前，操作仓内气动控制阀和装卸主控阀均处于关闭状态。发现异常，必须在解决完问题后再进行下一步工作。

②打开子站的注液手动控制阀、回液手动控制阀和CNG卸气手动控制阀门。

③打开拖车上的加气总阀门、各瓶口手动球阀，然后打开快装接头前装卸主控阀，启动子站PLC控制系统运行，具体操作步骤见操作手册。

(5)系统启动运行。

①系统送电，此时软启动器显示rdy，F940GOT控制面板显示当前工作状态、参数

等信息。

②开启压缩气源设备，使气体储罐压力达到设定值(0.65～0.8MPa)。

③启动系统，液压系统开始工作，当CNG压力达到20MPa后，加气机开始给汽车加气。

④当卸气完毕后，用子站上放散阀将软管内的气体排出，将油排入油箱，确认无误后依次断开全部接头的连接。

(a)系统不停止运行换车卸气：

①上一车第8瓶开始回油后，开始换车工作。

②关闭橇体上的注液、排气手动阀，关闭车尾的排气手动阀。

③打开橇体上的注液、排气的放散阀，卸掉相应管路中的压力后关闭放散阀；打开车尾的注液、排气放散阀，卸掉车尾的快装接头内的压力后关闭放散阀。

④将注液、排气管及相应的压缩空气管从上一车换到下一车。

⑤打开橇体上的注液、排气手动阀，打开车尾的排气手动阀。

⑥按下换车按钮，开始向下一车的第一瓶注液。

⑦上一车的第8瓶的二次回液结束后，将橇体上的回液手动阀关闭。

⑧打开橇体上的回液放散阀，卸掉回液管路中的压力后关闭放散阀；打开车尾的回液放散阀，卸掉回液快装接头内的压力后关闭放散阀。

⑨将回液管路和相应压缩空气管路换到下一车。

⑩打开橇体上的回液手动阀。

⑪再次按下换车按钮。

⑫将管束框架放下，卸下顶升油管，关闭车门。

卸气完毕，半挂车离开。

卸气完毕后，收起静电接地线，关好操作仓门，撤除挡块，引导半挂车离开。

操作过程中应遵守公司其他安全规定及国家和地方的安全规章制度，并应做好操作记录。

(b)液压式天然气加气子站拖车完成卸气操作后从子站移走的过程：

①加气结束，钢瓶内的液体介质已经返回储罐中，将系统停止。

②关闭子站的卸气阀门，关闭拖车加气总阀门(和拖车每个单元的阀门)。

③关闭子站装置的回油阀门，打开子站回油管的放散阀门，排出油压块的压力，断开回油软管，关闭子站回油管的放散阀门。

④关闭子站装置的油压阀门，打开子站注油管的放散阀门，断开注油管，关闭子站注油管放散阀门。

⑤打开子站卸气管路放散阀，断开CNG高压软管。

⑥启动液压顶升装置，将拖车仰角降下来，连接车头，移走拖车的支撑底座，移走拖车车轮锲块。

⑦检查拖车连接情况，松开拖车安全闸，移走拖车。具体操作见《半挂车使用说明书》。

(6)安全警告。检查工作区域的正确隔离。工作区域杜绝热源或明火。断开软管之前，保证工作区域内天然气无泄漏。保证非工作人员不接近工作区域。在操作现场设置安全警示牌。

(7)意外事件。发生任何天然气泄漏、着火或爆炸，请遵循加气站应急预案事故处置方案。

(8)注意事项

①本设备须由经过培训的专业人员进行操作和维护。

②在操作中或设备检修时，如发生大量的介质进入人体(如误食等)的状况应立即采取冲洗措施，并送医院进行治疗。

③高压液压系统、高压天然气系统严禁带压检修。检修时必须把系统卸压至常压后，并保持其系统与大气连通，再由专业人员进行设备维护、检修工作。在排放卸压时，因是从高压到低压，一定要遵循“慢排轻放”原则。

④在CNG管路系统检修时，必须把系统内的天然气置换合格后方可由专业人员进行作业。电路系统严禁带电作业，必须在控制柜断电，悬挂警示标牌后，由专业人员进行电气设备的维护、检修工作。在检修工作时，需有人监护，以防有人误操作造成人身伤害事故。

⑤设备操作人员在进行操作或维护时，务必缓慢开闭，严禁蛮力操作。各种快装接头拆卸时，需轻拿轻放，避免磕碰损伤。

⑥所有快装接头及软管使用完毕后，应将接头用软布缠好，保持清洁。并悬挂在固定架上，不得落地。

⑦当阀门发生泄漏时，应立即停止装卸，关闭所有阀门，进行检查。

⑧主控球阀内漏，应及时维修或更换。

⑨严禁敲击、碰撞管束压力容器。

⑩严禁在瓶体上切割挖补或加热等操作。

⑪管束内的CNG不得用尽，容器内剩余压力：0.5~1.0MPa。

⑫在充、卸作业中发生软管破裂等导致介质大量外泄时，应立即关闭各球阀，严禁一切火种，警戒现场，进行应急处理。

⑬若发生火灾时，应立即切断电源，终止作业，并遵守应急预案事故处置方案。

(9)安全操作要点

①操作人员必须充分了解半挂车的性能及各个装置附件的操作，并须掌握所运输介质的基本特性及防灭火知识等。能果断处理应急情况和各种事故。操作人员应经过培训并经考试合格后，持证上岗。

②操作人员进入现场，须穿防静电工作服、鞋、手套，戴安全帽。

③在进行天然气接卸作业时，操作人员不得离开现场，司机需将车钥匙交给操作人员。

④天然气充、卸现场、半挂车及牵引车附近严禁烟火，并不得使用易产生火花的工具和物品，只许使用防爆照明用具。

⑤操作人员必须熟练掌握随车所配的灭火器使用方法。

⑥凡出现雷击天气，附近发生火灾或检测出气体泄漏，压力异常及其他不安全因素时，应立即停止作业，并做妥善处理，并及时上报、疏散人群，严重时通知消防部门作隔离处理。

⑦禁止采用直接加热瓶体的方法卸气。

⑧检查橇体中液压增压系统中液位是否符合要求，如果液位低于规定值，查明原因后，适当补充液体介质。

⑨检查橇体中电路系统，发现问题及时处理。

⑩检查橇体与加气机之间的高压管路。

(10)PLC 人机界面操作及注意事项

①人机界面 HG2F。人机界面 HG2F 是 5.7 寸的 STN 液晶显示器，它具有宽阔视角、高速回应、功能齐备、性能可靠、界面友好等特点。人机界面 HG2F 是操作者和加气控制系统之间进行信息交换的媒介。通过这个界面，操作者可以接收到系统的故障信息，也可以对系统的运行进行必要的编程，同时可以将与设备操作相关的数据显示出来。要进行良好的界面操作，必须了解每一个键的功能。

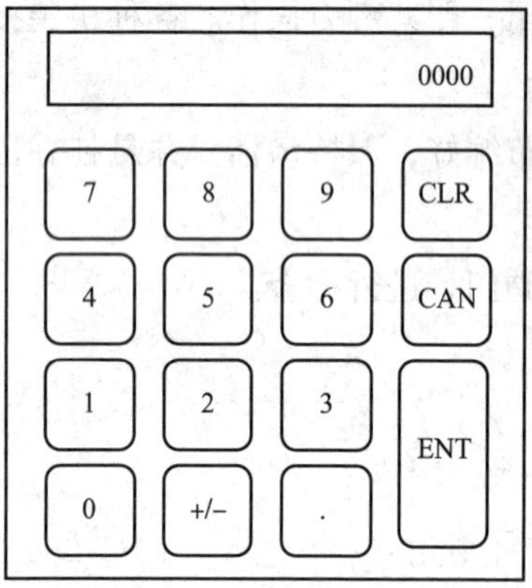

图 2-49　HG2F 界面触摸屏图

②HG2F 界面结构。触摸相应功能按钮，可以在各个操作界面之间进行切换。触摸数值输入触摸键，触摸屏自动产生如下的一个下拉式数值输入键盘：数字键入键 - 数值输入。

HG2F 界面触摸屏如图 2-49 所示。

ENT——确认输入的数据。

CLR——清除输入的数字。

CAN——取消最新输入的数字。

触摸屏幕其他区域，键盘自动关闭。

③HG2F 界面显示构成。

HG2F 界面显示如下：

a. 初始屏幕。此屏幕只用于厂商识别，没有任何功能，开机后 5s 界面切换到监测屏。

b. 监测屏。此屏幕用于显示有关系统运行状态的信息，此界面为整个系统的默认界面。整个系统的监控界面如图 2-50 所示。

1 ~ 8 单元显示的是当前各个单元的释放、锁定状态，欲修改此状态触摸“到主菜单”，按此键到控制主菜单“释放/锁定”，通过此监控界面可以看到介质温度、注液压

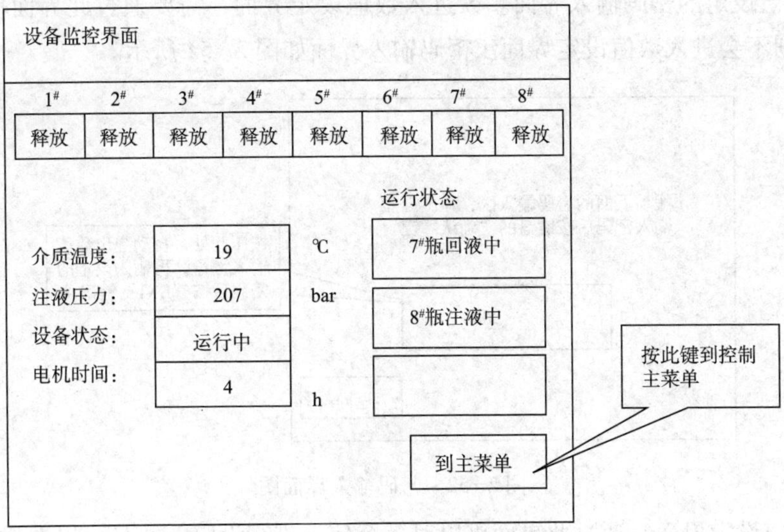

图2-50　整个系统的监控界面图

力、设备状态、电机运行的时间。

在运行状态中可以显示自动运行中各个单元的注油和一次回油情况，以及对换车的三种提示：可以换车、等待换车、换车确认。

完成各种操作后请一定返回到此界面。通过此画面还可以进入系统状态和控制主菜单。

c．控制主菜单。此屏幕通过设备监控界面进入，在此界面中所有的手动控制操作、数值与状态的设定、系统复位、报警历史记录查询等操作均从此界面进入。显示格式见图2-51。

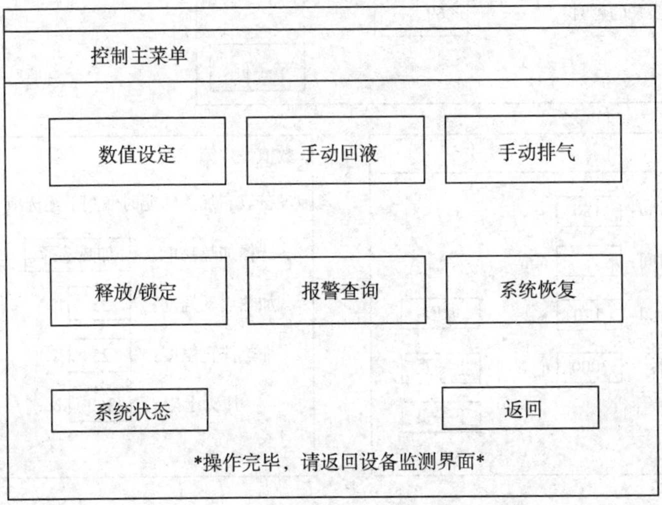

图2-51　控制主菜单界面图

d. 数值设定的密码输入界面。欲进入数值设定界面，需要通过此界面输入正确的密码，否则不会进入数值设定界面。密码输入界面如图 2-52 所示。

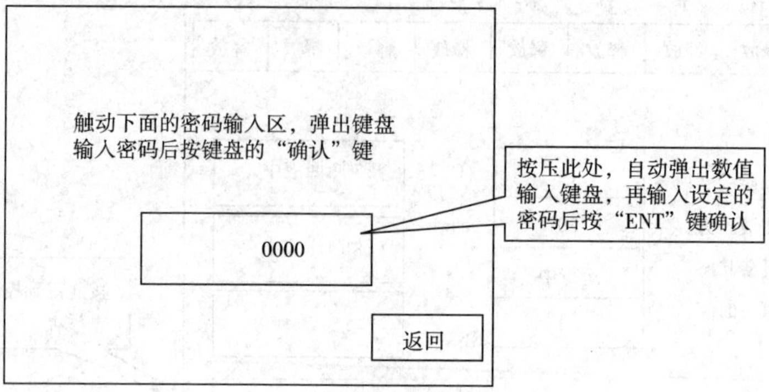

图 2-52　密码输入界面图

e. 数值设定界面。通过此界面可以对各个信息进行设定，并且可以选择加热功能。设定完成后触摸返回键回到监测屏。格式如图 2-53 所示。

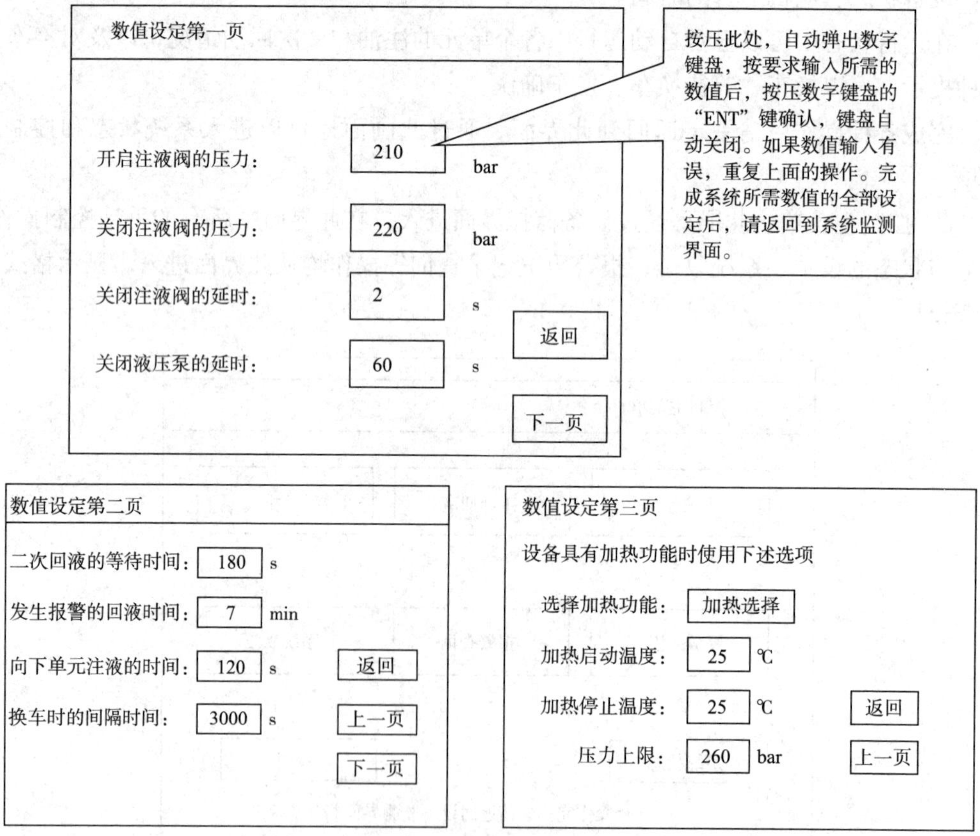

图 2-53 数值设定界面图

注意：以上各值仅为参考值，请根据实际情况设定。压力上限为系统压力最高的设定报警值，系统压力达到此值自动停机。

f. 手动回液密码输入界面。欲进入手动回液界面，需要通过此界面输入正确的密码，否则不会进入手动回油界面。格式如图 2-54 所示。

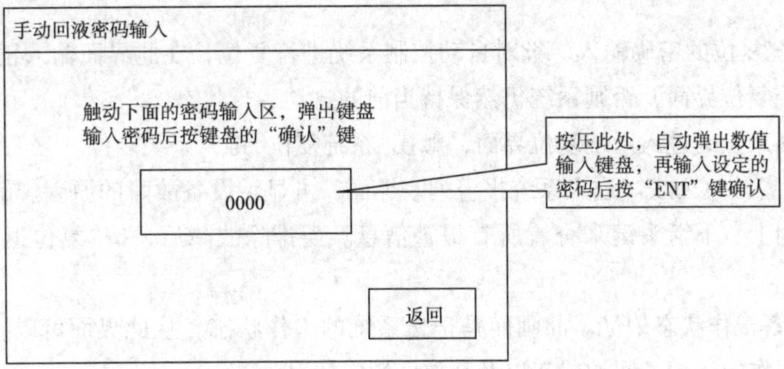

图 2-54　手动回液密码输入界面图

g. 手动回液界面。在此界面用于对 1～8 单元进行手动回油的操作。注意，每一次只能操作一个单元。

h. 手动排气密码输入界面。欲进入手动排气界面，需要在此界面输入正确的密码，否则不会进入手动排气界面。

i. 手动排气界面。此界面用于对 1～8 单元进行手动排气的操作。注意，每一次只能操作一个单元。格式如图 2-55 所示。

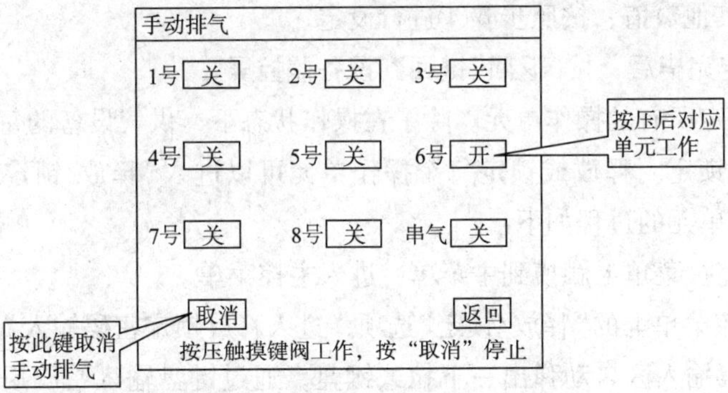

图 2-55　手动排气操作界面图

注意：此界面中具有串气功能。在自动运行的过程当中，当处于加气低谷的时段，触摸"串气"键，系统自动将当前工作单元及其之后的所有单元的排气阀全部打开，实现多单元同时加压的功能，欲取消此功能，再次触摸"串气"键，则当前工作单元之后的单元排气阀关闭。

j. 释放/锁定密码输入界面。欲进入释放/锁定界面，需要通过此界面输入正确的密码，否则不会进入释放/锁定界面。

注意：如果在换车过程中进入释放/锁定密码输入界面，系统会弹出提示，禁止进行释放锁定操作。触摸“返回”键返回监控界面。

k. 释放/锁定界面。此界面用于设定系统在自动运行的情况下各个单元参与运行的状态。在此界面锁定或释放单元，想改变某一个单元的状态，只需按压某单元旁边的触摸键即可。

l. 系统复位的密码输入。欲对自动控制系统进行复位，在此界面输入正确的密码，则弹出系统复位界面，否则系统仍然保持当前的自动运行状态。

密码输入正确进入系统复位界面，触摸“系统复位”键，系统复位。

m. 报警信息列表。进入系统报警列表界面，可显示设备故障的原因。触摸“操作”键后，使用上、下箭头键来查看所有报警信息。当排除故障后，按“复位返回”键解除报警。

n. 设备工作状态记忆。此画面是记忆系统的工作状态，从此界面可以查看系统中各个单元工作的注油、回油状态以及释放、锁定情况。

④数值设定编程。在 HG2F 界面上进行数值设定，按以下步骤进行：

a. 设备监控菜单上触摸到主菜单，进入主控菜单。

b. 触摸主控菜单上的数值设定选项，进入数值设定密码输入界面。

c. 触摸密码输入区自动弹出一下拉式键盘，通过键盘输入密码后按“ENT”键，正确则进入数值设定界面。密码错误不进入数值设定界面。

d. 进入数值设定界面，触摸需要数值部分自动弹出下拉式键盘，通过键盘输入设定的值，按“ENT”确认，按“□”键关闭键盘。

e. 要设定其他数值，按照步骤④进行设定。

f. 数值设定完毕后，按“返回”键回到设备监控屏。

⑤释放或锁定所有的操作单元。除了在操作状态下，供气设备的每个操作单元都可以随时被释放或锁定。释放或锁定每个操作单元可以进入“释放/锁定”界面进行操作。释放或锁定操作单元的过程如下：

a. 在设备监控菜单上触摸到主菜单，进入主控菜单。

b. 触摸主控菜单上的“释放/锁定”选项，进入释放锁定密码输入界面。

c. 触摸密码输入区自动弹出一下拉式键盘，通过键盘输入密码后按“ENT”键，正确则进入释放锁定界面。密码错误不进入释放锁定界面。

d. 触摸每个单元的操作按键，键盘在释放和锁定之间切换。

e. 按“返回”键返回到控制主菜单。

⑥手动回油操作。人工操作模式主要用于工厂调试或设备维修。人工模式有一些模块用于在自动循环过程中处理发生的故障。按照以下步骤进入手动回油操作模式：

01　必须停止和取消自动循环。

02　释放将要进行手工操作的操作单元。

03　在设备监控菜单上触摸主菜单，进入主控菜单。

04　触摸主控菜单上的“手动回油”选项，进入手动回油密码输入界面。或者按“返回”键回到设备监控界面。

05　触摸密码输入区自动弹出一下拉式键盘，通过键盘输入密码后按“ENT”键，正确则进入“手动回油”界面。密码错误不进入“手动回油”界面。

06　触摸将要进行“手动回油”的单元，触摸键由关显示为开，回油结束，触摸键重新显示为关。回油过程中可以按“取消”键随时停止手动回油的状态。注意，每次只能有一个单元进行手动回油。

07　要退出“手动回油”操作屏幕，必须按“返回”键回到控制主菜单，再按“返回”回到设备监控界面。

⑦手动排气操作。人工模式有一些模块用于在自动循环过程中处理发生的故障。按照以下步骤进入“手动排气”操作模式：

01　必须停止和取消自动循环，手动操作前必须复位系统。

02　释放将要进行手动操作的操作单元。

03　在设备监控菜单上触摸“到主菜单”，进入主控菜单。

04　触摸主控菜单上的“手动排气”选项，进入手动排气密码输入界面。或者按“返回”键回到设备监控界面。

05　触摸密码输入区自动弹出一下拉式键盘，通过键盘输入密码后按“ENT”键，正确则进入“手动排气”界面。密码错误不进入手动排气界面。

06　触摸将要进行手动排气的单元，触摸键由关显示为开，如果想要停止手动排气，则触摸“取消”键，触摸键重新显示为关。注意，每次只能有一个单元进行手动排气。

07　要退出“手动排气”操作屏幕，必须按“返回”键回到控制主菜单，再按“返回”键回到设备监控界面。

注意：在此界面中可以实现“串气”功能。在自动运行的过程当中，当处于加气低谷的时段，触摸“串气”键，系统自动将当前工作单元及其之后的所有单元的排气阀全部打开，实现多单元同时加压的功能，欲取消此功能，再次触摸“串气”键，则当前工作单元之后的单元排气阀关闭。

⑧自动运转。天然气供气系统自动模式操作步骤如下：

01　如果系统处于手动运行模式需要退出手动模式。

02　释放在自动模式下用到的操作单元。

03　在没有设定数值的情况下必须重新设定系统工作必须的参数。

04　如果按下了“急停”按钮须释放“急停”按钮。

05　如果出现过报警请取消警报。

06　按“循环开始”按钮进入自动运行模式。

07　要中断自动循环必须按急停按钮。

注意：一旦开始自动循环，系统会对气体加压直到达到设定压力 220bar(可通过界面重新设定)。达到设定压力值后，泵经过 10s 的延时空负荷运转。如果 1min 之内(可通过界面重新设定)没有压降，油泵电机将关闭。当压力降低到 200bar(可通过界面重新设定)以下，油泵电机将重新启动，系统同时加压。

如出现警报，自动循环将中断。要重新开始自动操作，遵照自动操作步骤。自动运行只对处于释放状态下的单元有效。

⑨在不结束最后一个操作单元循环的情况下更换拖车。在供气系统中可以不结束最后一个操作单元的循环更换拖车。要执行这一操作必须保证循环确实已经进行到了最后一个操作单元，可以通过监控屏幕得到这一信息。

当自动循环进行到最后一个操作单元，确认最后一个单元回油，电机已经停止运转。关闭子站注油阀和卸气阀、关闭拖车卸气总阀，打开子站注油和卸气放散阀，更换好注油管、CNG 气管及其压缩空气管，打开子站注油阀和卸气阀、打开拖车卸气总阀，关闭子站注油和卸气放散阀，按下拖车更换按钮(concluded trailer change button)。当前一台拖车的最后一个操作单元完成回油后，应立即把回油管和压缩空气管更换到新拖车上，更换完毕后再按“拖车更换”按钮，进行换车确认。

注意：当第一次按下“拖车更换”按钮后，另外一台拖车的第一个操作单元就会开始加压。当最后一个操作单元完成回油后，应立即把油管和压缩空气管更换到新的拖车上。

⑩报警系统。为天然气供气系统设计开发的报警系统主要用于帮助维护人员解决可能导致设备故障的各种问题。

报警信息会显示在人机界面屏幕上。

可用的报警功能如下：

急停按钮动作

此警报表明操作单元急停按钮被按下或曾经按下。

HPU 急停动作

此警报表明 HPU 急停按钮被按下或曾经按下。

液位低报警

此警报表明液位已降到了最低限。

压力开关报警

此警报表明压力变送器失效或关闭。

软启动器故障

此警报表明电机软启动器出现故障。

电机温度过高

此报警表明电机内部的温度开关被激活或曾被激活。

1 号注油时间不足

此警报表明由于没有足够的时间使油输送到操作单元 01 导致设备停止工作。

2 号注油时间不足

此警报表明由于没有足够的时间使油输送到操作单元 02 导致设备停止工作。

3 号注油时间不足

此警报表明由于没有足够的时间使油输送到操作单元 03 导致设备停止工作。

4 号注油时间不足

此警报表明由于没有足够的时间使油输送到操作单元 04 导致设备停止工作。

5 号注油时间不足

此警报表明由于没有足够的时间使油输送到操作单元 05 导致设备停止工作。

6 号注油时间不足

此警报表明由于没有足够的时间使油输送到操作单元 06 导致设备停止工作。

7 号注油时间不足

此警报表明由于没有足够的时间使油输送到操作单元 07 导致设备停止工作。

8 号注油时间不足

此警报表明由于没有足够的时间使油输送到操作单元 08 导致设备停止工作。

1 号回油时间不足

此警报表明操作单元 01 现有的油没有完全返回到油储罐，导致设备停止工作。

2 号回油时间不足

此警报表明操作单元 02 现有的油没有完全返回到油储罐，导致设备停止工作。

3 号回油时间不足

此警报表明操作单元 03 现有的油没有完全返回到油储罐，导致设备停止工作。

4 号回油时间不足

此警报表明操作单元 04 现有的油没有完全返回到油储罐，导致设备停止工作。

5 号回油时间不足

此警报表明操作单元 05 现有的油没有完全返回到油储罐，导致设备停止工作。

6 号回油时间不足

此警报表明操作单元 06 现有的油没有完全返回到油储罐，导致设备停止工作。

7 号回油时间不足

此警报表明操作单元 07 现有的油没有完全返回到油储罐，导致设备停止工作。

8 号回油时间不足

此警报表明操作单元 08 现有的油没有完全返回到油储罐，导致设备停止工作。

液位高报警

此报警表明液位已经达到最高液位。

换车超时，确认后再启动

此报警表明换车按钮已经按下，正等待最后一瓶回油结束并将回油管路联结到下一辆车上。如果操作人员没有再次按下换车按钮，即使管路已经转换完毕系统仍发出该报警。

提前换车，复位返回

此报警表示系统还没有具备换车的条件，人为操作换车按钮。设备保持原状态。

提前确认，复位返回

此报警表示系统还没有具备换车确认的条件，人为操作换车按钮。设备保持原状态。

无释放，复位返回

此报警表示系统中无释放的单元时启动系统。

有手动操作，复位返回

此报警表示系统存在手动操作时按动自动启动按钮，设备保持原状态。

燃气报警器动作

此报警表示橇体中的可燃气体浓度超出安全的界限。

二次回油时压力开关异常

此报警表示回油单元的二次回油时间过长，操作人员要判断是否是压力开关故障或是瓶内的残压过低，造成压力开关没有动作。

压力传感器故障

此报警表示压力传感器出现故障，确定后更换，按“复位”按钮取消报警后，重新启动系统。

密码清单：

设备重新设定密码；

取消“释放/锁定”操作单元和 HPU 的密码；

数值设定密码；

人工操作密码。

2.5.4.4　液压平推装置故障判断与处理

(1)操作故障判断与处理。

①注油软管快装接头与 CNG 拖车接头无法结合，确认块体放散阀是否开启并放净余压。

②回油软管快装接头与 CNG 拖车接头无法结合，确认块体放散阀是否开启并放净余压。

③卸气软管快装接头与 CNG 拖车接头无法结合，确认块体放散阀是否开启并放净余压。

④控制柜显示液压泵升压结束，子站和拖车压力显示正常，但加气机不能加气，确认加气机进气手动阀是否已开启。

⑤控制柜显示液压泵升压结束，子站和拖车压力显示正常，但加气机不能加气，检查加气机进气过滤网是否堵塞。

⑥控制柜显示液压泵升压结束，子站和拖车压力显示正常，刚加气时，加气机压力表马上降下来，确认子站和拖车加气手动阀是否已开启。

⑦控制柜显示液压泵升压结束，子站错误！链接无效。拖车压力显示较低，刚加气时，加气机压力表马上降下来，确认子站注油手动阀是否已开启。

⑧第一单元加气结束到第二单元不足1min，系统忽然停止运行，报警显示“Equipment stopped duo to low oil return time pallet 01”，确认回油手动阀是否已开启，然后按操作手册进行处理。

⑨系统不能启动，确认是否有报警存在。

⑩系统不能启动，确认单元是否全部被锁定，释放并重新启动。

⑪系统启动后电机空载运行，控制柜显示进入操作单元，液压泵没有给系统升压，确认自动控制气源空压机是否已开启，启动空压机后重新启动系统。

⑫系统启动后电机空载运行，控制柜显示进入操作单元，液压泵没有给系统升压，确认自动控制气源总阀是否打开，打开气阀后重新启动系统。

⑬拖车在母站不能加气，确认是否连接好母站加气气动控制管并打开了前仓气动阀，连接并重新加气。

⑭拖车在母站不能加气，确认母站加气气动控制气源压力是否较低，气动阀没有打开，提高压力后进行加气。

(2)设备故障与处理。

①子站运行中发现CNG拖车前仓或后仓连接接头漏气，按“急停”按钮使系统停止运行，关闭漏气接口所在管路的手动控制阀，由专业维修人员将泄漏处理好后，再运行。警告：不得带压紧固泄漏接口！

②液压泵升压达不到设定值，加气速度受到影响，检查溢流阀调节旋钮是否松动，确认后调整压力到设定值，然后锁定锁紧螺母。

③液压泵升压能达到设定值，但升压非常慢，加气速度受到影响，检查油泵卸油管是否有回流油，确认后停机检修泵出口组合块体上的气动换向阀，清洗锈蚀和污物使之换向灵活。

④液压泵升压能达到设定值，但升压非常慢加气速度受到影响，检查压力表开关卸油管是否有回流油，确认后停机检修压力表开关，清洗锈蚀和污物使之换向灵活。

⑤液压泵升压能达到设定值，但升压非常慢加气速度受到影响，检查油泵入口过滤器差表压是否超出范围，确认后停机更换油过滤器滤芯。

⑥液压泵升压能达到设定值，升压速度没有减慢，但加气速度非常慢，检查加气机过滤器是否堵塞，确认后停机更换过滤器滤芯。

⑦系统运行中，忽然出现不能加气的现象，确认钢瓶出气气动阀(或子站出气气动

阀)是否非正常关闭，检查气动管接头密封情况并处理泄漏。

⑧系统运行中出现不能回油的现象，确认钢瓶回油气动阀(或子站回油气动阀)是否非正常关闭，如是，检查气动管接头密封情况并处理泄漏。

⑨控制柜显示低压报警且不能复位，系统不能启动，检查低压压力开关触点是否卡住，并将其复位。

⑩控制柜显示油泵出口压力与现场表压力相差很多，检查压力传感器接线端子是否松动，并将其紧固。

(3)控制柜人机界面报警系统故障处理(见表2-6)。

表2-6　报警系统故障处理

序号	屏幕显示	报警原因及处理方法
1	急停按钮动作	急停按钮常闭触点断开，需释放控制柜急停按钮，并按下复位按钮，才能解除报警
2	HPU急停动作	液压电机按钮曾被按下，要重新启动，需按下控制柜复位按钮，即可解除报警
3	压力开关报警	压力开关动作超过15s而未复位 余压过高，高压气倒入，促使回油不完全，丢液等 可能原因：没有按规定液位进行操作，液位低时没有及时补充液体介质
4	液位低报警	液体达到液位最低限，导致继续注液，而发生此报警 检查液位低，干簧管是否有问题
5	压力传感器故障	检查压力传感器接线是否有松动，消除故障后，按下复位按钮，即可解除报警
6	电机软启动器故障	检查电机是否过载、缺相等故障，解除故障后，需按下软启动器复位按钮，再按下控制柜复位按钮，可解除报警
7	电机内部温度过高	可能由于电机轴承损坏，或电机过载等，导致电机温度升高，致使温度开关动作。消除故障后，电机温度开关自动复位，按下控制柜复位按钮，即可解除报警
8	注液时间短	注液时间低于参数设定的注液报警时间 此时可能出现回液时间也短，压力开关被激活等多种报警同时出现。应首先考虑上一瓶二次回液时余压过高；空压机压力不够，导致回液气动执行器关闭；或在系统运行中，进入过程序操作，使用过设备重启，造成注液累计时间不够等原因
9	回液时间短	由于回液过程中瓶内余压高，或其他瓶回液球阀内漏，造成油气混合，光电开关灯亮，造成回液停止，但又低于参数设定的回液报警时间，故产生此报警。按下控制柜复位按钮，重新启动系统后，继续回液

续表

序号	屏幕显示	报警原因及处理方法
10	液位已达到最高限	有可能回液时余压过高造成，检查介质液面高度是否正常，按下复位按钮，即可解除报警
11	换车时间过长	如果管路已经转换完毕，按下换车确认按钮，按下控制柜复位按钮，可解除报警。再按下启动按钮，即可重新启动，继续系统运行。如果操作人员没有再次按下换车确认按钮，即使管路已经转换完毕，系统仍发出该报警

2.5.4.5　液压平推装置维护保养

(1)设备维护中的注意事项。

①高压气路使用中如发现高压管线阀门接口有严重泄漏，需要紧急修理时须切断气源，关闭所属管线阀门，维修部位的管线须放空卸压。高压液压系统、高压天然气系统严禁带压检修。检修时必须把系统卸压至常压后，并保持其系统与大气连通，再由取得维修资格证的专业人员进行设备维护、检修工作。在排放卸压时，因是从高压到低压，一定要慢排轻放。更换阀门必须使用专用工具(如青铜扳手)。更换阀门和修理管线完毕以后，须对修理部位管线进行吹扫、置换。

②如发现液压管线、阀门出现漏液现象需要修理时，须要卸除管线内的压力，排空液压介质。修理完毕后，须对更换的液压管和阀门进行清洗，以防污物混入。各排空管线须保持畅通，分离器须每班排污一次。设备操作人员在进行操作或维护时，务必缓慢开闭，严禁蛮力操作。各种快装接头拆卸时，需轻拿轻放，避免磕碰损伤。拆装液压泵时禁止使用敲击办法拆装，应使用专用拉力器拆装。

③电路部分如发现异常现象须立即切断电源，由原厂专业人员或原厂授权专业人员进行维护、检修工作。在检修工作时，电路开关处需有人值守或挂牌警示，以防有人误操作送电造成人身伤害事故。在检修控制系统电路时，禁止使用氧焊设备，并要保护好热敏元件。维修设备需要动用电焊时要严格按照动火作业规定，控制燃气气源开关，检查燃气浓度，防止发生燃爆事故，断开控制系统电路，做好接地，以防交流电烧毁控制系统。

④罐车在充装CNG气体，发现阀门出现泄漏时，应立即停止装卸作业，关闭所有阀门，进行检查。主控球阀内漏，应及时维修或更换。严禁敲击、碰撞管束压力容器。严禁在瓶体上切割挖补或加热等操作。

⑤管束压力容器的气体不得用尽，容器内剩余压力应保持在0.5～1.0MPa。

⑥在充装和卸气作业中发生爆破片破裂等，导致介质大量外泄时，应立即关闭各球阀，严禁一切火种，警戒现场，进行应急处理。现场加气车辆发生火灾时，首先切断设备电源，关闭气源开关，然后对发生火灾车辆施救。禁止使用水灭火。

(2)液压式天然气加气子站拖车的日常维护。

①管束压力容器、压力表如发生泄漏、爆破片泄漏或破裂，立即停止系统运行，关闭各手动球阀，打开放散阀、摘除快装接头与子站高压软管的连接，将子站车拖至安全通风无明火的开阔地带，尽快通知专业维修人员并上报。

②管件、快装接头、阀门、高压软管如发生泄漏，立即停止系统运行，关闭各手动球阀，卸去油路和气路的压力，及时通知专业维修人员并上报。

③U 型螺栓与管件间的胶管、垫片如发生松脱、老化或遗失，应及时紧固、更换。

④严禁带压操作。

⑤快装接头的连接如不灵活，滤芯、油封影响装卸介质，应及时更换。

⑥高压软管如出现凹凸、破裂、褶皱及折痕，应及时更换。

⑦由于拖车在运输过程中的颠簸，会使钢瓶根部与球阀之间的活节连接产生松动，因此对该部位每周应进行一次检查。拖车的日常维护保养见表 2-7。

表 2-7　拖车的日常维护保养

保养对象		维护保养内容	期限
管束压力容器		1. 检查外观	每次
		2. 检查端塞与容器连接面有无泄漏现象	每天
操作仓、安全仓	管件	1. 检查各连接及焊接处是否泄漏	每次
		2. 检查安全爆破装置有无泄漏	每天
	快装接头	检查密封是否可靠，装卸是否灵活	每次
	阀门	1. 检查手柄密封处有无渗漏	每天
		2. 检查阀门有无内漏现象	每天
		3. 检查阀门各连接处有无泄漏现象	每天
	压力表	检查各连接处有无泄漏现象	每天
	高压软管	检查外表面有无凹凸、破裂、折痕、老化以及泄漏	每天
	胶管、垫片	检查 U 型螺栓与管件间的胶管或垫片有无老化、松脱	每天
安全仓		检查安全装置及与端塞连接处有无泄漏	每天

注：检查泄漏方法：采用稀释的洗洁精水(肥皂水)检查连接密封处，无泄漏为合格。

(3)液压式天然气加气子站拖车的定期保养。

管束压力容器的定期检验：

①管束压力容器应由符合国家标准 TSG R0006—2014《气瓶安全技术监察规程》要求核准资格的检验站定期检验。

②管束压力容器及安全附件的定期检验应按国家有关规定执行。

(4)液压式天然气加气子站拖车顶升装置的维护与保养。

①顶升装置台面应清洁卫生。

②顶升装置应避免雨水漏入箱体。

③过滤器定期清洗，液压介质每半年进行一次过滤，当油乳化或混浊时及时更换液体介质。

④及时补充液体介质，检查液压油位应处于液位窥示窗的1/2～2/3之间。

(5)液压式天然气加气子站橇体增压系统维护与保养。

①当压差计指针在0.3～1.0bar之间时，前置过滤器应予以清洗。

②液体介质每年进行一次过滤，每半年化验一次。

③每年对液体储罐进行清洗一次，将油垢全部清除。

④每班检查CNG子站各高压管路、管件连接是否可靠，有无泄漏情况，发现问题及时处理。

⑤每班检查橇体中液压增压系统中液位是否符合要求(122～126cm)，如果液位低于规定值，查明原因并适当补充液体介质。

⑥每天检查橇体中各高压管路、管件连接是否可靠，有无泄漏情况，发现问题及时处理。

⑦每天检查压缩空气管路接头是否松动，是否有漏气现象，并消除。

⑧每周检查电路系统接线端子是否有松动现象，并及时处理。

⑨每班检查PLC报警器系统，发现问题及时处理。

⑩检查液压泵运转情况，电机运行情况，电机每运行2000h需加注润滑油，检查各部位连接螺栓情况，发现问题及时处理。

⑪检查空气压缩机运行情况和润滑情况，发现问题及时处理。

2.5.5　压缩机组的监控

自20世纪60年代美国推出可编程逻辑控制器(Programmable Logic Controller，PLC)取代传统继电器控制装置以来，PLC得到了快速发展，在世界各地得到了广泛应用。同时，PLC的功能也不断完善。随着计算机技术、信号处理技术、控制技术网络技术的不断发展和用户需求的不断提高，PLC在开关量处理的基础上增加了模拟量处理和运动控制等功能。现压缩机控制系统均采用PLC可编程逻辑控制器来处理控制，下面介绍PLC控制系统、进口和国产压缩机PLC控制系统。

2.5.5.1　PLC控制系统简介

PLC控制系统是一种数字运算操作的电子系统，专为在工业环境应用而设计。它采用一类可编程的存储器，用于其内部存储程序，执行逻辑运算，顺序控制，定时，计数与算术操作等面向用户的指令，并通过数字或模拟式输入/输出控制各种类型的机械或生产过程，是工业控制的核心部分。

20世纪末期，可编程逻辑控制器的发展特点是更加适应于现代工业的需要。这个时期发展了大型机和超小型机，诞生了各种各样的特殊功能单元，生产了各种人机界面单元、通信单元，使应用可编程逻辑控制器的工业控制设备的配套更加容易。

20 世纪 70 年代后期，随着微电子技术和计算机技术的迅猛发展，可编程序逻辑控制器更多地具有计算机功能，不仅用逻辑编程取代硬接线逻辑，还增加了运算、数据传送和处理等功能，真正成为一种电子计算机工业控制装置，而且做到了小型化和超小型化。这种采用微电脑技术的工业控制装置的功能远远超出逻辑控制、顺序控制的范围，故称为可编程序控制器，简称 PC(Programmable Controller)，它具有丰富的输入/输出接口，并且具有较强的驱动能力。但由于 PC 容易和个人计算机(Personal Computer)混淆，所以人们习惯地用 PLC 作为可编程控制器的英文缩写。

(1)PLC 的组成。PLC 采用了典型的计算机结构，主要是由 CPU、RAM、ROM 和专门设计的输入输出接口电路等组成。PLC 的结构如图 2-56 所示。

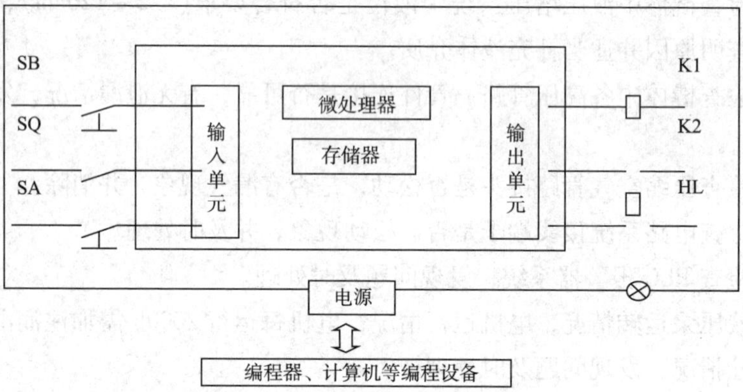

(a) 外部图

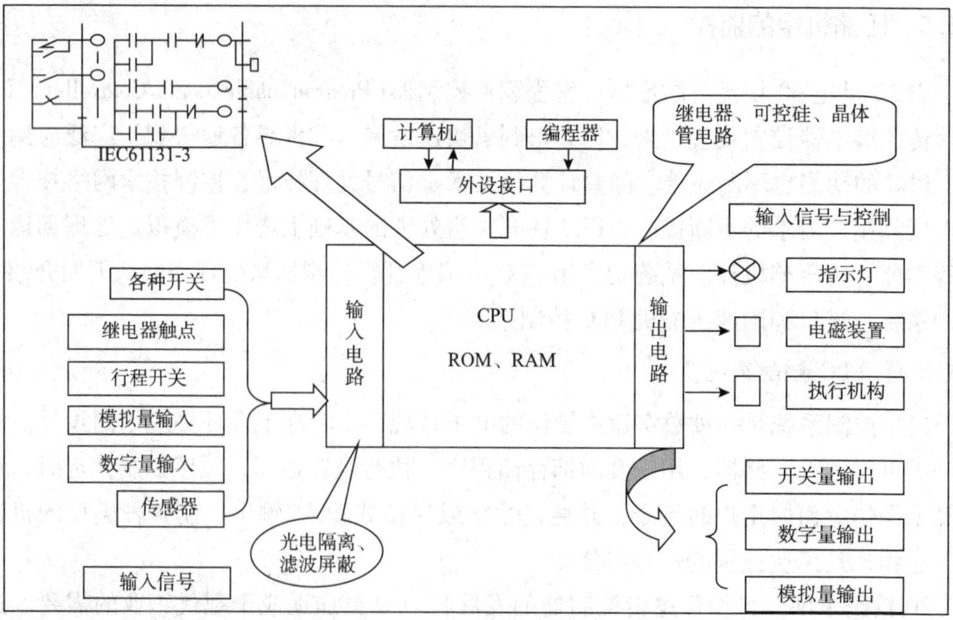

(b) 内部图

图 2-56 PLC 的结构

(2)PLC的工作原理。PLC虽具有微机的许多特点，但它的工作方式却与微机有很大不同。微机一般采用等待命令的工作方式。如常见的键盘扫描方式或I/O扫描方式，有键按下或I/O动作则转入相应的子程序，无键按下则继续扫描。PLC则采用循环扫描工作方式，在PLC中，用户程序按先后顺序存放。CPU从第一条指令开始执行程序，直至遇到结束符后又返回第一条。如此周而复始不断循环。这种工作方式是在系统软件控制下，顺次扫描各输入点的状态，按用户程序进行运算处理，然后顺序向输出点发出相应的控制信号。整个过程分为五个阶段：自诊断、与编程器等的通信、输入采样、用户程序执行、输出刷新。

(3)操作方式。采用循环扫描方式。在PLC处于运行状态时，内部处理、通信操作、程序输入、程序执行、程序输出，一直循环扫描工作。

注意：由于PLC是扫描工作过程，在程序执行阶段即使输入发生了变化，输入状态映象寄存器的内容也不会变化，要等到下一周期的输入处理阶段才能改变。

(4)PLC的运行方式。当处于运行工作模式时，PLC要进行内部处理、通信服务、输入处理、程序处理、输出处理，然后按上述过程循环扫描工作。在运行模式下，PLC通过反复执行反映控制要求的用户程序来实现控制功能，为了使PLC的输出及时地响应随时可能变化的输入信号，用户程序不是只执行一次，而是不断地重复执行，直至PLC停机或切换到STOP工作模式。

注：PLC的这种周而复始的循环工作方式称为扫描工作方式。

当处于停止工作模式时，PLC只进行内部处理和通信服务等内容。

PLC是采用“顺序扫描，不断循环”的方式进行工作的。即在PLC运行时，CPU根据用户按控制要求编制好并存于用户存储器中的程序，按指令步序号(或地址号)作周期性循环扫描，如无跳转指令，则从第一条指令开始逐条顺序执行用户程序，直至程序结束，然后重新返回第一条指令，开始下一轮新的扫描，在每次扫描过程中，还要完成对输入信号的采样和对输出状态的刷新等工作。PLC的一个扫描周期必经输入采样、程序执行和输出刷新三个阶段。

PLC在输入采样阶段：首先以扫描方式按顺序将所有暂存在输入锁存器中的输入端子的通断状态或输入数据读入，并将其写入各对应的输入状态寄存器中，即刷新输入，随即关闭输入端口，进入程序执行阶段。

PLC在程序执行阶段：按用户程序指令存放的先后顺序扫描执行每条指令，经相应的运算和处理后，其结果再写入输出状态寄存器中，输出状态寄存器中所有的内容随着程序的执行而改变。

输出刷新阶段：当所有指令执行完毕，输出状态寄存器的通断状态在输出刷新阶段送至输出锁存器中，并通过一定的方式(继电器、晶体管或晶闸管)输出，驱动相应输出设备工作。

(5)PLC显示。PLC显示屏主要用于连接可编程控制器PLC或具有串口通信的智能控制器的一种小型人机界面，其通过文字、指示灯、功能键等元件来监视、设定和修改 PLC 内部寄存器的数值和继电器的状态，参数设定、自定义等功能。

具有密码保护功能；具有报警列表功能，实现逐行实时显示当前报警信息；支持多种通信接口方式，RS232/RS422/RS485 均可。

(6)开机自检。开机后首先对控制系统的硬件及软件状态进行检测，一旦发现不正常就进行相应的处理。开机自检程序通常包括对 RAM、ROM、I/O 口状态等的检测。

①检测 RAM 单元。检查 RAM 读写是否正常，实际操作是向 RAM 单元写入“00H”，读出也应为“00H”，再向其写入“FFH”，读出也应为“FFH”。如果 RAM 单元读写出错，应给出 RAM 出错提示(声光提示或其他形式)，等待处理。

②检查 ROM 单元。对 ROM 单元的检测主要是检查 ROM 单元的内容的校验和。将 ROM 的内容逐一相加后得到一个数值，该值便称为校验和。ROM 单元存储的是程序、常数和表格。一旦程序编写完成，ROM 中的内容就确定了，其校验和也就是唯一的，若 ROM 校验和出错，应给出 ROM 出错提示(声光提示或其他形式)，等待处理。

③检查 I/O 口状态。首先确定系统的 I/O 口在待机时应处的状态，然后检测控制系统的 I/O 口在待机时的状态是否正常(如是否有短路或开路现象等)。若不正常，应给出出错提示(声光提示或其他形式)，等待处理。

④检测其他接口电路。除了对上述 PLC 的内部资源进行检测外，对系统中的其他接口电路，比如扩展的 EPROM、A/D 转换电路等均应通过软件进行检测，确定其是否有故障。只有各项检查均正常，程序方能继续执行，否则应提示出错。

为了提高系统运行的可靠性，使 PLC 在信号出错时能及时发现错误，并能排除错误的影响而继续工作，在程序编制中还需广泛应用软件容错技术。采用容错设计可使 PLC 控制系统即使受干扰而发生程序执行方面的错乱，也不致系统停止运行或执行错误的工作，而是使系统自动回到正常的运行状态，从而提高整个系统的稳定性和安全性。对于程序运行失常的软件对策主要是发现失常状态后及时引导系统恢复原始状态。

2.5.5.2 进口压缩机 PLC 控制系统介绍

(1)功能简介。进口压缩机 PLC 控制系统主要采用西门子 SIMATIC S7－300 PLC 系统。其处理速度 0.8～1.2ms，存储器 2k，数字量 1024 点，模拟量 128 路，网络 PROFIBUS，工业以太网，多点接口(MPI)。

SIMATIC S7－300 PLC 是模块化小型 PLC 系统，能满足中等性能要求的应用。各种单独的模块之间可进行广泛组合构成不同要求的系统。S7－300 PLC 系统采用模块化结构，具备高速(0.6～0.1μs)的指令运算速度，用浮点数运算比较有效地实现了更为复杂的算术运算，一个带标准用户接口的软件工具方便用户给所有模块进行参数赋值，方便的人机界面服务已经集成在 S7－300 操作系统内，人机对话的编程要求大大减少。SIMATIC 人机界面(HMI)从 S7－300 中取得数据，S7－300 按用户指定的刷新速度传送这些数据。S7－300 操作系统自动地处理数据的传送，CPU 的智能化的诊断系统连续监控系统的功能是否正常、记录错误和特殊系统事件(例如：超时，模块更换等等)，多级口令保护可以使用户高度、有效地保护其技术机密，防止未经允许的复制和修改。S7－300 PLC 设有操作方式选择开关，可防止非法删除或改写用户程序，并具备强大的通信功能。S7－300 PLC 可通过编程软件 Step 7 的用户界面提供通信组态功能，这使得组态非常容易、简单。S7－300 PLC 具有多种不同的通信接口，并通过多种通信处理器来连接 AS－I 总线接口和工业以太网总线系统，串行通信处理器用来连接点到点的通信系统，多点接口(MPI)集成在 CPU 中，用于同时连接编程器、PC 机、人机界面系统及其他 SIMATIC S7/M7/C7 等自动化控制系统。

(2)系统组成。

①中央处理单元。中央处理单元 CPU313C：带有集成的数字量和模拟量的输入和输出，并具有与过程相关的功能，能够满足对处理能力和响应时间要求较高的场合。CPU 运行时需要微存储卡(MMC)。PLC 控制组成模块如图 2－57 所示。

②电源单元(PS)。电源单元的外部供电为直流 24V，24V 直流电源部分主要为驱动继电器型输出单元供电。每个电源单元提供 2 个电压组供内部单元使用，其中 SV 直流电源部分主要为内部逻辑电路供电。核算控制系统的总电流消耗的原则是安装在 CPU 机架上所有单元的总电流消耗不得超过所选电源单元的每个电压组的最大电流。

图 2－57　PLC 控制组成模块图

③模式选择开关。

a. RUN－P 可编程运行模式。在此模式下，CPU 不仅可以执行用户程序，在运行的同时，还可以通过编程设备读出、修改、监控用户程序。

b. RUN 运行模式。在此模式下，CPU 执行用户程序，还可以通过编程设备读出、监控用户程序，但不能修改用户程序。

c. STOP 停机模式。在此模式下，CPU 不执行用户程序，但可以通过编程设备从 CPU 中读出或修改用户程序。在此位置拨出钥匙(如有钥匙情况)。

d. MRES 存储器清零复位。置于该位置作用时，工作存储器、用户程序和地址区被清除；全部存储器、定时器、计数器和数据块被删除；CPU 初始化硬件和系统程序参数，MPI 的参数被保留，MMC 中的用户程序和系统参数 CPU 复位后被复制到工作存储区。

④状态及故障显示。

SF：系统出错/故障显示(红色)。

BATF：电池故障(红色)。

DC5V：CPU 和 S7300 总线的电源指示(绿色)。

FRCE：至少有一个 I/O 被强制(黄色)。

RUN：重启和 HOLD 分别以 2Hz 和 0.5Hz 闪亮。

STOP：重启时亮，存储器复位闪亮。PLC 状态及故障显示如图 2-58 所示。

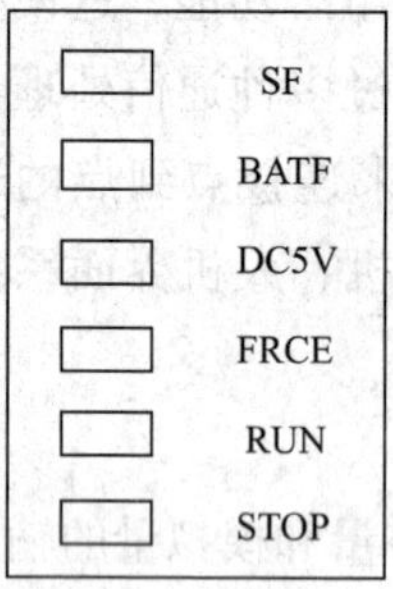

图 2-58　PLC 状态及故障显示图

(3)数字量输入/输出模块。用于将现场各种开关量信号转换为 PLC 内部处理用的数字信号。

a. DI8 × DC24V 模块：可将压缩机的油过滤器脏堵信号、强排风信号、油位信号、空压信号、压缩机运行等开关信号提供给该模块，在其内部经过数模转换，由 CPU 控制在显示器上显示。

b. DI16/DO16 × DC24V 数字量输入/输出模块：可将压缩机的空压电机、强排风过载信号，空压压力信号，低/中压力转换信号，压缩机启、停信号，主电机过载信号，水温信号，机械限压信号，各级温度信号等提供给该模块。同时 CPU 提供信号给该模块输出用于控制主电机运行，油泵、水泵、风机、提拨器、各级压力气动转换信号，指示灯信号等工作状态。

(4)SM331 模拟量输入模块(AI)。用于将现场各种模拟量传感器输出的直流电压或电流信号转换为 PLC 内部处理用的数字信号。模拟量输入模块的输入信号一般是模拟量变送器输出的标准直流电压、电流信号。SM331 也可以直接连接不带附加放大器的温度传感器(热电偶或热电阻)。

模拟量输入模块有三种型号，即 8AI * 12 位模块、2AI * 12 位模块、8AI * 16 位模块，进口压缩机一般采用的是 8AI * 12 位模块。

一个模拟量输入信号(4 ~ 20mA)在 PLC 内部转化为对应的一个数，而通常希望得到该模拟输入对应的具体的物理数值(如压力值、温度值等)或对应的物理量占量程的百分比数值等，因此就需要对模拟量输入的数值进行转换，这称为模拟量规格(SCALING)。不同的模拟量输入信号对应的数值是有差异的。

压缩机将高、中、低压力信号，各级温度信号提供给 SM331 模拟量输入模块，经过模数转换，在显示屏上实时显示。

(5)SM322 数字量输出模块(DO)。PLC 数字量输出模块 SM322 将 S7 - 300 内部信号电平转换成压缩机运行所要求的外部信号电平，用于连接电磁阀、接触器、小功率电机、灯和电机启动器等信号。

进口压缩机通过 SM322 数字量输出模块外接信号控制空压机运行，各级气动阀的先后动作，高、中、低压管线阀运行状态，以及各种状态灯指示情况。

(6)人机界面。CP341 通信处理器允许通过点对点连接在自动化设备之间或计算机之间进行数据交换。

进口压缩机应用 SIMATICOP7 人机界面显示操作面板可显示各级压力、温度、水压、润滑油压、水温、油温和可燃气体报警显示浓度值；手动开水泵、油泵、风机；可设置高、中、低压自动启机、停机压力；能报警信息显示，同时报警信号灯闪烁。压缩机控制柜内装有一个时间计数器，可以记录压缩机的运行时间并在显示屏上实时显示。

人机界面显示操作面板如图 2-59 所示。

在任何时间内，控制盘都可显示压缩机的停机状态和压缩机的工作状况，还可以在压缩机的两种功能状态间进行切换，即压缩机运行状态和压缩机维护状态，所以操作者可在压缩机工作状态下改变压缩机的功能参数，但不允许输入不正确的数据。

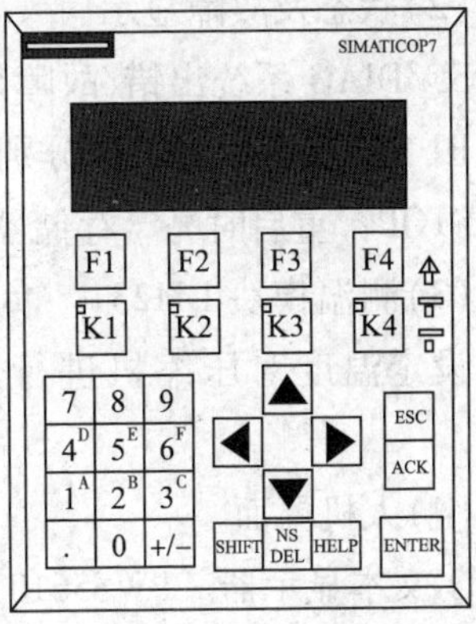

图 2-59　人机界面显示操作面板图

如果压缩机报警，电器柜将会自动控制压缩机停机，并显示相关的报警。信息闪烁的报警信息将自动出现在显示屏上，同时报警信号灯闪烁，这时必须按电器柜上“ACK”键对显示的报警信息进行确认。这时报警信息将停止闪烁，按“ESC”键退出报警显示并返回压缩机工作页面。如果不能退出报警显示页面，压缩机报警信息将持续闪烁，说明压缩机报警仍然存在。

如果压缩机在运行过程中几个报警同时发生，电器柜将显示第一个报警信息，待第一个报警信息显示完成后，按↓键可查看其他的报警信息。

2.5.5.3　国产压缩机 PLC 控制系统介绍

(1)PLC 系统介绍。国产压缩机一般采用西门子 S7-200 PLC 系统，由中央处理单元(CPU)、电源以及数字量输入输出单元(CPU 具有一定数量的本机 I/O)组成。这些都被紧凑地安装在一个独立的装置中。在同一模块上，输入输出电路类型的组合是多种多样的，用户可根据控制需求选用，基本单元可以构成一个独立的控制系统。控制点数不符合需要时，可再接扩展单元。S7-200 AC/DC/继电器模块如图 2-60 所示。

图 2-60　S7-200 AC/DC/继电器模块图

S7－200 PLC 作为主控制器，将现场各种模拟量信号(压力、温度信号等)由变送器转换为4～20mA 的电流信号，经 PLC 的 A/D 采集模块，送入 CPU 处理。CPU 对实时信号和设定值进行比较，并作相应报警处理。同时监控并处理整个压缩机控制流程，触摸屏用于参数设置、实时信号显示以及故障报警显示等。

(2)状态及故障显示。

SF/DIAG 系统出错/故障显示(红色)。

RUN：重启和 HOLD 分别以 2Hz 和 0.5Hz 闪亮(绿色)。

STOP：重启时亮，存储器复位闪亮(黄色)。

(3)测温模块 EM231。负责采集温度信号，可直接连接 PT100 温度传感器，实现根据设定温度对压缩机进行加卸载控制。同时将各级的温度信号传输给 PLC 处理显示。

(4)人机界面。

①文本显示器。PWS5610T－S 文本显示器与 S7－200 连接，在显示屏上可查看、监控和改变应用程序中的过程变量。

国产压缩机在显示屏上可显示实时数据(显示各级压力，油压、水压，各级排污状态)，状态显示，参数设置(包括报警值在线设置)，变送器量程设置，手动控制，故障显示查询。由于采用了 PLC，电气控制系统接线简洁，故障率低，便于维护。

②实时数据。显示现场压力、温度实际值。

③状态指示。显示各电机、电磁阀运行状态。

④用户参数设置。设置压力、温度上下限报警值以及各时间设置。

⑤手动控制。通过触摸按键对各电机、电磁阀单独手动控制，同时可观察各实际压力、温度值。

⑥量程设置。设置压力、温度变送器量程最大值。

⑦故障查询。显示故障信息。

⑧系统参数。包括触摸屏亮度调整、背光设置以及密码管理等(需输入正确密码方能进入)。

2.5.6 润滑油的管理

加气站润滑油是指动转设备所使用的油品，主要包括：压缩机油、液压油和润滑脂。其作用是润滑部件、传递能量、控制摩擦、减少磨损、降低温度、防锈、防腐、冷却等，正确使用润滑油能延长设备的使用寿命。

2.5.6.1 润滑油采购管理

加气站润滑油原则上统一计划、采购、分发。加气站润滑油的供应商原则上选择长期合作并具有良好信誉的单位。采购的润滑油应有厂方提供的产品合格证、品牌及型号等。

2.5.6.2　润滑油存储管理

加气站应指定专门的房间或地点存放润滑油，其存放处应具备防雨、防晒、防尘、防火、防爆、清洁、干燥、通风等条件，并有消防设施和防火标志。润滑油和废油应分别放置，并挂牌区分，定期核对盘点。

2.5.6.3　润滑油使用管理

按设备操作说明书确定润滑油类别、型号、油位、更换周期。压缩机油和液压油应过滤使用并定期化验。润滑脂使用时无需过滤和化验。添加的润滑油与油箱原有的润滑油型号一致。设备在运转过程中不得添加或排放润滑油。油耗不应高于设备操作说明书规定的标准。

(1)润滑油添加管理。

①压缩机油添加管理：油面下降到油箱视窗的低液位时，及时添加润滑油。油箱视窗无明显刻度的，油位应保持在油箱视窗的1/2～2/3处。

②液压油加油管理：油面下降到下液位时，及时添加液压油，当油面超过高液位时，放出多余的油，放至上液位。补油和放油都应查明原因。

③润滑脂添加管理：电机轴承部位每2个月加注1次润滑脂或按操作说明书规定的周期添加。

(2)润滑油更换管理。有下列情况之一，必须更换润滑油：一是达到设备使用说明书规定的更换周期；二是油箱内润滑油有乳化、变色等异常情况；三是化验结果发现油品不合格。

换油时，将原有的润滑油排放完毕，应彻底清理油箱、油路，更换或清洗过滤器。

2.5.6.4　停用设备的润滑油管理

停用的机械式压缩机里的油和液压式压缩机里的液压油要保持正常油位，定期启动油泵。重新启用时，根据油品化验报告判断是否换油。

2.5.6.5　废油处置管理

废油由加气站收集并统一由具有危险废物处理资质的单位处理，不得随意倾倒或排入下水道。

2.5.6.6　润滑油用具管理

润滑油用具是指添加、更换润滑油时使用的器具，包括过滤器、油壶、油杯、油桶、手摇泵、油管、注油枪等。润滑油用具应有专人管理，保证器具完好、清洁。滤网实行专油专用，定期清洗。所用滤网可采用80目及以上型号。

2.6　储气系统

加气站的储气系统涉及缓冲罐、储气瓶组、储气井等压力容器，所以储气系统设备的管理首先应该满足压力容器管理的相关规定。

2.6.1 压力容器简介

压力容器，是指盛装气体或者液体，承载一定压力的密闭设备，其范围规定为最高工作压力大于或者等于0.1MPa(表压)的气体、液化气体和最高工作温度高于或者等于标准沸点的液体、容积大于或者等于30L且内直径(非圆形截面指截面内边界最大几何尺寸)大于或者等于150mm的固定式容器和移动式容器；盛装公称工作压力大于或者等于0.2MPa(表压)，且压力与容积的乘积大于或者等于1.0MPa·L的气体、液化气体和标准沸点等于或者低于60℃液体气瓶；氧舱。

2.6.2 储气系统分类

储气系统通常可分为站用储气系统和车载储气瓶组。下面分别进行介绍。

2.6.2.1 站用储气系统

(1)储气罐。储气罐是指专门用来储存气体的设备，同时起稳定系统压力的作用，根据储气罐的承受压力不同可以分为高压储气罐、低压储气罐、常压储气罐。储气罐按照材质分为碳素钢储气罐、低合金钢储气罐、不锈钢储气罐。按照压力分为低压储气罐、中压储气罐、高压储气罐。储气罐(压力容器)一般由筒体、封头、法兰、接管、密封元件和支座等零件和部件组成，如图2-61所示。此外，还配有安全装置、表计及完成不同生产工艺作用的内件。其中，CNG储气罐属于高压储气罐。

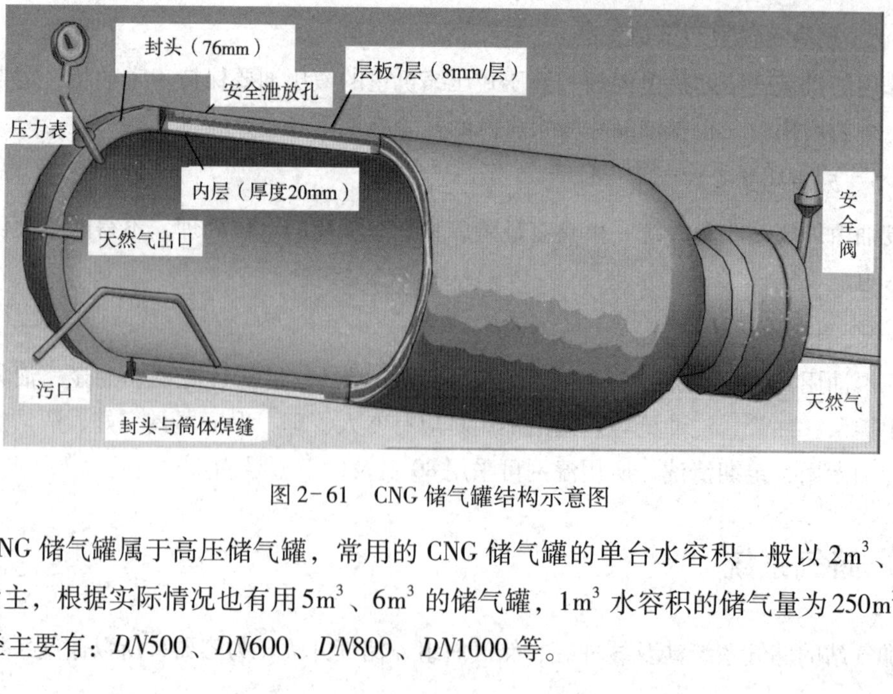

图2-61 CNG储气罐结构示意图

CNG储气罐属于高压储气罐，常用的CNG储气罐的单台水容积一般以2m^3、3m^3、4m^3为主，根据实际情况也有用5m^3、6m^3的储气罐，1m^3水容积的储气量为250m^3。筒体内径主要有：*DN*500、*DN*600、*DN*800、*DN*1000等。

主体材质：

筒体：采用高强度、高韧性的Q315R，在高寒地区采用Q345R。

法兰：采用16Mn。

高压紧固件：采用35CrMoA。

安装方式：

CNG储气罐的安装方式主要有：卧式、立式、地坑式、重叠式。如图2-60～图2-65所示。

图2-62　卧式CNG储气罐

图2-63　立式CNG储气罐

图2-64　地坑式CNG储气罐

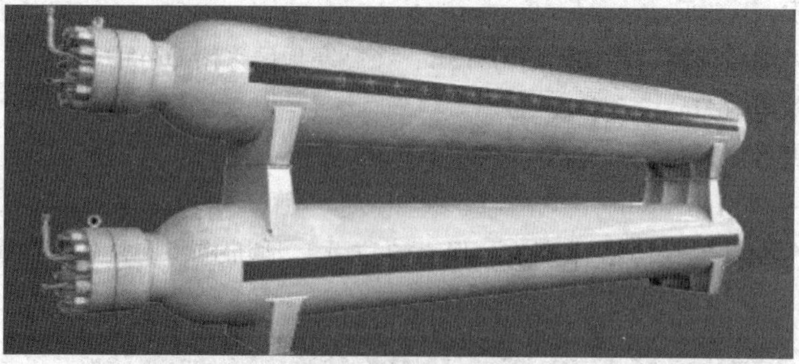

图 2-65　重叠式 CNG 储气罐

(2)储气瓶组。储气瓶组是将若干个同一规格的储气瓶逻辑上分为高、中、低三组卧式布置，独立固定在支架上。

小容积储气瓶组限宽为一个储气瓶长度，限高 1.6m，限长 5.5m，同组储气瓶之间净距不应小于 0.03m，储气瓶组间距不应小于 1.5m，每组储气瓶的总容积(水容积，以下同)不宜大于 $4m^3$，且瓶数不宜多于 60 个。钢瓶材质是用无缝优质或具有防火功能的树脂纤维，生产厂家必须通过国家认证的 ASME 压力容器生产许可证，钢瓶的生产和使用应符合劳动部颁发的《压力容器安全监察规程》，目前我国加气站已经很少采用该类小容积储气瓶组，如图 2-66 所示。

图 2-66　并联小储气瓶组

近年来加气站储气瓶组大多采用单瓶水容积约在 1300～1500L 的专用压缩天然气加气站地面储气无缝压力容器。多数加气站只需设置 3～6 个即满足要求。这种容器多数是直接三个一组固定在一个支架上，现场安装极为方便、迅速，目前国内外均有生产。这种容器一般是按 ASME 第Ⅷ章第 1 节压缩气体地面存储设计标准设计，安全系数为 3，容器壁厚比同等 DOT 瓶壁厚高出 39%，作为地面存储专用。容器上有排污口，便于排污。运行过程中，只需定期进行外观检查和壁厚检测，无需拆除连接件进行其他检测，运行维护费用低。占用场地小，一般约为 5～7m^2，可露天放置。整体结构坚固、刚性好，能更好地承受冲击载荷及地震波动。容器数量少，接头少，管线尺寸大，流动阻力较小，如图 2-67 所示。

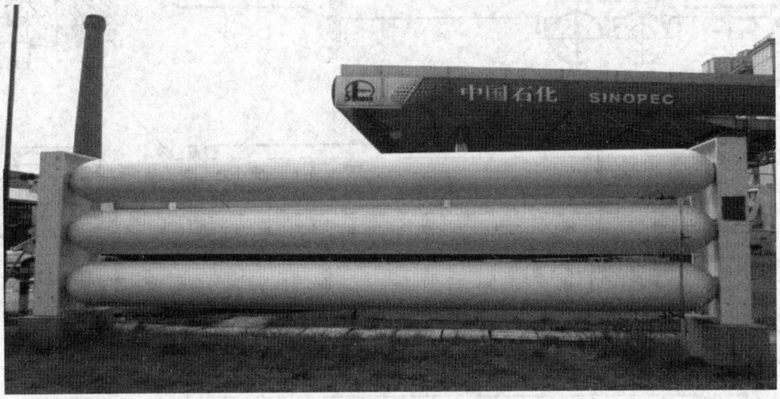

图 2-67　常用 CNG 储气瓶组

（3）储气井。储气井即地下储气井，是采用钻井技术，在地面上钻一个约为 80～200m 的井，然后用直径 18cm 的套管通过管端的扁梯形螺纹和管箍接头连接在一起，两头再各安装一个封头，形成一个细长的容器，放至井中，然后在套管外围与井壁之间灌入水泥砂浆进行固井，便形成了一个地下储气井。根据加气站的容积需要，可以灵活决定储气井的深度和数量，每口井的间距大约 1～1.5m。

储气井根据井深决定井筒和管箍接头的数量，下封头置于井底，上封头上开有排污口和进排气口，排污口下部接有一根排污管通直井底，有些储气井为了结构简化还将进排气口合二为一。储气井上部大约高出地面 30～50cm，每根套管的长度为 10m。套管与管箍接头的连接螺纹处采用能承受 70MPa 的耐高压专用密封脂进行密封，如图 2-68 所示。

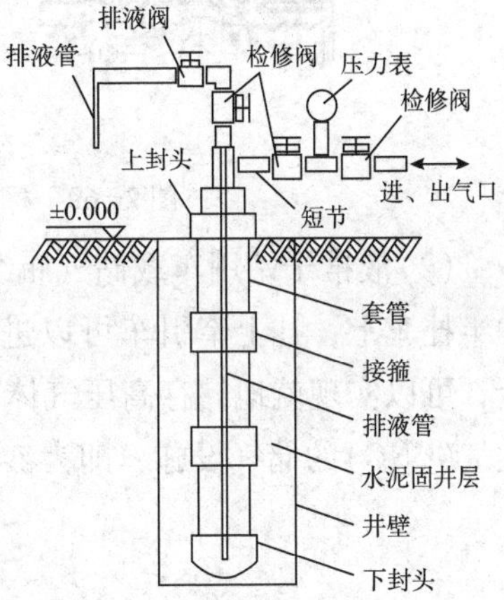

图 2-68　储气井示意图

2.6.2.2　车载储气瓶组

（1）标准子站用车载储气瓶组。将大容积钢质无缝气瓶成束装配到有底梁或无底梁的半挂车上，挂上牵引车可以进行高压气体的运输，摘下牵引车通过支腿支撑在地面上，可以实现就地储存高压气体，并通过压缩机增压向 CNG 子站供气（CNG）的储气设施，即为标准子站用车载储气瓶组，也可称为管束。装载车载储气瓶组的半挂车也被称为拖车或槽车。

按标准子站用车载储气瓶组的长管拖车型式分为固定框架式、有底梁式和无底梁式，如图 2-69 所示。

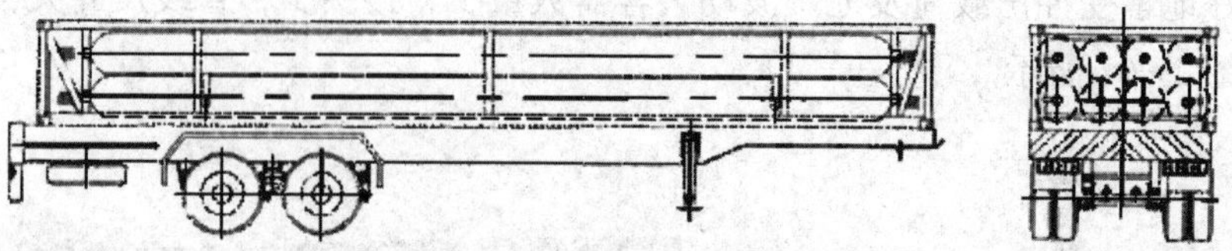

框架式管束结构

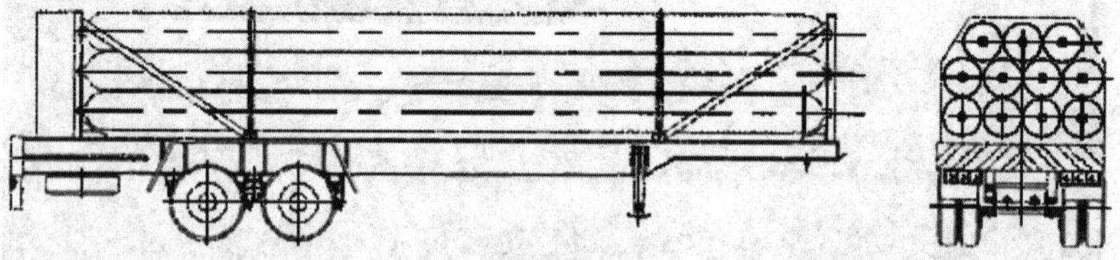

底梁式管束结构

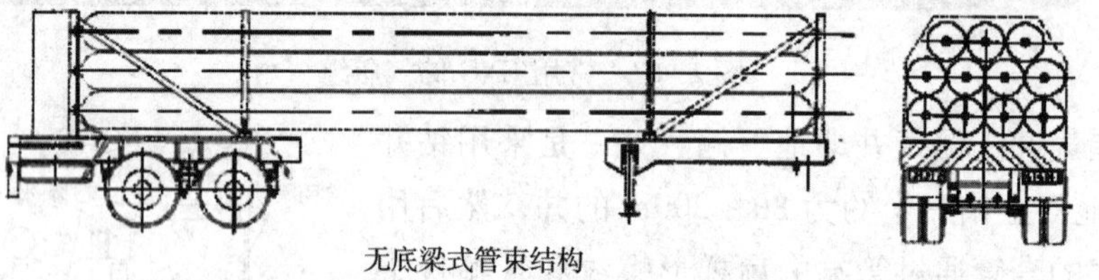

无底梁式管束结构

图 2-69　标准子站用车载储气瓶组的长管拖车型式

(2)液推子站用车载储气瓶组。将大容积钢质无缝气瓶成束装配到有底梁或无底梁的半挂车上，挂上牵引车可以进行高压气体的运输，摘下牵引车通过支腿支撑在地面上，可以实现就地储存高压气体，并通过液压系统采用液压油顶推的方式向 CNG 子站供气(CNG)的储气设施，即为液推子站用车载储气瓶组，如图 2-70 所示。

图 2-70　液推子站用车载储气瓶组的长管拖车示意图

拖车主要由车载储气瓶组、拖车底盘组成。

储运 CNG 用的集装管束由以下部分组成：①钢瓶；②气动控制阀门、管件、高压管件系统等。

拖车底盘：40 英尺(≈12.2m)骨架式半挂车底盘是运输 40 英尺标准集装箱的专用底盘。

2.6.3 储气系统操作

储气系统操作主要包括站用储气系统的操作和车载储气瓶组的操作。而站用储气系统的储气与供气则是储气罐、储气瓶组或储气井通过顺序控制盘对 CNG 实现储存和供气。

2.6.3.1 站用储气系统

排污操作：快速打开排污球阀，排出 CNG 储气装置底部油污和水，快速关闭排污球阀，排污球阀每次开启时间不宜超过 3s。

2.6.3.2 CNG 储气装置常见故障的处置

储气瓶爆破片破裂：关闭同组其他气瓶瓶口阀，待储气瓶内气体放空后更换爆破片。

安全阀、压力表损坏：先关闭安全阀、压力表前阀门，再放空安全阀、压力表与阀门段压缩天然气，更换安全阀、压力表。

排污球阀、放空阀漏气：必须将球阀前后高压天然气放尽后方可更换、维修。

2.6.3.3 注意事项

排污、放空不能选择在有雾天气，否则排除天然气在有雾的空气中不易散开，容易引起事故。

CNG 储气装置的附件拆装、维修等作业，禁止带压操作。

2.6.3.4 顺序控制盘

CNG 加气站为了提高储气瓶库的取气率，降低压缩机的启动、停车次数，即为了让储气瓶井能在保证汽车加足压力(20MPa)的前提下加更多的汽车，采用优先顺序控制调节。目前，国内一般是将储气瓶井分为高压、中压、低压三组。优先顺序控制盘的作用就是将压缩机增压后的高压天然气通过多个阀门的控制将高压天然气输向所需的储气瓶井。常见的优先顺序控制盘有手动和自动两种。

2.6.3.5 手动顺序盘操作步骤

手动顺序控制盘操作应注意的要点是在压缩机运转时必须保证至少有一路处于开启状态，绝不允许同时处于关闭状态。手动顺序控制盘具体操作方法并没有一个固定标准，且各 CNG 加气站顺序盘设计又不统一。现以减少顺序控制盘阀门开闭次数为目的，推荐一种操作方法。当高压瓶库压力低于 22MPa 时就需重新开启压缩机。

启动压缩机前检查顺序控制盘至少一路处于通路状态，一般是高压瓶库。

开启压缩机后高压瓶井的压力会缓慢上升，当达到或接近25MPa时，开启中压瓶井(不必关闭高压，因单向阀的作用，高压瓶井的天然气不会流向中压瓶库，若无单向阀则应在开启中压瓶井后立即关闭高压瓶井阀门)。此时中压瓶井的压力会缓慢上升，但因同时在售气，高压瓶井内的天然气又会降低，当高压瓶井内的压力低于22MPa时则应再次向高压瓶井充气。有单向阀而没有关闭高压阀门的顺序盘只需关闭中压阀门即可，而无单向阀关闭了高压阀门的顺序盘则需要开启高压阀门后关闭中压阀门。当高压瓶井压力达到或接近25MPa时再转向中压瓶井充气。当中压瓶井压力达到或接近25MPa而高压瓶井不低于22MPa时转向低压瓶井充气。同理，在转换阀门时不允许所有阀门瞬间同时关闭。同时，在向低压瓶井充气时应保证高压、中压瓶井压力不低于22MPa，低于22MPa应再次转向高压或中压瓶井充气。当高、中、低压瓶井的压力均高于22MPa时，可将顺序控制盘的三路阀门全部打开。而不论是否有单向阀，当三级储气瓶井压力同步升高达到25MPa时停机。对于无单向阀的顺序控制盘停机后应关闭中、低压阀门，防止高压瓶井的压力通过顺序控制盘与中、低压瓶井同步降低。对于有单向阀的顺序控制盘也可如此操作，为下一次启机做好准备工作。从上面的操作方法、步骤可以看出，单向阀的作用就是能减少顺序控制盘上阀门的操作次数，延长阀门使用寿命，减轻工人劳动强度。

2.6.3.6　*自动顺序盘调整方法*

从上面的叙述可看到，每一次从开启到停止压缩机需要反复多次操作手动顺序盘的各阀门，而且还需要操作者实时观察高、中、低三级瓶库的压力，十分麻烦。为了降低操作者的劳动强度，机械式自动顺序盘就应运而生了。它能够无需人工操作而完成手动顺序盘的全部功能。

对于自动顺序盘因为无需人工操作，需要掌握的仅是调整设定各自动顺序阀的开启压力及维护保养自动顺序盘的机械式顺序阀，较之手动顺序盘具有较高的推广价值。

经过一段时间的使用后，自动顺序盘的某一个或几个自动顺序阀的开启压力会改变，当变化超过±1MPa时应进行调整。当几个顺序阀需要调整时，调整的顺序是先调整在气路上远离压缩机的顺序阀。调整的方法用内六方扳手旋转顺序阀尾部的调整螺塞。顺时针旋进螺塞开启压力升高，反之压力降低。一次旋转不要超过1/2转，一般每次调整1/4~1/3转较合适，待观察确认调整后的压力后再调整。当压缩机工作自动顺序盘正在向低压瓶井充气而此时低压瓶井的压力低于22MPa时，中压瓶井的压力就是低压自动顺序阀的开启压力，应调整为22MPa。注意调整后要过一段时间反复观察，因为调整前当中压瓶井压力高于22MPa时，只有当中压瓶井的天然气被卖掉或放空，压力才会降低。而当调整前压力低于22MPa时，调整后压缩机停止向低压瓶井充气转而向中压瓶井充气，中压瓶井压力才会缓慢升高。只有当再转向低压瓶井充气时，中压瓶井的压力才是该顺序阀调整后的开启压力。同理，当自动顺序盘向中压瓶井充气，而中压瓶井低压为22MPa时，高压瓶井的压力就是中压顺序阀的开启压力。当自动顺序盘正向高压瓶井充气而高压瓶井压力低于22MPa时，快充压力或压缩机出口压力即是高压顺序阀开启压力。

2.6.4　储气系统维护保养

储气系统的维护保养主要包括储气瓶井、顺序控制盘的日常维护保养和定期检验检测。

储气瓶井在日常外观检查的基础上，按规定进行定期检测和年检。

储气瓶井安全附件(安全阀、压力表、爆破片等)按规定进行定期检测。

储气瓶井外壁、法兰盘、连接管线、连接螺栓等根据实际情况不定期进行防腐保养(外表面刷漆、螺栓打黄油等)。

顺序控制盘安全附件(安全阀、压力表等)按规定进行定期检测。

顺序控制盘顺序阀内阀芯上的O形橡胶密封环(O形圈)等易损件，根据是否泄漏及时更换。

2.7　加(卸)气装置

CNG加气站的加气装置是CNG加气站天然气经过的最后装置。它担负了销售计量的工作和按一定规律从高中低压储气瓶或储气井取气的工作。

2.7.1　加气机(柱)工作原理

压缩天然气经过输送管道进入加气机，依次流经气体过滤器、控制阀、单向阀、质量流量计、应急球阀(二位二通球阀)、拉断阀、高压软管、枪阀(二位三通球阀)、加气枪，最后流入被充气汽车的气瓶。在这个过程中质量流量计测出流经加气机的气体的质量，传送到加气机电脑控制部分，电脑经计算得出相应的体积(质量)、金额，并由加气机的显示屏显示给用户，从而完成一次加气过程，如图2-71所示。

在这个过程中，电脑对控制阀的顺序控制直接影响到加气的速度。由于国内加气站一般有高、中、低三个储气瓶组，相应就有高、中、低三条管线接入加气机，合理地配置加气机三个瓶组的取气比例，不但可以加快加气速度，而且可以充分利用三个瓶组中的天然气，减少压缩机的频繁启动，节约电能并延长压缩机的使用寿命。

为了安全起见，规定汽车车瓶压力一般不超过20MPa，为了实现对最终车瓶压力的控制，在加气机内一般都设有压力传感器，电脑控制器通过压力传感器全程监控加气压力，并通过控制阀使车瓶最终压力准确达到20MPa左右。

整个加气过程如图2-72所示。

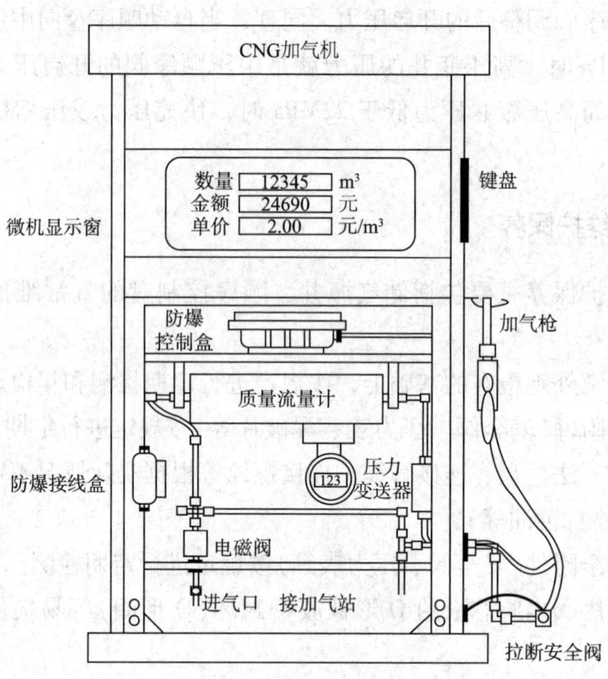

图 2-71　典型加气机结构

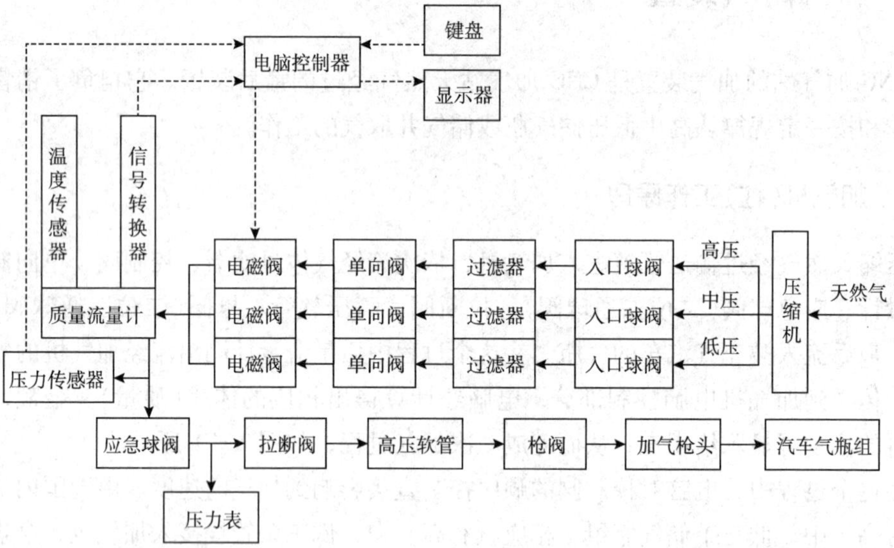

图 2-72　加气机工艺流程图

2.7.2　加气机(柱)操作

(1)非定量加气。将加气枪插入汽车气瓶接口中，打开气瓶上的阀和枪阀，按加气机键盘上的加气键即可加气(IC 卡加气机需要先插入合法的 IC 卡)，当气瓶压力达到 20MPa 时加气机自动停止加气，也可按键盘上停止键手动结束加气。

(2)定量加气。首先通过键盘设定需加的气量(m^3 或 kg)或金额，然后按加气键开始加气(IC 卡加气机需要先插入合法的 IC 卡)，当达到设定值时自动结束加气。

(3)操作步骤。

①从加气机枪盒上取下加气枪，注意让枪阀手柄箭头指向与“开”“关”垂直的方向，将加气枪头插入汽车气瓶上的加气接口，可靠连接。

②打开汽车气瓶上的阀。

③旋转枪阀上的手柄，让其箭头指向“开”的方向，此时可从加气机上的压力表读出汽车车瓶的底压。

④按键盘上的加气键开始加气(IC 卡加气机需要先插入合法的 IC 卡)。

⑤加气完成后电脑控制器的蜂鸣器会连续鸣叫三声自动停止加气，也可按停止键手动停止加气。

⑥关闭汽车气瓶上的阀。

⑦将枪阀手柄旋转至箭头指向“关”的方向，排除枪阀至汽车气瓶之间软管中的高压气体。

(4)从汽车上取下加气枪放回加气机枪盒内，结束加气。

(5)日常维护。保持加气机的清洁，对外壳及各部件上聚集的灰尘、污垢等应定期清除。

定期检查加气机的管道连接处有无渗漏，可用肥皂水喷洒在各接头处，观察肥皂水有无起泡，检查完后应用棉纱或毛巾等擦拭干净；或用专用检漏仪器测试。

定期清洗过滤器，在加气机初装时，清洗的间隔时间应短一些，建议每天清洗。使用三个月后，间隔时间可延长。

每天加气机停止使用时，应排空高压软管中的气体，防止软管长期处于受压状态，可以有效延长软管寿命。

应每天检测压缩天然气的含水量(即露点)，应达到国家对压缩天然气的气质要求。

在拆卸、清洗时，应先关闭加气机进气口球阀，排空加气机管道内的气体。

当使用自备发电机给加气机提供电源时，在启动发电机前，必须先切断加气机的电源，以避免发电机启动时的峰值电压损毁加气机电气部分，待发电机供电平稳后，方可接入加气机。

在维修、拆卸电气部件时，必须切断加气机的电源。

(6)紧急处理。拉断阀拉脱时，先关闭加气机的紧急关闭球阀，再关闭汽车气瓶阀，排空拉断阀两侧管道的气体，检查各部件有无损坏，重新连接好拉断阀。打开进气缓慢提升压力，并注意观察各处管道有无渗漏，当压力达到最大值后，关闭进气，保持压力至少 5min，无异常情况后，加气机才能继续使用。为了安全，建议更换高压软管和加气枪。

加气过程中加气枪密封圈损坏时，气体会从加气枪和车瓶处大量涌出，加气操作工不用惊慌，应迅速关闭枪阀和车瓶阀，换上新的密封圈后，重新加气。

2.7.3 加气机(柱)的故障判断与处理

(1)电脑控制器。是加气机的数据处理中心，将质量流量计传入的信息经过转换、处理、计算得出各种加气数据，如加气体积(质量)、金额等；通过电脑控制器也可设置单价、密度、压力等控制参数；还可以保存各次加气数据，并提供累计、查询、远程通信接口等数据管理功能。常见故障处理方法见表2-8。

表2-8 通用CNG加气机电控系统常见故障及处理方法

序号	故障现象	故障原因	故障排除
1	键盘板液晶屏不显示	无电源输入	维修、更换电源
		排线松动或断线	检查排线
		主板故障	维修、更换主板
		环境温度变化	调节可调电阻值
		键盘液晶故障	更换键盘
2	显示板不显示、乱码	无电源输入	维修更换电源
		排线松动或断线	检查排线和接插件
		主板故障	维修更换主板
		显示板故障	更换显示板
3	加气压力不足或超压	电源12V供电不正常	维修更换电源板
		传感器类型跳线设置错误	正确设置跳线X2
		无压力变送器信号	检查压力变送器接线
		压力变送器管道堵塞	清理压力变送器内的污物
		限压值设定不准确	调整限压值
		压力变送器损坏	更换压力变送器
		主板故障	维修、更换主板
4	按键失灵	无电源输入	检查电源及排线
		主板故障	检查主板及插件
		键盘损坏	更换键盘
5	计量偏差或不计量	主板参数设置错误	正确设置参数
		主板DC12V电源不正常	维修更换电源板
		主板故障	更换主板
		流量计故障	参见流量计
		电源FU6保险管烧毁	更换保险管

续表

序号	故障现象	故障原因	故障排除
6	加气过程中自动复位	主板5V电压不正常	维修更换电源板
		主板故障	更换主板
7	不传数据	上位机软件异常	重装上位机软件
		枪号设置错误	重设加气机枪号
		网线松动或断线	检查网线是否接牢固
		主板故障	更换主板
		软件通信端口设置错误	重新设置
		232/485 转接板损坏	更换转接板
		拨码开关第三、四位不对	重新设置拨码开关（设置方法见附件：拨码开关设置定义图）
		加密板未设置为正常工作模式	重新设置加密板工作模式为“运行”状态
8	显示板无背光	跳线 X8、X9 插错	重新插 X8、X9（X8、X9 插在 1－2 脚为 RS485；在 2－3 脚为 RS422）
		主板背光 DC12V 电压不正常	维修更换电源板
9	不能刷卡	天线或天线板损坏	更换天线或天线板
		主板故障	更换主板
10	键盘液晶显示“存储异常”	存储模块损坏	更换存储模块
11	系统不运行	电源不正常	保证 AC220V50HZ 电源供电
		跳线 X11、X12 插错	重插跳线（X12 插上跳线，X11 不插）
		主板故障	更换主板
12	系统时间异常	网络不通	接通网络
		电池 BT2 故障或跳线 X0 插错	更换电池或重插跳线，然后手动设置时间
13	参数设置不能保存	参数具有防更改功能和旧的系统参数不能兼容	对参数初始化后进行格式化
14	打印机电源 5V 电压工作不稳	打印机电源模块损坏	更换打印机电源模块
15	启动时在键盘板上显示“请等待…连接流量计后启动”	流量计供电不正常 MODBUS 数据信号衰减	更换隔离板将隔离板上流量计的输入端与输出端短接起来（注意 A 接 A，B 接 B）
16	电源板所有输出电压不正常	供电电压较低	电源板供电电压满足 220V ±20%
		接触不良	

续表

序号	故障现象	故障原因	故障排除
17	电源板主5V没有输出电压，DC12V输出正常，掉电后又能继续工作	可控硅触发保护	AC220V进线的火线与零线接线正确，良好接地
			将CY1(电容)去掉，再上电
18	电源板5V没有输出电压	稳压芯片损坏	更换电源板
19	主板提阀电磁阀没有响应	电源继电器损坏	更换电源板
		电源继电器控制芯片坏	
20	电源两组12V和主5V没有电压输出	高频变压器损坏	更换电源板
		开关芯片损坏	
		E3、E4在高频工作异常	

(2)入口球阀。在加气机需要维护或检修时可以方便地切断加气机的气源，不影响加气站其他加气机的正常使用。

(3)过滤器。过滤天然气中的杂质，保持流入加气机和车瓶中天然气的清洁，可以有效保护加气机内各种阀门的密封件，提高阀门的可靠性并延长其使用寿命。常见故障处理方法如表2-9所示。

表2-9　过滤器常见故障及处理方法

序号	故障现象	故障原因	故障排除
1	外漏	O形圈损坏	更换相应位置的O形圈
2	电磁阀、枪阀频繁故障	滤芯损坏	更换滤芯
3	针形阀关不严	金属杂质压坏针形阀处密封端面	更换针形阀，更换后还关不严就更换整个过滤器
日常保养方法			
过滤器应每周在线排污一次，新安装的加气机或气质差的加气站应两天在线排污一次。每半年需将滤芯取出清洗检查一次。滤芯正常使用寿命为两年，使用两年后应及时更换过滤器滤芯			

(4)控制阀是实现加气过程三压力自动切换的执行机构，在控制阀接到电脑控制器的指令后，可以接通或断开每段气源。控制阀可以是气动控制阀，也可以是高压电磁阀，三组控制阀可以是单独的，也可以是集成式的，不同的加气机厂家可能选择不同的配置。常见故障处理方法见表2-9、表2-10。

表 2-10 电磁阀常见故障及处理方法

序号	故障现象	故障原因	故障排除
1	电磁阀内漏	油污、杂质堵塞	清洗主阀芯、副阀芯及先导孔
		主阀芯损坏(有可能是过滤器滤芯损坏)	更换主阀芯(检查过滤器滤芯)
		主阀芯与排气孔不同心	更换主阀芯
		主阀芯被卡死	对密封环做适当的调整或更换为O形圈
		主阀弹簧断裂	更换主阀弹簧
		阀针偏心	更换阀针和副阀芯
		先导孔偏心	更换阀座或主阀芯
		先导孔有毛刺或阀针锥度表面光洁度较差	去掉先导孔的毛刺，更换光洁度好的阀针
		副阀芯被卡死	更换新的副阀芯
2	电磁阀外漏	O形圈损坏	更换O形圈
3	电磁阀打不开	先导孔被堵	清洗先导孔
		气体中存在的油污和水较重，导致主、副阀的开启不一致	(1)排掉过滤器里的油污 (2)清洗重装电磁阀
		线圈烧坏	更换电磁阀线圈
		供电不正常	检查电源板
		主阀芯弹簧或副阀芯弹簧被卡死	更换弹簧
		冰堵：试压时未将管路中的水吹净；天然气中水分含量高	先将相应管道加热，然后排除管路中的水，最后检查电磁阀前端的管路脱水装置是否正常工作
		密封环与螺塞的配合不当	更换密封环、调整配合间隙
4	压差大时打不开	主阀芯严重变形	更换主阀芯
5	爆圈	螺塞的压紧力度不够	更换密封圈增加拧紧力度
日常保养方法			
主阀芯为电磁阀易损件，正常使用寿命为1年。增加过滤器的排污频率，减少进入电磁阀的杂质、油污能大幅降低电磁阀的维修率			

(5)气动球阀。气动球阀常见故障及处理方法见表2-11。

表 2-11 气动球阀常见故障及处理方法

序号	故障现象	故障原因	故障排除
1	球阀打不开	电源故障	按电磁阀规格接通电源
		气源故障	将气源调至 0.6～0.8MPa 之间
		电磁阀坏	更换电磁阀或整套气动阀
		执行器或球阀损坏	更换气动阀
2	球阀外漏		更换气动阀
3	球阀内漏		更换气动阀

(6)单向阀。确保在加气过程中气体只朝一个方向流动，防止三条进气管线串气，有部分加气机的单向阀与控制阀集成在一体。常见故障处理方法见表 2-12。

表 2-12 单向阀常见故障及处理方法

序号	故障现象	故障原因	故障排除
1	不能止回	阀芯损坏	更换单向阀
2	外漏	阀体与外壳没有装紧	将其拧紧
		阀体与外壳间采用 O 形圈密封，其 O 形圈已损坏	更换 O 形圈
		其他原因	更换单向阀
3	加气时发出异响	单向阀的弹簧弹力过强或其他原因	更换单向阀

(7)质量流量计。是加气机的计量核心机构，质量流量计的质量传感器检测流经加气机的气体的质量、密度等参数，并经过其自带的变送器转换成电流信号或脉冲信号输出，或由核心处理模块输出信号。由于它一般采用科里奥利质量原理、内置温度传感器，且无可移动部件，所以有较高的测量精度和较长的使用寿命。常见故障处理方法见表 2-13。

表 2-13 流量计常见故障及处理方法

序号	故障现象	故障原因	故障排除
1	不计量	流量计供电不正常	检查供电线路及电源板
		通信不正常	检查信号线 检查隔离板
		设置不正确	检查计数方式 检查当量设置 检查小流量切断数值 检查计量单位设置
		加气机主板工作异常	检查主板 DC12V 供电 维修或更换主板
		流量计损坏	更换

续表

序号	故障现象	故障原因	故障排除
	计量不准确	零飘	清零
		流量计内部污垢过多	先清洗、再清零
		存在安装应力	去掉安装应力
		流量计的传感器故障	使用流量计设置软件检测流量计是否出现报警信号，出现报警应更换流量计
		电磁阀关不严	维修电磁阀
		外界振动	排除振动

(8)压力传感器。在加气过程中检测加气机出口的压力，并将压力参数传递给电脑控制器，以实现压力控制，保证加气安全。常见故障处理方法见表2-14。

表2-14 压力传感器常见故障及处理方法

序号	故障现象	故障原因	故障排除
1	精度差	供电不正常	检查变送器线路及主板是否损坏，出现损坏应更换相应配件
		管路堵塞	清洗管道及压力变送器内部的油污和杂质
		测量精度降低	更换
2	无法检测压力	损坏	更换
日常保养方法			
压力变送器每年应按国家规定送检			

(9)压力表。一般设在加气机出口附近，全过程显示加气的实时压力，可以让用户直观地观察到当前压力值。

压力表出现漏油、表面有机玻璃凸出或破裂、指针损坏或不灵敏、精度误差过大、不回零(无压力时指针不能指到0MPa处)等现象时现场无法维修，应更换新的压力表。

(10)应急球阀。一般都设在加气机靠近出口、操作者便于操控处，当出现软管破损、三通枪阀失效等紧急情况时，可以用它迅速地断开加气机与汽车气瓶的连接。

(11)拉断阀。加气机的安全保护装置之一，在加气枪未与汽车脱开以前，如果汽车意外开动，拉断阀会被动脱开，同时脱开的两端带有单向阀，气体不会泄漏；由于拉断力控制在400~600N之间，拉断阀的脱开不会影响加气机的整体安全。常见故障处理方法见表2-15。

表 2-15　拉断阀常见故障及处理方法

<table>
<tr><th>序号</th><th>故障现象</th><th>故障原因</th><th>故障排除</th></tr>
<tr><td rowspan="2">1</td><td rowspan="2">拉断阀进气端漏气</td><td>“O 形圈 2”、“O 形圈 3”被腐蚀或变形</td><td>更换 O 形圈</td></tr>
<tr><td>“O 形圈 1”被腐蚀或变形</td><td>更换 O 形圈</td></tr>
<tr><td>2</td><td>拉断阀出气端漏气</td><td>“O 形圈 3”损坏</td><td>更换 O 形圈</td></tr>
<tr><td>3</td><td>自动脱落</td><td>进气塞上的排气孔被堵塞</td><td>清洁排气孔</td></tr>
<tr><td colspan="4">拉断阀拉断后重装注意事项</td></tr>
<tr><td colspan="4">拉断阀被拉断后在重装前必须检查出气嘴有无被拉伤痕迹，如果有拉伤痕迹必须更换新拉断阀，没有被拉伤则可以更换出气嘴上的所有密封件后重装拉断阀</td></tr>
<tr><td colspan="4">日常保养方法</td></tr>
<tr><td colspan="4">每周检查一次出气嘴与拉断阀主体的配合是否过紧。（检查方法：抓住拉断出气嘴，旋转拉断阀主体，看拉断阀主体旋转时有无卡涩或转不动的情况，如果出现卡涩或转不动的情况应拆开拉断阀清洗内部的杂质或更换新的拉断阀）</td></tr>
<tr><td colspan="4">“O 形圈 1”、“O 形圈 2”、“O 形圈 3”为易损件，正常使用寿命为 1 年，如果拉断阀被拉断则必须更换“O 形圈 3”。</td></tr>
</table>

（12）高压软管。连接加气机与汽车的加气管道，可以在汽车停靠的位置不同时，拖动软管也能保证与加气机与汽车的连接。常见故障处理方法见表 2-16。

表 2-16　加气软管常见故障及处理方法

<table>
<tr><th>序号</th><th>故障现象</th><th>故障原因</th><th>故障排除</th></tr>
<tr><td>1</td><td>加气软管表面出现鼓包的现象</td><td></td><td>更换</td></tr>
<tr><td>2</td><td>加气软管与地面的长期摩擦造成表面严重磨损</td><td></td><td>更换</td></tr>
<tr><td>3</td><td>加气软管出现漏气</td><td></td><td>更换</td></tr>
<tr><td>4</td><td>加气软管发生爆管</td><td></td><td>更换</td></tr>
<tr><td>5</td><td>加气时枪头打火</td><td>静电放电</td><td>检查接地</td></tr>
<tr><td colspan="4">日常保养方法</td></tr>
<tr><td colspan="4">每天检查一次加气软管表面的护套或耐磨 O 形圈有没有被地面磨穿，如果出现被磨穿的现象（露出软管红色橡胶层）就应及时更换新的护套，以增加加气软管的使用寿命</td></tr>
</table>

（13）二位三通阀。控制加气与放空的操作，在加气完成后，转动三通枪阀的手柄，可以排出三通枪阀与汽车间一短截软管中的高压气体，实现枪头可以从汽车中取下的操作。常见故障处理方法见表 2-17。

表 2-17 二位三通阀常见故障及处理方法

<table>
<tr><th>序号</th><th>故障现象</th><th>故障原因</th><th>故障排除</th></tr>
<tr><td rowspan="5">1</td><td rowspan="5">内漏</td><td>球体划伤</td><td>更换球体</td></tr>
<tr><td>密封端面划伤</td><td rowspan="4">更换密封端面</td></tr>
<tr><td>密封端面出现偏心导致损坏</td></tr>
<tr><td>碟形垫片安装不正确导致密封端面损坏</td></tr>
<tr><td>环境温度过高或过低造成密封端面损坏</td></tr>
<tr><td>2</td><td>外漏</td><td>O 形圈 1、O 形圈 2、密封垫损坏</td><td>更换相应密封件</td></tr>
<tr><td colspan="4">日常保养方法</td></tr>
<tr><td colspan="4">密封端面和球头为易损件，密封端面正常使用寿命为 3 个月，球头正常使用寿命为 6 个月。增加过滤器的排污频率，减少进入枪阀的杂质、油污能大幅提高密封端面和球头的使用寿命</td></tr>
<tr><td colspan="4">更换球体或密封端面后重装枪阀时应注意：碟形垫片应按一正一反的方向安装</td></tr>
</table>

(14)快装接头。快速接头是一种不需要工具就能实现管路连通或断开的接头。常见故障处理方法见表 2-18。

表 2-18 快装接头常见故障及处理方法

<table>
<tr><th>序号</th><th>故障现象</th><th>故障原因</th><th>故障排除</th></tr>
<tr><td rowspan="3">1</td><td rowspan="3">外漏</td><td>未正确连接</td><td>断开，重新连接</td></tr>
<tr><td>O 形圈损坏</td><td>更换 O 形圈</td></tr>
<tr><td>快速接头损坏</td><td>更换快速接头</td></tr>
<tr><td>2</td><td>断开后无法连通</td><td>长期使用过程中钢球与母头磨损造成</td><td>更换快速接头</td></tr>
<tr><td>3</td><td>连通后无法断开</td><td>长期使用过程中钢球与母头磨损造成</td><td>更换快速接头</td></tr>
</table>

第3章　压缩天然气加气站电气与仪表

压缩天然气加气站设备设施较多，工艺管线、电气控制单元复杂，电气安全管理尤为重要。本章着重介绍电气安全管理，工艺管线、阀门、仪表视频监控等内容。

3.1　电气安全管理

电气安全管理是一项综合性的工作，为了抓好电气安全管理工作，应当建立相应的管理机构，定人定责，有专人负责用电安全工作。建立各种安全操作规程、电气设备运行管理规定。对于电气设备维护维修，坚持作业票、工作监护制度等。

电气安全检查：包括检查电气设备绝缘有无破损老化，绝缘电阻是否合格，设备裸露带电部分是否有防护，屏蔽装置是否符合安全要求，安全间距是否足够，保护接零或保护接地线是否正确、可靠，电气线路是否过热，安全用具和电气灭火器材是否齐备。

安全教育：加强工作人员的三级教育，掌握用电的基本知识和用电的基本方法，学会电气灭火的方法，掌握触电急救技能，通过专业培训，从而能安全地、有效地工作。

3.1.1　危险区域划分

爆炸性气体危险场所的区域划分：

0区：连续出现或长期出现爆炸性气体混合物的环境。1000h/a以上。

1区：在正常运行时可能出现爆炸性气体混合物的环境。10～1000h/a。

2区：在正常运行时不可能出现爆炸性气体混合物的环境，或即使出现也仅是短时存在的爆炸性气体混合物的环境。10h/a以下。

安全场所：小于1h/a。

3.1.1.1　室外或棚内CNG储气瓶组爆炸危险区域划分

室外或棚内CNG储气瓶组爆炸危险区域划分（包括站内储气瓶组、固定储气井、车载储气瓶），以放散管管口为中心，半径为3m的球形空间和距储气瓶组壳体（储气井）4.5m以内并延至地面的空间，应划分为2区。如图3-1所示。

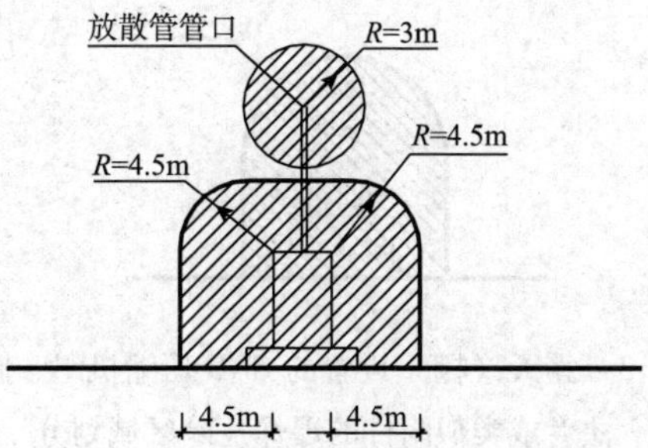

图3-1　室外或棚内CNG储气瓶组爆炸危险区域划分

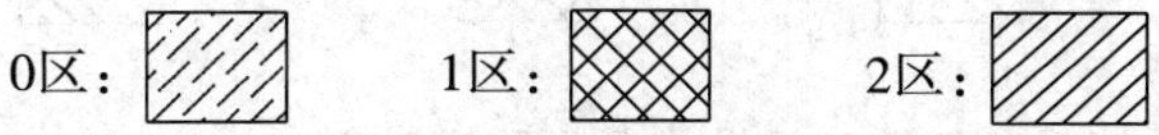

3.1.1.2　CNG压缩机、阀门或类似附件的房间爆炸危险区域划分

CNG压缩机、阀门、法兰或类似附件的房间爆炸危险区域划分，应符合下列规定：

（1）压缩机、阀门、法兰或类似附件的房间的内部空间，应划分为1区。

（2）房间有孔、洞或开式外墙，距孔、洞或墙体开口边缘为R的范围并延至地面的空间，应划分为2区。当1区边缘距释放源的距离L大于或等于4.5m时，R取值为3m，否则R取值为（$7.5-L$）m，如图3-2所示。

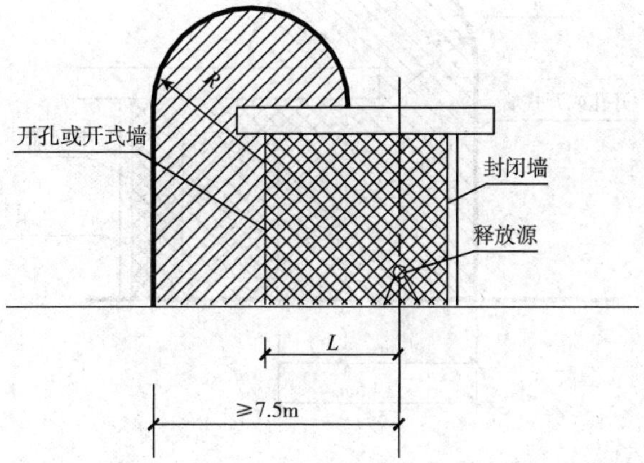

图3-2　CNG压缩机、阀门、法兰或类似附件的房间爆炸危险区域划分

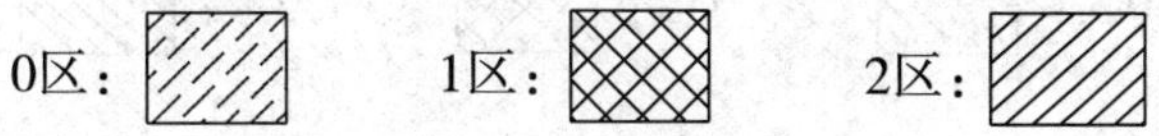

3.1.1.3　露天（棚）设置的CNG压缩机、阀门、法兰或类似附件的爆炸危险区域划分

露天（棚）设置的CNG压缩机、阀门、法兰或类似附件的爆炸危险区域划分：距压缩机、阀门、法兰或类似附件壳体7.5m以内并延至地面的空间，应划分为2区。如图3-3所示。

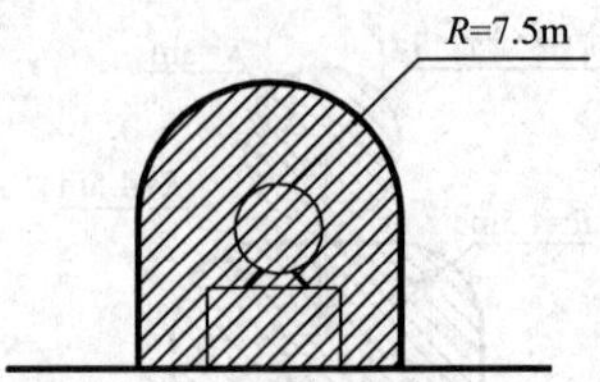

图3-3 露天（棚）设置的CNG压缩机组、阀门、法兰或类似附件的爆炸危险区域划分

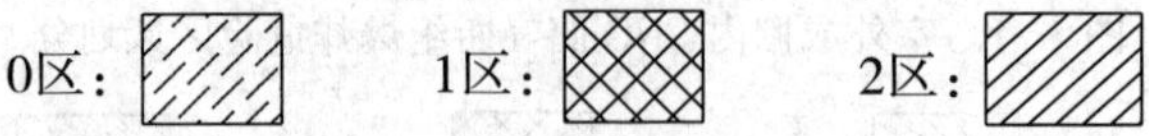

3.1.1.4 存放CNG储气瓶组的房间爆炸危险区域划分

存放CNG储气瓶组的房间爆炸危险区域划分应符合下列规定：

(1) 房间内部空间应划分为1区。

(2) 房间有孔、洞或开式外墙，距孔、洞或外墙开口边缘 R 的范围并延至地面的空间，应划分为2区。当1区边缘距释放源的距离 L 大于或等于1.5m时，R 取值为3m，否则 R 取值为 $(4.5-L)$ m，如图3-4所示。

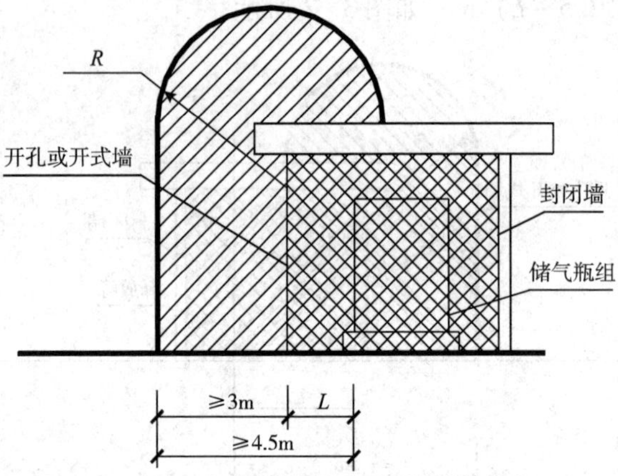

图3-4 存放CNG储气瓶组的房间爆炸危险区域划分

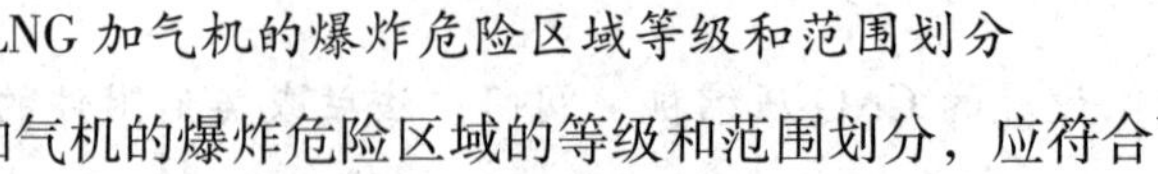

3.1.1.5 CNG和LNG加气机的爆炸危险区域等级和范围划分

CNG和LNG加气机的爆炸危险区域的等级和范围划分，应符合下列规定：

(1) CNG和LNG加气机的内部空间应划分为1区。

(2) 距CNG和LNG加气机的外壁四周4.5m，自地面高度为5.5m的范围内空间应划分2区。当罩棚底部至地面距离 L 小于5.5m时，罩棚上部空间为非防爆区。如图3-

5（a）和图3-5（b）所示。

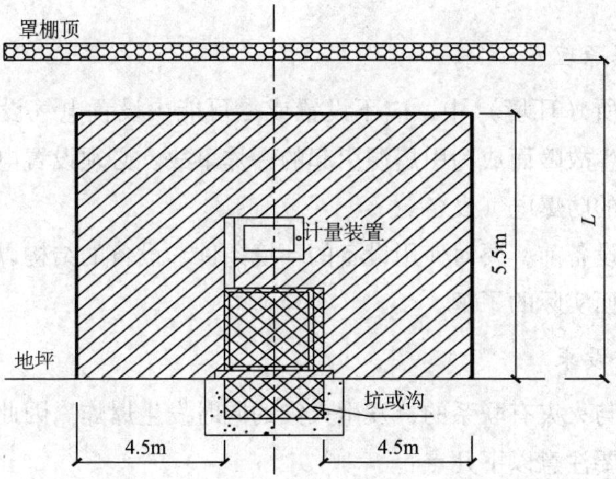

图3-5（a）　CNG和LNG加气机的爆炸危险区域划分（一）

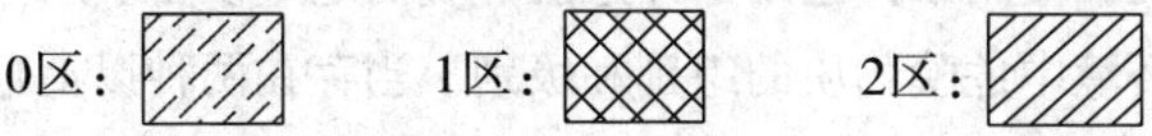

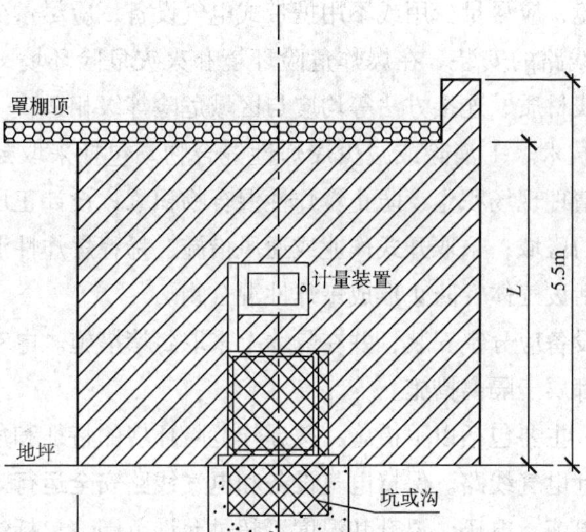

图3-5（b）　CNG和LNG加气机的爆炸危险区域划分（二）

3.1.2 设备防爆要求

3.1.2.1 电气防爆原理

在爆炸危险场所（环境）中，应不设置或尽可能少设置电气设备，以减少因电气设备或电气线路发生故障而成为引爆源引起的爆炸事故。必须设置电气设备时，应选用适用于该危险区中的防爆电气设备。

选择防爆电气设备前，要对使用设备的环境条件、设备的结构以及对设备的使用维修保养等都要有全面实际的了解。

3.1.2.2 防爆安全要求

电气的爆炸是与火灾有联系的，发生火灾的同时发生爆炸。因此，防爆安全除按防火安全要求外，还要注意以下几点：

（1）防爆电气设备的选用。应当根据安装地点的危险等级、危险物质的组别和级别、电气设备的种类和使用条件选用爆炸危险环境的电气设备。所选用电气设备的组别和级别不应低于该环境中危险物质的组别和级别。当存在两种以上危险物质时，应按危险程度较高的危险物质选用。

在爆炸危险环境，应尽量少用或不用携带式电气设备，应尽量少安装插销座。

（2）防爆电气线路的安装。在爆炸危险环境和火灾危险环境，电气线路的安装位置、敷设方式、导线材质、连接方法等均应与区域危险等级相适应。

（3）防爆安全技术。①消除或减少爆炸性混合物。包括采取封闭式作业，防止爆炸性混合物泄漏；清理现场积尘、防止爆炸性混合物积累；设计正压室，防止爆炸性混合物侵入有引燃源的区域；采取开式作业或通风措施，稀释爆炸性混合物；在危险空间充填惰性气体或不活泼气体，防止形成爆炸性混合物。

②危险性大的设备应分室安装，并在隔墙上采取封堵措施。电动机隔墙传动、照明灯隔玻璃窗照明等都属于隔离措施。

③消除引燃源。主要包括以下措施：按爆炸危险环境的特征和危险物的级别、组别选用电气设备和设计电气线路。保持电气设备和电气线路安全运行。

安全运行包括电流、电压、温升和温度不超过允许范围，包括绝缘良好、连接和接触良好、整体完好无损、清洁、标志清晰等。

④接地措施。在爆炸危险环境中的接地应注意：应将所有不带电金属物体做等电位连结；如低压由接地系统配电，应采用 TN－S 系统，不得采用 TN－C 系统。

3.1.3 电气的使用要求

3.1.3.1 电气设备用电安全的基本要素

电气设备用电安全的基本要素有电气绝缘、安全距离、安全载流量、标志等。保持配电线路和电气设备的绝缘良好，是保证人身安全和电气设备正常运行的最基本要素。电气绝缘的性能是否良好，可通过测量其绝缘电阻、耐压强度、泄漏电流和介质损耗等参数来衡量。

电气安全距离，是指人体、物体等接近带电体而不发生危险的安全可靠距离。如带电体与地面之间、带电体与带电体之间、带电体与人体之间、带电体与其他设施和设备之间，均应保持一定距离。通常，在配电线路和变、配电装置附近工作时，应考虑线路安全距离，变、配电装置安全距离，检修安全距离和操作安全距离等。

导体的安全载流量，是指允许持续通过导体内部的电流量。持续通过导体的电流如果超过安全载流量，导体的发热将超过允许值，导致绝缘损坏，甚至引起漏电和发生火灾。因此，根据导体的安全载流量确定导体截面和选择设备是十分重要的。

明显、准确、统一的标志是保证用电安全的重要因素。标志一般有颜色标志、标识牌标志和型号标志等。颜色标志表示不同性质、不同用途的导线；标识牌标志一般作为危险场所的标志；型号标志作为设备特殊结构的标志。

3.1.3.2　使用要求

（1）掌握安全用电基本知识和所用设备的性能。

（2）使用设备前必须按规定穿戴和配备好相应的劳动防护用品，并检查电气装置和保护设施是否完好。严禁设备带“病”运转。

（3）停用的设备必须拉闸断电，锁好开关柜，悬挂警示牌。

（4）负责检查所用设备的电源负荷线、保护零线和开关箱。发现问题，及时报告。

（5）检查变压器的运行声音、温度是否正常，变压器的冷却风机运行是否正常。

（6）电容补偿柜电容器有无异响及外壳是否有变形膨胀漏液等现象，各种信号指示是否正常，二次回路的断路器、隔离开关位置是否正确。

（7）检查、维修配电箱、开关柜时，必须将其前一级相应的电源开关分闸断电，并悬挂警示牌，严禁带电作业。维修人员必须是专业电工。工作时必须穿戴好绝缘用品，必须使用电工绝缘工具。一人操作，一人监护。

（8）配电箱内盘面上应标明各回路的名称、用途，同时要作出分路标记。

（9）各种电气箱内不允许放置任何杂物，并应保持清洁。箱内不得挂接其他临时用电设备。

（10）熔断器的熔体更换时，严禁用不符合原规格的熔体代替。

（11）任何电气设备在未验明无电之前，一律认为有电，不要盲目触及。对挂有的“禁止合闸”、“有人操作”等标示牌，非有关人员不得移动。

3.1.4　静电的控制和防护

钢制油罐、LPG 储罐、LNG 储罐和 CNG 储气瓶（组）必须进行防雷接地，接地点不应少于两处。加油加气站的电气接地应符合下列规定：

（1）防雷接地、防静电接地、电气设备的工作接地、保护接地及信息系统的接地等，宜共用接地装置。其接地电阻应按其中接地电阻值要求最小的接地电阻值确定（其接地电阻不应大于4Ω）。

（2）当各自单独设置接地装置时，油罐、LPG储罐、LNG储罐和CNG储气瓶（组）的防雷接地装置的接地电阻、配线电缆金属外皮两端和保护钢管两端的接地装置的接地电阻，不应大于10Ω，电气系统的工作和保护接地电阻不应大于4Ω；地上油品、LPG、CNG和LNG管道始、末端和分支处的接地装置的接地电阻不应大于30Ω。

（3）加油加气站的面积一般都不大，各类接地共用一个接地装置既经济又安全。当单独设置接地装置时，各接地装置之间要保持一定距离（地下大于3m），否则是分不开的。当分不开时，只好合并在一起设置，但接地电阻要按其中最小要求值设置。

（4）加油加气站内油气放散管在接入全站共用接地装置后可不单独做防雷设计。

（5）当加油加气站内的站房和罩棚等建筑物需要防直击雷时，应采用避雷带（网）保护。当罩棚采用金属屋面时，其顶面单层金属板厚度大于0.5mm、搭接长度大于100mm且下面无易燃的吊顶材料时，可不采用避雷带（网）保护。

（6）加油加气站的信息系统应采用铠装电缆或导线穿钢管配线。配线电缆金属外皮两端、保护钢管两端均应接地。

（7）加油加气站信息系统的配电线路首、末端与电子器件连接时，应装设与电子器件耐压水平相适应的过电压（电涌）保护器。

（8）380/220V供配电系统宜采用TN－S系统，供电系统的电缆金属外皮或电缆金属保护管两端均应接地，在供配电系统的电源端应安装与设备耐压水平相适应的过电压（电涌）保护器。

（9）地上或管沟敷设的油品管道、LPG管道、LNG管道和CNG管道，应设防静电和防感应雷的共用接地装置，其接地电阻不应大于30Ω。

（10）加油加气站的汽油罐车、LPG罐车、LNG罐车和CNG加气子站内的车载储气瓶组的卸车场地，应设卸车或卸气时用的防静电接地装置，并应设置能检测跨接线及监视接地装置状态的静电接地仪。

（11）在爆炸危险区域内的油品、LPG、LNG和CNG管道上的法兰、胶管两端等连接处，应用金属线跨接。当法兰的连接螺栓不少于5根时，在非腐蚀环境下可不跨接。

3.1.5 雷电的危害及防护

3.1.5.1 雷电的形成原理

由于积雨云的下部温度高，中上部温度低，就产生了强大的上升和下沉气流。云内大量的冰晶、大小水滴、过冷水滴、霰（不透明的雪珠）和冰雹等水汽凝成物，通过碰冻、碰撞、破碎和融化等许多复杂的过程，使云中起电，并使正、负电荷分离开来，在云中形成正、负的电荷中心。当聚集的电量足够大时，异性电荷中心之间就会发生击穿放电而产生火花放电现象，这就是我们常见的闪电现象。放电过程中，由于温度骤增，使空气体积急剧膨胀，从而产生冲击波，导致强烈的雷鸣，这就是雷声。所以说雷电是大气中的放电现象，雷电一般多产生于对流发展旺盛的积雨云中，因此常伴有强烈的阵风和暴雨，有时还伴有冰雹和龙卷风等强对流天气。

3.1.5.2 雷电的危害及其产生原因

雷电发生时可在千分之几到十分之几秒内产生几百千安的电流，几百千伏的电压，十亿到上千亿瓦特的电能，上万度的高温，猛烈的冲击波，剧变的静电场和强烈的电磁辐射等物理效应，给人类造成多种危害。

具体地说，雷电所产生的危害是由雷电产生的三种效应导致的：一是电效应，雷电可产生强大的电场和磁场，使处于雷击区内的电子设备和人体产生静电感应和电磁感应，生成数千伏的静电感应电压，由此造成大量电子设备被击毁，或导致人体心室纤颤及呼吸肌麻痹而猝死。二是由于热效应强大的雷电流可以转变为热能。据测算，雷击点的发热量可达500~2000J，能立即熔化50~200mm^{3}的钢材。这正是遭雷击后建筑物起火燃烧、人体组织会碳化成焦状的原因。三是雷击能对物体产生强大的冲击性电动力，使被击物体断裂或破碎，例如建筑物倒塌、大树从中间被劈开、正在田里劳作的人瞬间被击掉一侧上肢等等。

3.1.5.3 雷电危害的种类

根据雷电产生和危害特点的不同，雷电危害可以分为直击雷、雷电感应、雷电波侵入以及比较少见的球形雷等。

（1）直击雷。当雷电直接击在建筑物上，强大的雷电流使建（构）筑物水分受热汽化膨胀，从而产生很大的机械力，导致建筑物燃烧或爆炸。另外，当雷电击中接闪器，电流沿引下线向大地泻放时，这时对地电位升高，有可能向临近的物体跳击，称为雷电“反击”，从而造成火灾或人身伤亡。

（2）雷电感应。雷电感应又称感应雷，它又分为静电感应和电磁感应。静电感应是雷云接近地面时，在地面凸出物的顶部感应出大量异性电荷，在雷云与其他部位或其他雷云放电后，凸出物顶部电荷失去束缚，并以雷电波的形式高速传播而形成的。电磁感应是发生雷击后，雷电流在周围空间产生的迅速变化的强磁场在附近金属导体上感应出很高的电压形成的。

（3）雷电波侵入。由于雷击，在架空线路或空中金属管道上产生的冲击电压沿线路或管道的两方向迅速传播的雷电波称为雷电波入侵。其传播速度为300m/μs（在电缆中为150m/μs）。

（4）球形雷。多在强雷暴雨时闪电最频繁的时候出现。球雷火球可辐射出大量的热能，因此它的烧伤力比破坏力要大。

3.1.5.4 雷电的防护

目前，人类充分利用传统的避雷针、避雷带、避雷网和现代的各种电子避雷器，均可防止和减少雷电的危害。

（1）电源防护和信号防护一般均应采用三级防护。电源防护即总电源处采用第一级防护，楼层电源处或 UPS 前采用第二级防护，用电设备前采用第三级防护；信号防护一般在外线接口处采用第一级防护，交换机路由器处采用第二级防护，终端设备处采用第三级防护。防雷的安全性与采用的防雷级数成正比，因此多一级防雷装置，防雷效果更安全更可靠。

（2）加气站房屋必须安装避雷带（针），以防雷电直击建筑物危及建筑。

（3）每年雷雨季节前应对接地系统进行检查和维护。主要检查连接处是否紧固、接触是否良好、接地引下线有无锈蚀、接地体附近地面有无异常，如果发现问题应及时处理。每 6 个月必须由具有检测资质的防雷技术检测机构对加气站进行防雷检测。

（4）在雷雨时，员工不要靠近高压变电室、高压电线和孤立的高楼、烟囱、电杆、大树、旗杆等，更不要站在空旷的高地上或在大树下躲雨。

（5）不能用有金属立柱的雨伞。在露天操作时，不要使用金属工具，如铁橇棒等。

（6）不要穿潮湿的衣服靠近或站在露天金属商品的货垛上。

（7）雷雨天不要触摸和接近避雷装置的接地导线。

（8）雷雨天，在户内首先要关好门窗，避免雷电进屋，关闭电视、电脑等室内的用电设备，断开所有的电源及信号线路，并与端口保持一定距离；同时避免接打手机，以防雷电侵入被其伤害。加气站建筑物上装设避雷装置，即利用避雷装置将雷电流引入大地而消失。

（9）在身体附近发生高压电线遭雷击断时，应双脚并拢跳离现场。

3.2 仪表

仪表是指测定温度、气压、电量、流量等仪器的统称。外形似计时的表，能由刻度直接显示数值。

3.2.1 分类

仪表主要分为压力仪表、温度仪表、流量仪表、电工仪器仪表、分析仪器、实验仪器等。广泛应用于工业、农业、交通、科技、环保、国防、文教卫生、人民生活等各方面。

3.2.1.1 压力表

压力表通过表内的敏感元件（波登管、膜盒、波纹管）的弹性形变，再由表内机芯的转换机构将压力形变传导至指针，引起指针转动来显示压力。

压力表是测量压力容器中介质压力的一种计量仪表。压力表的种类较多，有液柱式、弹性元件式、活塞式和电量式四大类。压力容器大多使用弹性元件式的单弹簧管压力表，如图 3-6 所示。

弹簧式压力表，适用于一般性介质的压力容器。

隔膜式压力表，适用于腐蚀性介质的压力容器。

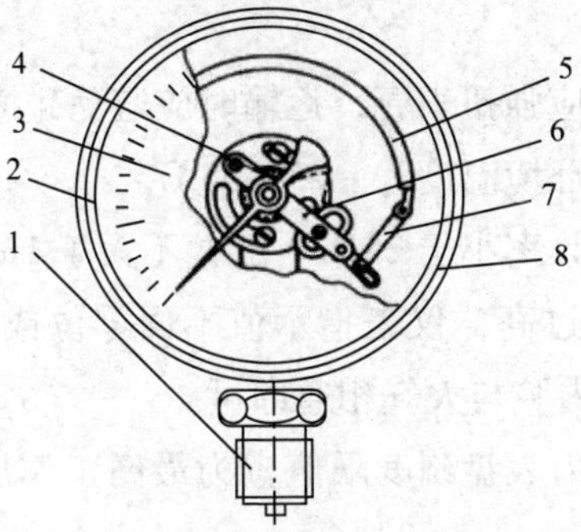

图 3-6 压力表结构图

1—接头；2—衬圈；3—度盘；4—指针；

5—弹簧管；6—传动机构（机芯）；7—连杆；8—表壳

3.2.1.2 温度表

温度表利用温差电现象制成。温度表的两种不同的金属丝焊接在一起形成工作端，另两端与测量仪表连接，形成电路。把工作端放在被测温度处，工作端与自由端温度不同时，就会出现电动势，因而有电流通过回路。温度表是通过电学量的测量，利用已知处的温度，就可以测定另一处的温度。

温度测量仪表按测温方式可分为接触式和非接触式两大类。通常来说接触式测温仪表比较简单、可靠，测量精度较高；但因测温元件与被测介质需要进行充分的热交换，需要一定的时间才能达到热平衡，所以存在测温的延迟现象，同时受耐高温材料的限制，不能应用于很高的温度测量。非接触式仪表测温是通过热辐射原理来测量温度的，测温元件不需与被测介质接触，测温范围广，不受测温上限的限制，也不会破坏被测物体的温度场，反应速度一般也比较快；但受到物体的发射率、测量距离、烟尘和水气等外界因素的影响，其测量误差较大。

3.2.1.3 传感器

传感器是一种检测装置，能感受到被测量的信息，并能将感受到的信息，按一定规律变换成为电信号或其他所需形式的信息输出，以满足信息的传输、处理、存储、显示、记录和控制等要求。

加气站涉及传感器如下：

压力（测量）传感器：压敏式。

温度传感器：热电偶。

流量测量：质量式、容积式、超声波式。

液位测量：差压式。

燃气报警传感器：燃烧催化式。

3.2.2 管理要求

3.2.2.1 压力表管理要求

（1）仪表必须垂直，不应强扭表壳，运输时应避免碰撞。

（2）仪表使用宜在周围环境温度为 -25 ~ 55℃。

（3）使用工作环境振动频率小于25Hz，振幅不大于1mm。

（4）使用中因环境温度过高，仪表指示值不回零位或出现示值超差，可将表壳上部密封橡胶塞剪开，使仪表内腔与大气相通即可。

（5）仪表使用范围，压力表盘刻度限值应为最高工作压力的1.5 ~ 3.0倍，表盘直径不应小于100mm。

（6）在测量腐蚀性介质、可能结晶的介质、黏度较大的介质时应加隔离装置。

（7）仪表应定期进行检定（至少每六个月一次），如发现故障应及时修理。

3.2.2.2 温度表管理要求

（1）双金属温度计在保管、安装、使用及运输过程中，应尽量避免碰撞保护管，切勿使保护管弯曲、变形。安装时，严禁扭动仪表外壳。

（2）仪表应在 -30 ~ 400℃的环境温度内正常工作。

（3）仪表经常工作的温度最好能在刻度范围的1/2 ~ 3/4处。

（4）双金属温度计保护管浸入被测介质中长度必须大于感温元件的长度，一般浸入长度大于100mm，0 ~ 50℃量程的浸入长度大于150mm，以保证测量的准确性。

（5）各类双金属温度计不宜用于测量敞开容器内介质的温度，带电接点温度计不宜在工作震动较大的场合的控制回路中使用。

（6）温度计在正常使用的情况下应予定期检验。电接点温度计不允许在强烈震动下工作，以免影响接点的可靠性。

3.2.2.3 传感器管理要求

（1）稳定性。传感器使用一段时间后，其性能保持不变的能力称为稳定性，影响传感器长期稳定性的因素除传感器本身结构外，主要是压力传感器的使用环境，因此，要使传感器具有良好的稳定性，传感器必须要有较强的环境适应能力。

（2）灵敏度的选择。灵敏度的选择通常在传感器的线性范围内，希望传感器的灵敏度越高越好，因为只有灵敏度高时，与被测量变化对应的输出信号的值才比较大，有利于信号处理，但要注意的是，传感器的灵敏度高，与被测量无关的外界噪声也容易混入，也会被放大系统放大，影响测量精度。因此，要求传感器本身应具有较高的信噪比，尽量减少从外界引入的干扰信号。

（3）根据测量对象与测量环境确定传感器的类型。压力传感器要进行一个具体的测量工作，首先要考虑采用何种原理的传感器，这需要分析多方面的因素之后才能确定，因为，即使是测量同一物理量，也有多种原理的传感器可供选用，哪一种原理的传感器更为合适，则需要根据被测量的特点和传感器的使用条件考虑以下一些具体问题：量程的大小，被测位置对传感器体积的要求。

（4）线性范围。传感器的线性范围是指输出与输入成正比的范围，从理论上讲，在此范围内，灵敏度保持定值，传感器的线性范围越宽，则其量程越大，并且能保证一定的测量精度。在选择传感器时，当传感器的种类确定以后首先要看其量程是否满足要求。

（5）频率响应特性。压力传感器的频率响应特性决定了被测量的频率范围，必须在允许频率范围内保持不失真，实际上传感器的响应总有一定延迟，希望延迟时间越短越好。

3.2.3 操作及维护

3.2.3.1 压力表操作与维护

（1）压力表安装前应进行校验，在刻度盘上应划出指示最高工作压力的红线，粘贴检验合格证，注明下次校验日期。在测压部位安装的压力表，检定周期一般不超过半年。关系到生产安全和环境监测方面的压力表，检定周期必须按照检定规程，只可小于半年。超过校验有效期限的压力表应立即进行校验或更换。

（2）经过一段时间的使用与受压，压力表机芯难免会出现一些变形和磨损，压力表就会产生各种误差和故障。为了保证其原有的准确度而不使测量值传递失真，应及时更换，以确保指示正确、安全可靠。

（3）压力表要定期进行清洗。因为压力表内部不清洁，就会增加各机件磨损，从而影响其正常工作，严重的会使压力表失灵、报废。

（4）测压部位介质波动大，使用频繁，准确度要求较高，以及对安全因素要求较严的，可按具体情况将检定周期适当缩短。

（5）压力表安全孔上应有防尘装置，当发现防尘橡胶盖脱落时要重新安好。

（6）玻璃应无色透明，不应有妨碍读数的缺陷和损伤，分度盘应平整光洁，各标志应清晰可辨。

（7）巡检中发现压力表有渗漏情况，应关闭压力表根部阀，修复或更换。

（8）有限止钉的压力表，在无压力时，指针不能回到限止钉处；无限止钉的压力表，在无压力时，指针距零位的数值超过压力表的允许误差；此时应更换压力表。

（9）表内弹簧管泄漏，造成介质泄漏的压力表应立即更换。

3.2.3.2 温度表操作与维护

（1）检验周期：一般为1年。

（2）检修内容。

①所测温度不能超过防爆式双金属温度计的测量范围。

②检查就地双金属温度计指示是否正常，其安装地点不应有剧烈的震动以影响指示大幅度晃动等。

③检查双金属温度计的合格证是否有，以及合格证是否过期。

④检查各温度计的各种部件。各部件应装配牢固，没有影响计量性能的锈蚀，表头用的保护玻璃或其他透明材料应透明，不得有妨碍正确读数的缺陷和损伤。

⑤检查温度计的计盘分度数值及符号，应完整、清晰、准确。温度计度盘应有℃符号、制造厂名、型号、出厂编号、精度等级、生产日期、计量器具制造许可标志和编号。

3.2.3.3 传感器操作与维护

（1）在工艺管道上正确的安装位置与被测介质有关，为获得最佳的测量值，应注意防止传感器与腐蚀性或过热的介质接触。

（2）测量液体压力时，变送器的安装位置应避免液体的冲击，以免传感器过压损坏。

（3）防爆接线时，将电缆穿过防爆接头或挠性管并拧紧密封螺帽，以防雨水等通过电缆渗漏进传感器壳体内。

（4）传感器维护人员必须通过专业培训、考试合格后方可持证上岗，并检查传感器有无损坏、失爆等问题，确保正常使用。

（5）传感器按规程规定，到期前提前送至有资质单位进行效验，并要有相应的检定报告，检验周期为一年。

3.3 气动控制系统

气动控制系统（气动调节仪表）是由净化压缩空气（$0.65\sim1\mathrm{kgf/cm^2}$）做动力及传递的控制系统，常用于防火防爆场合做调节及控制。

在气动控制系统中，气动发生装置一般为空气压缩机，它将原动机供给的机械能转换为气体的压力能；气动执行元件则将压力能转化为机械能，完成规定动作；在这两部分之间，根据机械或设备工作循环运动的需求、按一定顺序将各种控制元件（压力控制阀、流量控制阀、方向控制阀和逻辑元件）、传感元件和气动辅件连接起来。

本节主要讲解气动控制分类、工作原理、维护保养等内容。

3.3.1 分类

气动控制系统按功能和用途分为方向控制、压力控制和流量控制三大类。气动系统由气源装置、执行元件、控制元件、辅助元件等组成。

（1）气源装置。气源装置是压缩空气的发生装置以及压缩空气的存储、净化的辅助装置，为系统提供合乎质量要求的压缩空气。

（2）执行元件。执行元件是指将气体压力能转换成机械能并完成做功动作的元件，如气缸、气马达等。

（3）控制元件。控制元件是指控制气体压力、流量及运动方向的元件，以保证执行元件具有一定的输出力（转矩）和速度（转速），利用它们可以组成各种气动控制回路。控制元件按功能和用途可分为方向控制阀、压力控制阀和流量控制阀三大类。如压缩机各种阀类控制。

（4）辅助元件。辅助元件是指对保证系统可靠、稳定地工作起着重要作用的元件，如油水滤气器、减压－过滤－油雾三联件、接头、软管、消音器、纷歧管、压力表等。

3.3.2 工作原理

气动控制系统是以空气压缩机为动力源，先将空气压缩，储存在储气罐内，通过控制元件来控制和调节压缩空气的压力、流量、流动方向和发送信号，然后经管路输送给各个气动装置驱动执行某些控制动作，把压缩气体的压力能转换为机械能而作功。储气罐的空气压力往往比各设备实际所需要的压力高，同时其压力波动值也较大。因此需要用减压阀（调压阀）将其压力减到每台装置所需的压力，并使减压后的压力稳定在所需压力值上。当储气罐或回路中压力达到调节设定值时，空气压缩机停止运行。当储气罐或回路中压力低于调节设定下限值时，空气压缩机重新启动运行。当储气罐超过某调定值，安全阀启跳向外排气，安全阀在系统中起过载保护作用。

气动控制系统主要用于保证设备内的气缸、气动执行机构，以及辅助设备按照规定的工作循环和联锁要求正常工作。是实现各种生产控制、自动控制的重要手段之一。可应用在不适合电气控制的环境，例如为了避免电气线路和电气设备引发火灾，引燃易燃易爆物品，或避免高温对电气线路和电气设备造成损坏的场所等。

3.3.3 空气压缩机

空气压缩机，又叫空压机，是一种用以压缩空气的设备，是将原动的机械能（通常是电动机）转换成气体压力能的装置。空气压缩机与水泵构造类似，大多数空气压缩机是往复活塞式。空气压缩机系统组成如图3-7所示。

3.3.3.1 空气压缩机种类

空气压缩机的种类很多，按工作原理可分为容积式空气压缩机和速度式空气压缩机。

容积式空气压缩机的工作原理是压缩气体的体积，使单位体积内气体分子的

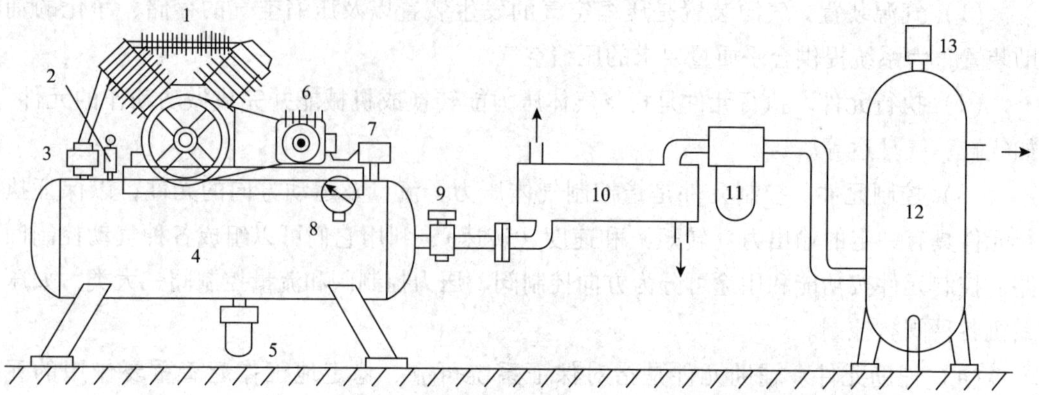

图 3-7　空气压缩机系统组成

1—空气压缩机；2—安全阀；3—单向阀；4—小气罐；5—排水器；
6—电动机；7—压力开关；8—压力表；9—截止阀；10—后冷却器；
11—油水分离器；12—大气罐；13—安全阀

密度增加以提高压缩空气的压力；速度式空气压缩机的工作原理是提高气体分子的运动速度，使气体分子具有的动能转化为气体的压力能，从而提高压缩空气的压力。

现在常用的空压机有活塞式空压机、螺杆式空压机（螺杆空压机又分为双螺杆空压机和单螺杆空压机）、离心式空压机以及滑片式空压机、涡旋式空压机。

3.3.3.2　*活塞式空压机工作原理*

加气站主要是采用活塞式空压机，现详细介绍活塞式空压机工作原理。

空压机由电动机、传动系统、气缸、储气罐、压力表、安全阀和压力继电器等部分组成。电动机启动后，经三角胶带，带动压缩机曲轴旋转，通过曲柄杆机构转化为活塞在气缸内作往复运动。当活塞由盖侧向轴运动时，气缸容积增大，缸内压力低于大气压力，外界空气经滤清器、吸气阀进入气缸；到达下止点后，活塞由轴侧向盖侧运动，吸气阀关闭，气缸容积逐渐变小，缸内空气被压缩，压力升高，当压力达到一定值时，排气阀被顶开，压缩空气经管路、单向阀（止回阀）进入储气罐内，如此压缩机周而复始地工作，不断地向储气罐内输送压缩空气，使罐内压力逐渐增大，压力大小通过压力表显示出来，当排气压力达到压力继电器设定的压力值 0.85MPa 时，压力继电器动作，通过继电器触点将控制电机工作的交流接触器断开，使电机自动停机。当储气罐压力降至 0.6MPa 时压力开关自动连接启动，储气罐内气体压力就不会再增大。如果出现压力继电器不能正常工作，压力一直上升的话，为了防止罐内压力过大发生危险，罐体装有安全泄压阀，可以将罐内的压力保持在安全压力以下。

3.3.4 空压机运行

3.3.4.1 起动前的准备工作

（1）检查空压机各零件部分是否完好，各保护装置、压力表、阀门、管路及接头是否有损坏或松动。

（2）略为打开储气罐底部的排水阀，排出罐下部积存的冷凝水和污物，见到无液流出即关上。

（3）新机第一次开机或停用较长时间开机，应先拆下空气过滤器盖，检查滤芯，以防启动时堵塞进气。

（4）确认系统内无压力。

（5）打开排气阀门。

（6）检测连接至空压机的电缆，电压是否符合厂家要求（三相交流电压380VAC左右），要求设备未开机和开机工作后都要检测电压。

3.3.4.2 启动步骤

（1）合上自动断路器开关。

（2）检查电动机转向是否正确，确保与空压机标识的旋转方向一致。若不相同，三相电机将三相电源中任意两相对换即可。

（3）观察运转是否平稳，声音是否正常，仪表读数是否正常，是否有气体泄漏。

3.3.4.3 运转中注意事项

（1）经常观察各仪表是否正常。

（2）经常倾听空压机各部位运转声音是否正常。

（3）经常检查有无渗漏现象。

（4）经常保持空压机外表及周围场所干净，严禁在空压机上放置任何物件，如工具、抹布、手套等。

3.3.5 维护保养

（1）检查空压机各部位螺丝或螺母，是否有松动现象。

（2）检查空压机皮带张力：如松，张力小，调整皮带张力。皮带松紧应适当。

（3）管道是否正常，接头是否紧固。

（4）空压机电缆线及电器开关是否合乎规定，静电接地是否良好。

（5）空压机各轮脚支点是否固定平稳。

（6）空压机皮带轮是否轻易以手能转动，盘动灵活。

（7）空压机工作前，最好电机空盘转5~7转以上，再正常操作。

（8）空气滤清器需经常检查是否有污染物附着，过滤棉要常取下清洗（用煤油）

或更换，以保持良好的空气过滤效果。

（9）每日定时（每 2h）应旋开储气罐排污阀，将罐内凝积水分及油污等排除干净。

（10）定时检查压力继电器触点，确保三相接触可靠。同时观查启停压力值是否调节适合。

（11）空气压缩机缸头及铜管部分，因空气压缩而发热，一般温度均较高，检查有无过热等异状。

（12）空气压缩机在运转中若遇停电或使用后，务请将电源切断，以确保安全。

3.4 工艺管路系统

在进行工艺管路系统学习之前，首先了解哪些属于压力管道，哪些不属于压力管道，有助于进一步学习工艺管路系统。

压力管道，是指利用一定的压力，用于输送气体或者液体的管状设备，其范围规定为最高工作压力大于或者等于 0.1MPa（表压），介质为气体、液化气体、蒸汽或者可燃、易爆、有毒、有腐蚀性、最高工作温度高于或者等于标准沸点的液体，且公称直径大于或者等于 50mm 的管道。公称直径小于 150mm，且其最高工作压力小于 1.6MPa（表压）的输送无毒、不可燃、无腐蚀性气体的管道和设备本体所属管道除外。其中，石油天然气管道的安全监督管理还应按照《安全生产法》、《石油天然气管道保护法》等法律法规实施。

3.4.1 分类

（1）按类别可分为工艺管路、仪表管路、给排水管路、电气管路及采暖通风管路等。

（2）按操作条件可分为高、低温管路，高、中、低压管路及真空管路等。

（3）按输送介质可分为易燃、易爆管路，有毒、无毒管路及腐蚀性管路等。

3.4.2 管路安装要求

3.4.2.1 材质

在管路安装中常用的管材有：普通无缝钢管、螺旋缝钢管、焊接钢管、无缝不锈钢管、高压无缝钢管等。主要类别见表 3－1。

表 3－1 管材质类别

钢管名称	标准	公称直径/mm	钢号	适用温度范围/℃
无缝钢管	GB/T 8163	10～500	10	－40～450
			20	－40～450
			16Mn	－40～475

续表

钢管名称	标准	公称直径/mm	钢号	适用温度范围/℃
螺旋焊缝电焊钢管	SYB 10004	200～700	A3F 16Mn	0～300 -40～450
钢板卷管		≥500	A3F 10 20 20g	0～300 -40～450 -40～450 -40～470

3.4.2.2　设计

在进行CNG加气站管路布置和安装设计时，应保证安全生产、方便操作及检维修，节约材料和投资，保护工人安全，尽可能整齐美观，创造良好的生产环境。管路安装设计一般注意事项如下：

（1）布置管路时，应对所有管路系统全面规划，各就其位。

（2）管路安装时应注意避免“气袋”、“口袋”和“盲肠”。

（3）管路的布置不要妨碍设备和管件、阀门的检修、塔及窗口的管路不可从人孔正面前方通过，以免妨碍打开人孔。

（4）管路应成列平行铺设，尽量走直线，少拐弯（特别是阀门附近），以便安装、拆卸和检修。

（5）当管路穿过用以隔离爆炸或易燃性区域的墙壁时，管路和穿孔间的缝隙应用水泥砂浆堵塞。

（6）不锈钢管不得与碳钢制的管架直接接触，以免因电位差而造成腐蚀核心，因此管架应涂良好绝缘漆，或在管路与管架间垫其他绝缘材料。

3.4.2.3　安装

管路排列是否正确、合理，直接影响到安装、操作、检修以致劳动保护、生产安全等问题。因此，管路正确组合、排列，是管路安装设计中的一个重要环节。可根据以下基本原则进行综合考虑。

（1）垂直面排列。

①热介质的管路在上，冷介质的管路在下。

②无腐蚀性介质的管路在上，有腐蚀性介质的管路在下。

③气体管路在上，液体管路在下。

④高压介质的管路在上，低压介质的管路在下。

⑤保温管路在上，不保温管路在下。

⑥金属管路在上，非金属管路在下。

（2）水平面排列。

①大管路靠里（墙），小管路在外面。

②不常检修的管路靠墙，常检修管路在外。

③支管少的管路靠墙，支管多的管理在外。

④高压管路靠墙，低压管路在外。

3.4.2.4　焊接

焊接质量的优劣直接关系到工艺管路的安全运行，因此焊接的检验必须从焊前各项准备、焊接过程中的检验和焊后对焊缝的检验等各个环节严格地进行。焊后检验主要做好以下几个方面：

（1）外观检验。利用低配放大镜或肉眼观察焊缝表面是否有咬边、夹渣、气孔、裂纹等表面缺陷。用焊接检验尺测量焊缝余高、焊瘤、凹陷、错边等。用样板和量具测量焊件收缩变形、弯曲变形、波浪变形、角变形等。

（2）无损检测。焊缝的无损检测方法，一般包括射线探伤（X、γ）、超声波探伤、磁粉、渗透和涡流探伤等，其中射线探伤和超声波探伤适合用于焊缝内部缺陷的检测，磁粉、渗透和涡流适合用于焊缝表面质量的检验。

3.4.2.5　试压

管道的耐压试验应在热处理、无损检验合格后进行，耐压试验一般采用液压试验或气压试验，不能进行液压试验的，经过设计单位同意可采用气压试验或液压－气压试验代替，脆性材料严禁使用气压试验。

（1）强度试验。

液压试验：一般采用洁净水作为试验介质，当对奥氏体不锈钢管道、连有奥氏体不锈钢管道或者设备的管道进行液压试验时，水中氯离子含量不得超过25μg/g；如果水对管道或者工艺有不良影响，可以使用其他合适的无毒液体。当采用可燃液体介质进行试验时，其闪点不得低于50℃。

试验时，应测量试验温度，试验时液体温度不得低于5℃，并且高于相应金属材料的转变温度，严禁材料试验温度接近脆性转变温度。

钢制管道及有色金属管道试验压力应为设计压力的1.5倍，埋地钢管道的试验压力应为设计压力的1.5倍，且不得低于0.4MPa；当管道与设备作为一个系统进行试验，且管道试验压力等于或小于设备试验压力时，应按管道的试验压力进行试验；当管道试验压力大于设备的试压压力，且设备的试验压力不低于管道设计压力的1.15倍，经业主同意可按设备的试验压力进行试验。

试验缓慢升压，待达到试验压力后，稳压10min，再将试验压力降至设计压力，保持30min，以压力不降、无渗漏为合格。

试验时必须排净管道内的气体，试验过程中发现泄漏时不得带压处理，试验结果排液时需要防止形成负压。

（2）气压试验。根据管道输送的介质，选用空气或惰性气体作介质进行压力试验称为气压试验。试验选用的气体为干燥、洁净的空气、氮气或其他不易燃和无毒的气体。气压试验应遵守下列规定：

①承受内压钢管及有色金属管的试验压力应为设计压力的1.15倍。

②试验时，装有超压泄放装置，其设定压力不得高于1.1倍试验压力或者试验压力加0.345MPa（取其较低值）。

③严禁使试验温度接近金属的脆性转变温度。

④试验前，必须用空气进行预试验，试验压力宜为0.2MPa。

⑤试验时，应逐步缓慢增加压力。当压力升至试验压力的50%时，如未发现异常或泄漏现象，继续按试验压力的10%逐级升压，每级稳压3min，直至试验压力。稳压10min，再将压力降至设计压力进行检查，以发泡剂检验不泄漏为合格。试验过程中严禁带压紧固螺栓。

（3）泄漏试验。输送极度危害、高度危害流体以及可燃流体的管道应进行泄漏试验，并符合以下要求：

①泄漏试验在耐压试验合格后进行，试验介质宜采用空气，也可按照设计文件或相关标准的规定，采用卤素、氦气、氨气或者其他敏感气体进行较低试验压力的敏感性泄漏试验。

②试验检查的重点是阀门填料函、法兰或者螺纹连接处、放空阀、排气阀、排水阀等。

③试验压力应逐级缓慢上升，当达到试验压力时，停压10min，用涂刷中性发泡剂的方法，巡回检查所有密封点，以不泄漏为合格。

3.4.2.6　*吹扫*

为了保证管道系统内部的清洁，管道安装前清除内部杂物，在压力试验合格后，还应进行吹扫，以便清除遗留在管道内的铁屑、铁锈、焊渣、尘土、水分及其他污物。压缩天然气加气站则主要采用以下方法进行吹扫。

（1）选用方法。

①公称直径大于或等于600mm的液体或气体管道，宜采用人工清理。

②公称直径小于600mm的液体管道宜采用水冲洗。

③公称直径小于600mm的气体管道采用空气吹扫。

④蒸汽管道应以蒸汽吹扫。

⑤非热力管道不得用蒸汽吹扫。

（2）基本要求。

①吹扫前应检验管道支架、吊架的牢固程度，必要时予以加固。

②不参与吹扫的设备、仪器、仪表应与吹扫系统隔离。

③吹扫介质宜用空气且气流速度不低于20m/s。

④吹扫压力不得超过系统的设计压力。

⑤吹扫的顺序应按主管、支管、疏排管依次进行。

⑥吹扫排放的脏液不得污染环境，严禁随地排放。

⑦在试压、吹扫都合格的基础上，用氮气置换设备及管路系统内的空气，置换介质——氮气的流速、流量应按设计文件要求予以控制，以检测系统出口处氧气浓度来判定置换空气过程是否结束。

3.4.3 管路操作及维护

管路操作主要是对工艺流程的操作，包括工艺流程切换和工艺参数调整，主要有以下基本要求：

（1）流量计计量管路要设置旁通管路，以便流量计定期检验和过滤器清洗等。

（2）安全阀要设置旁通管路，且保证安全阀根部阀常开，旁通管路阀门常闭。

（3）工艺流程切换首先要满足压力等级的要求，先导通切换后的流程，再关闭切换前的流程。且在流程切换时，要慢开阀门、快关阀门。

（4）在进行参数调整时，要对阀门进行缓慢操作，且要跟踪参数达到稳定。

（5）管路维护主要包括管道的防腐、保温和更换，以及管道附件的保养、维修和更换。主要通过以下方法进行监测和维护：

①通过工艺管道定期检测方法，监测管道是否符合安全运行要求，对不符合要求的管道及时进行更换。

②通过外观检查、壁厚检测等方法，监测管道腐蚀情况、绝热情况，及时进行修复或更换。

③通过日常巡检、定期检验等方法，监测管道附件的使用情况，对存在问题的附件进行及时修复或更换。

3.5 阀门

用以控制流体流量、压力和流向的装置简称阀门。被控制的流体可以是液体、气体、气液混合体或固液混合体。阀门通常由阀体、阀盖、阀座、启闭件（阀瓣、塞体、闸板、蝶板和隔膜等）、驱动机构（阀杆和带动它运动的阀门驱动装置）、密封件（填料、垫片等）和紧固件等组成。

3.5.1 分类

阀门的控制功能是依靠驱动机构或流体驱使启闭件升降、滑移、旋摆或回转运动以改变流道面积的大小来实现的。

（1）阀门按功能可分为调节阀、截断阀、安全阀、分流阀、止回阀、多用阀。

（2）按公称压力可分为真空阀（公称压力小于标准大气压）、低压阀（$PN \leqslant 1.6\text{MPa}$）、中压阀（$PN = 2.5 \sim 6.4\text{MPa}$）、高压阀（$PN = 10 \sim 80\text{MPa}$）、超高压（$PN \geqslant 100\text{MPa}$）。

（3）按使用温度可分为低温阀（工作温度低于 -30℃）、常温阀（工作温度为 -30 ~ 120℃）、中温阀（工作温度为 121 ~ 450℃）、高温阀（工作温度高于 450℃）。

CNG 加气站应用较为广泛的阀门通常有球阀、蝶阀和安全阀。

3.5.1.1　球阀

用带圆形通孔的球体作启闭件，球体随阀杆转动，以实现启闭动作的阀门。球阀的结构与旋塞阀相似，也有人称它为球形旋塞阀。它由一个球体和两个阀座（密封圈）组成密封副。球阀结构示意图及加气站典型球阀如图 3-8 所示。

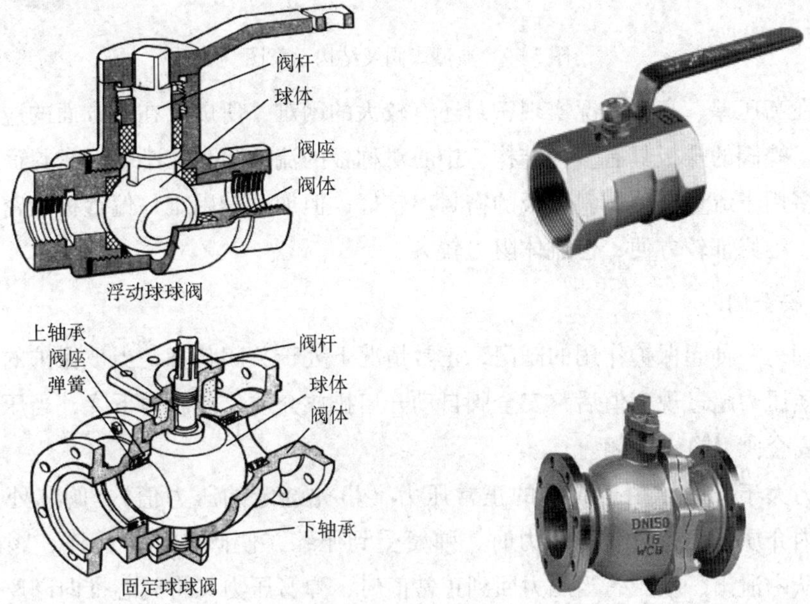

图 3-8　加气站典型球阀及结构示意图

在各种阀门中球阀的流体阻力最小，它又具有开关迅速、密封性好的优点，因而已成为发展最快的一类阀门。它的适用范围很广：工作压力从高真空到高压（压力已达 40MPa），工作温度为 -253 ~ 450℃，最大口径已达 3000mm。球阀的主要缺点是工作温度不高。目前正在使用碳、石墨等密封圈材料，以提高球阀的使用温度。

3.5.1.2　蝶阀

用圆形蝶板作启闭件并随阀杆转动，以实现启闭动作的阀门。蝶阀结构简单，开关迅速，体积小，重量轻和启闭力矩小。按对密封的要求不同，蝶阀可分别设计成具有截断、调节或截断兼调节的功能。蝶阀应用广，特别是在低压大口径供水管道上有逐步取代闸阀的趋势。蝶阀的最大口径已达 10m。大口径蝶阀一般带有缓闭阻尼装置，以防止产生水击。蝶阀的密封材料通常用橡胶，用于低温、高温或调节工况的蝶阀，也使用金属密封材料。典型蝶阀如图 3-9 所示。

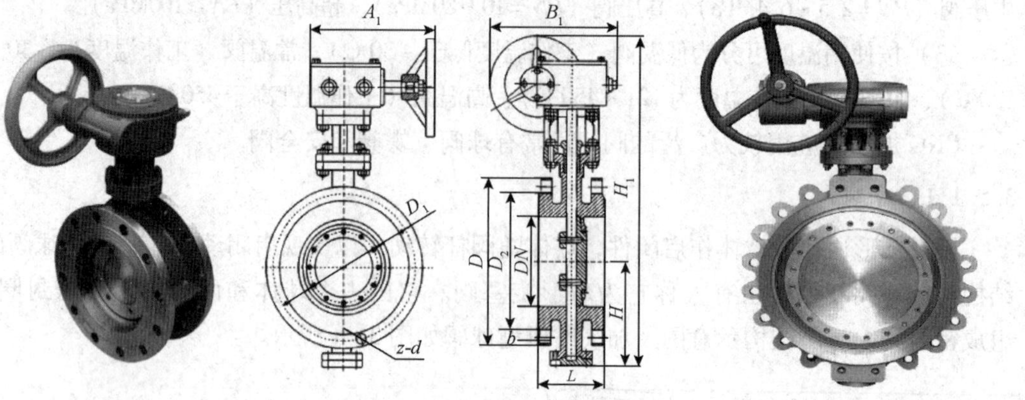

图 3-9　典型蝶阀及结构示意图

蝶阀在高压差、高温工况实现密封还有较大的困难，所以它在这方面的应用还受到一定限制。蝶阀的蝶板具有多种结构。中心对称板的流体阻力较小，但密封面易擦伤和泄漏，故多用于流量调节；斜置板的密封性较好，但加工较困难；偏置板的密封性也较好，加工、维修都较方便，但流体阻力较大。

3.5.1.3　安全阀

安全阀是一种起保护作用的阀门，正常情况下处于关闭状态，当被保护的设备或管道中的介质压力超过规定值后，安全阀自动开启排放介质，使压力下降，当压力达到规定值后，安全阀又自动关闭。

弹簧力大于介质作用于阀芯的正常压力（事先选定的压力值），阀芯处于关闭状态，当罐内介质压力超过允许压力时，弹簧受到压缩，使阀芯离开阀座，阀门自动开启，介质从中泄出、减压；当压力回到正常值时，弹簧压力又将阀芯推向阀座，阀门自动关闭。通过阀杆上部的调节螺丝改变弹簧的松紧程度，就可调整安全阀的起座压力，安全阀及结构示意图如图 3-10 所示。

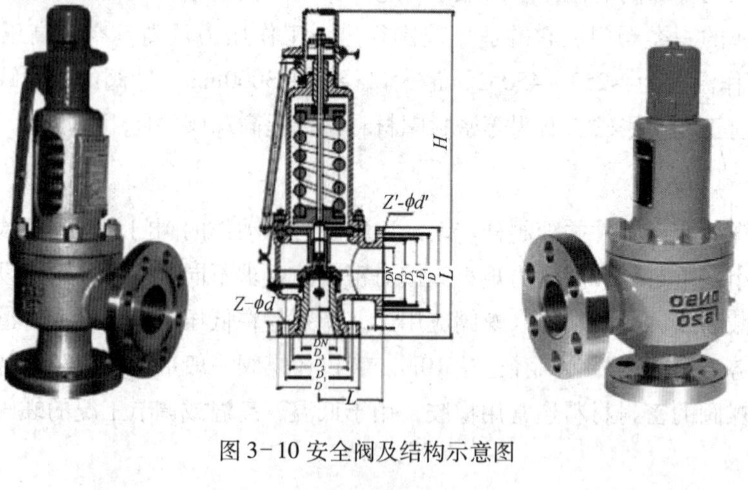

图 3-10 安全阀及结构示意图

3.5.2　阀门操作及维护

3.5.2.1　阀门的操作

加气站操作人员应详细了解阀门的结构特点和工作原理，熟悉操作规程，能在事故状态下进行紧急处理。加气站的操作人员在对阀门进行操作时，应注意以下事项：

（1）操作阀门时，严禁将身体正面对向阀门操作（尤其是操作高温高压阀门时），以防阀门盘根汽水泄漏烫伤或射伤作业人员。

（2）操作阀门时应均匀缓慢用力，不能用力过猛，对于低压铸铁阀门，操作时不能使用扳手，需用扳手开关的阀门用力应适度。

（3）操作高温高压阀门时应戴普通手套，操作低温阀门时应带戴防冻手套。对于公称直径较大的手轮式阀门，操作时用专用的“F”扳手，扳手大小要合适。不准使用套管套在扳手上帮助开启阀门。

（4）关闭阀门应以介质不泄漏为标准，不应过分用力，以防顶弯阀杆，对于要求全开和全关的阀门，特别是高压系统的闸阀和截止阀，不能用于调节介质流量。

（5）操作人员要清楚每个阀门的作用及在工艺管道中的位置，防止误操作（错开、错关、漏开、漏关），否则可能造成跑料、混料、憋压等事故。

（6）在0℃以下的低温季节，对停用的阀门要采取防冻措施，及时打开阀底丝堵，排出里面的凝积水。对不能排除和间断工作的阀门要采取保暖措施。

（7）对高温下工作的阀门，当温度升高至200℃以上时，螺栓受热伸长，容易使阀门密封不严，需要时应对螺栓进行“热紧”，热紧时，不宜在阀门全关位置进行，以免阀杆顶死，再开启困难。

（8）阀门泄漏时，应先判明泄漏部位及原因，一般情况下分内泄漏和外泄漏两种，外部渗漏按其外部结构分为填料处泄漏和阀盖、阀体渗漏以及密封面或衬里材料渗漏，操作人员应准确判断，自己能解决的要及时处理，不能解决的报维修人员及时处理。

（9）阀门填料压盖不宜压得过紧，以阀杆能灵活转动为宜，压得太紧，会增大阀杆摩擦力，增大操作扭矩等。阀门工作时，不能带压更换或添加盘根，否则，导致介质泄漏引起危险或造成事故。

3.5.2.2　阀门的维护

阀门的维护保养工作应由加气站生产操作技术人员和维修技术人员负责，通常分为日常维护保养和定期维护保养。加强阀门的维护保养管理，使阀门保持良好的工作状态，对加气站安全及生产经营工作起着至关重要的作用。

（1）阀门的日常维护保养。阀门的日常维护保养通常包括：做好阀门外表面清洁卫生，保持阀体及附件（注脂嘴、放空阀、排泄阀）的清洁；检查阀门的外观，及时处理阀门外表漆面脱落，阀体、法兰及连接紧固件局部腐蚀；检查阀门填料压盖、阀盖与阀体连接、阀门与管道法兰连接处有无渗漏；检查阀门支架和各连接处的螺栓是否紧固；对裸露在外的阀杆螺纹要保持清洁，宜用符合要求的机械油或黄油进行防护，并加保护套进行保护。阀门零件，如手轮、手柄等损坏或丢失，应尽快配齐，不可用活扳手代替，以免损坏阀杆头部的四方，启闭不灵，以致在生产中发生事故。

（2）阀门的定期维护保养。阀门的定期维护保养通常包括：定期检查阀门的油嘴、阀杆螺纹和阀杆螺母及传动机构的润滑情况，定期加注合格的润滑油、脂；定期对阀门的手动装置（特别是齿轮箱）、电动装置、液动装置、气动装置及控制系统（包括限位开关、力矩限制开关、仪表及远控功能等）进行检查，测试和调整；定期检查手动阀门齿轮箱盖密封垫有无损坏，并更换润滑脂；定期清洗阀门的气动和液动装置，定期对阀体进行排污；长期不用的大口径球阀，应定期进行开关动作，以免卡死；定期检查驱动气源气质，液压油质；定期对阀门进行注脂保养，以延长阀门的使用寿。

3.6 紧急切断阀

紧急切断阀又称安全切断阀，是指在遇到突发情况的时候，阀门会迅速地关闭或者打开，避免造成事故的发生。故障情况下，为保证系统安全，需要阀在0.2～1s内紧急打开或关闭，是燃气管道工程的安全配套装置。

紧急切断阀具有极佳的技术性能，低负荷损失和高可靠性，适用于煤气、天然气及液化石油气等可燃气体。广泛应用于供气管网系统，燃气热能工厂车间，燃气锅炉房及住宅居所的安全设施。

GB 50156—2012《汽车加油加气站设计与施工规范》中，8.3.1条明确规定：天然气进站管道上应设置紧急切断阀。可手动操作的紧急切断阀的位置应便于发生事故时能及时切断气源。

本节主要讲述紧急切断阀的工作原理、安装要求、注意事项等内容。

3.6.1 工作原理

在阀接到紧急动作信号后，电磁阀由通气状态切换至排气状态，打破快动阀的压力平衡，快动阀由通气状态切换为排气状态，由于空气经快动阀排入大气，执行机构内压缩的弹簧快速复位，将阀打开或关闭。

3.6.2 分类

一是气动紧急切断阀；二是液动紧急切断阀；三是燃气紧急切断阀。

3.6.2.1 气动紧急切断阀

气动紧急切断阀，又称气动球阀，是自动化系统中执行机构的一种，由多弹簧气动薄膜执行机构或浮动式活塞执行机构与调节阀组成，接收调节仪表的信号，控制工艺管道内流体的切断、接通或切换，具有结构简单、反应灵敏、动作可靠等特点。气动紧急切断阀的气源要求经过滤的压缩空气，流经阀体内的介质应该是无杂质和无颗粒的气体。气动紧急切断阀是常开型脉冲触发式电磁阀，具有事故自锁及手动复位功能。如图 3-11 所示。

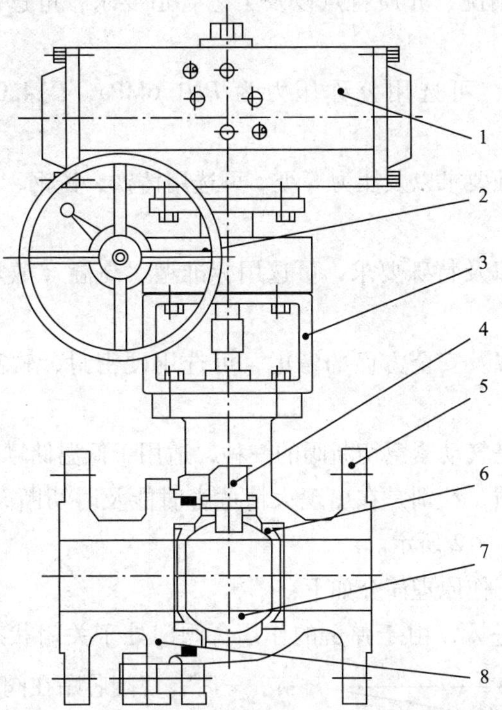

图 3-11 气动紧急切断阀结构图

1—气动活塞式执行机构；2—手轮；3—支架；4—阀轴；5—主阀体；
6—密封圈；7—O 形球芯；8—副阀体

（1）气动紧急切断阀的工作过程。

①在无气压情况下，阀瓣处于常闭状态，当气泵把压力气输入本阀气缸时，阀瓣开启，当需要关闭阀门或遇有紧急情况时，将压力泄掉即自动关闭。

②本阀是由柱塞固定在阀座上，当压力气通过阀座注入气缸时，阀瓣即离开阀座，当压力泄掉时，阀瓣由于弹簧力的作用，迅速关闭。

③阀门工作介质的流动方向，阀座端为出口，无阀座端为进口，与气压力方向相反。

（2）主要应用场合。

①与可燃气体泄漏检测报警器连接，当仪器检测到可燃气体泄漏时，自动快速关闭主供气阀门，切断燃气的供给，及时制止恶性事故的发生。

②与热力设备的极限温度（压力）安全控制器连接，当设备内检测点的温度（压力）超过设定的极限数值时，自动快速关闭供气阀门，停止燃料的供给。

③与高层建筑的中央消防报警系统连接，当大厦发生火警时，自动切断大厦内的燃气供应，防止燃、煤气爆炸的发生。

④在城市或工厂的燃气供应管网内设置 ZCR 燃气紧急切断阀，可在中央控制室内集中控制，远程遥控紧急关闭事故现场的管线供气。

(3) 选用要求。

①根据允许压差情况、介质特点以及工艺管道要求，可选用单座、套筒、三通切断阀。

②根据压力情况，可选用公称压力为 *PN*1.6MPa，*PN*4.0MPa，*PN*6.4MPa 的切断阀。

③根据介质防腐蚀要求以及压力等级，可选用铸铁、铸钢、铸不锈钢、铸合金钢等材质的切断阀。

④根据介质温度以及特殊要求，可选用标准型、高温（散热）型、低温型、夹套保温型的切断阀。

⑤根据介质泄漏以及安全方面的考虑，可选用硬密封、软密封、波纹管密封等切断阀。

低温紧急切断阀是气动紧急切断阀的一种，适用于低温储罐、槽车和低温液体罐式集装箱上切断流通介质，特别是在出现火情危害时能及时切断介质，广泛用于 LNG 及其他低温介质。如图 3-12 所示。

低温紧急切断阀工作原理简介如下：

LNG 液体由右侧进入，由于弹簧的作用，阀门处于关闭状态，液体停止流动。此时，使阀芯贴在阀座上的密封力除了弹簧压力外，主要来自右侧进入的较高压力的 LNG 与左侧较低压力的 LNG 作用在阀芯上的合力，两个力都是向下的，其中液体的合力起主要作用，弹簧力较小。

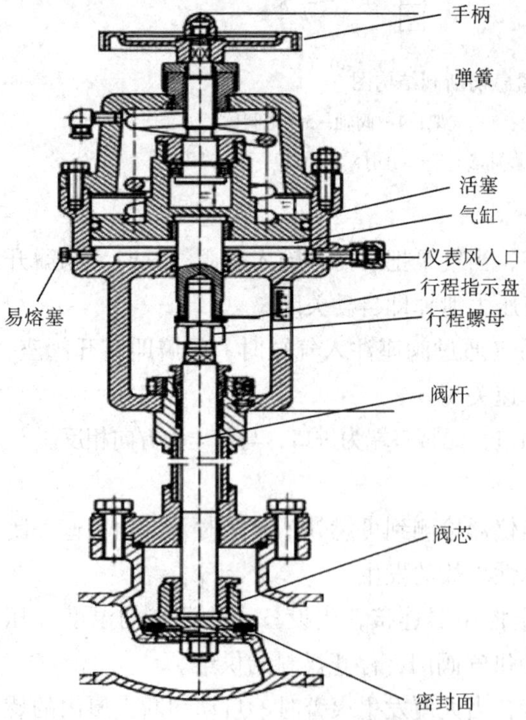

图 3-12　低温紧急切断阀结构图

当旋动手柄，或者向仪表风入口通入 0.5～0.8MPa 的压缩空气时，活塞向上移动，带动阀杆、阀芯向上运动，阀口打开。液体开始流动，从右向左通过阀门。阀门打开后，阀芯受力发生了变化。由于阀门打开后，左侧流出的液体压力升高，与入口压力一致，因此液体对阀芯的合力由关闭时的向下（且较大）变为向上（较小）。

旋转手柄或者切断气源，活塞向下运动，带动阀杆、阀芯向下运动，阀口关闭。

3.6.2.2　液动紧急切断阀

液动紧急切断阀是一种安全保护阀，安装在液化石油气储罐站的液相与气相管路上，与远距离手摇油泵配套使用，利用液压控制阀门开启和关闭，以便在管道或储罐上发生大量泄漏甚至起火时，快速手动使手摇油泵卸压，或高温使易熔合金熔化（高温≥75℃±5℃），本阀油缸自动卸压，阀门迅速关闭而止漏，起安全保护作用。

液动紧急切断阀双油泵控制多阀工作原理：多只紧急切断阀利用二只手摇油泵控制，其中一只油泵工作，通过加压来打开切断阀。另一只油泵备用，防止第一只油泵损坏本阀不能正常工作，每只紧急切断阀前分别安装一个针型阀，通过针型阀的开关来控制。如图3-13所示。

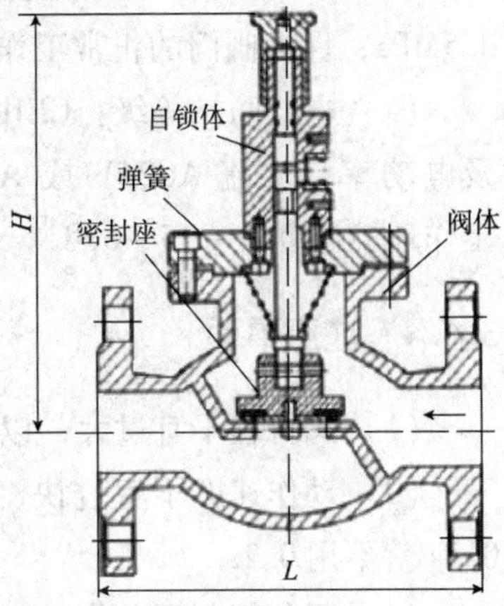

图3-13　液动紧急切断阀结构图

保管时将液动紧急切断阀的各个对外通路用塞子或盖板封闭，存放在干燥通风的室内，长期存放应经常检查，消除污垢，并在加工面上涂防锈油，防止锈蚀。

安装前应将本阀清除干净，将各螺纹连接处拧紧。

液动紧急切断阀采用止回阀原理，只能单向截断，安装时必须注意阀门标志，将要保护的一端作为阀门入口。

3.6.2.3　燃气紧急切断阀

燃气紧急切断阀是新型的燃气管道工程的安全配套装置，在供气管路中出现问题时能快速切断，避免事故的发生。具有极佳的技术性能、低负荷损失和高可靠性，与远距离气源配套使用，利用气源控制阀门的关闭，以便在管道或储罐上发生意外情况时，工作人员迅速通过控制室触动开关，电磁阀瞬间通电，气源快速关闭阀门。

气源入口安装一只二位三通电磁阀，利用远程电器控制台控制阀门开关。

一是通过燃气泄漏检测报警器报警通电，电磁阀通电排气，阀门自动关闭；二是手动控制电磁阀（按下红色按钮）排气，阀门自动关闭。

（1）燃气紧急切断阀工作原理。

①阀门在日常工作中处于常开状态，电磁阀线圈处于断电状态，不消耗电能。

②当紧急情况时，阀门线圈瞬时通电，触发阀门快速关闭，进入自锁状态。此时即使撤去电源，阀门仍处于自锁状态，不会重新自动打开。

③阀门采用先导式阀瓣，开启轻松，口径大于*DN*125，采用杠杆手柄，使阀门达到开关省力、快速。

④当维修人员处理完事故，人工重新开启阀门，才会恢复供气。

（2）燃气紧急切断阀手动复位操作过程。

当阀门被切断，管道漏气故障排除后，工作人员需要手动复位时，用力向上提拉手动复位杆，听到“咔”的一声，说明阀门完全被打开。此时，即使松开手，也不会被切断。

3.6.3 安装要求

（1）紧急切断阀采用止回阀原理，只能单向截断，安装时必须注意阀门标志，将要保护的一端作为阀门入口。阀门安装方向：高进低出。

（2）常开式切断阀气缸关闭压力≥0.5～0.8MPa，气缸的日常工作压力，不得低于0.5MPa，保证阀门的正常工作。

（3）电气防护等级：CEIIP65/IP67；防爆等级：EExd ⅡT4/ EExd ⅡT5；工作电压及电功率：交流 AC24V 或 AC220V，50Hz/14W；直流 DC12V/8.5W，DC24V/8.5W；工作环境温度：-15～60℃。

3.6.4 注意事项

（1）阀行程不宜过大，以提高动作速度。

（2）动作速度不宜过快，太快会产生冲击破坏。因此，应尽可能降低速度，能用0.5s 就不用0.2s。

（3）紧急切断阀动作速度更不宜太快。

（4）为提高安全性与可靠性，应选用可靠性高的电磁阀等附件。

（5）电动快速切断阀一般只用4～5s 走完全行程（90°）。

3.6.5 维护保养

（1）运行一年内每季度维护一次，运行第二年每半年维护一次，运行两年以后每年维护一次。

（2）检查手动装置应灵活、可靠，其机械限位装置，启闭操作方向正常可靠。

（3）检查电磁阀表面敷层应光洁，不应有气泡、剥落、锈蚀、脏污，紧固件不得有松动、损伤现象。

（4）检查手柄等是否处于浮动状态，行程螺母是否松动，密封是否可靠，动作是否灵敏快速。

3.6.6 常见故障及处理

常见故障及处理见表3-2。

表3-2 紧急切断阀门故障表

紧急切断阀门故障	原因分析	消除故障
填料处泄漏	1. 填料超期使用，已老化 2. 操作时用力过大	

续表

紧急切断阀门故障	原因分析	消除故障
填料处泄漏	3. 填料压料螺栓没有拧紧	1. 应及时更换损坏/老化压料，逐圈安放，接头成30°～40° 2. 应按正常力量操作，不许加套管或使用其他方法加长力臂 3. 均匀拧紧压住压料螺栓
密封面泄漏	1. 阀门安装方向与流程图不符 2. 关闭不到位 3. 久闭的阀门在密封面上积垢 4. 密封面轻微擦伤 5. 密封面损伤严重	1. 注意安装检查 2. 观察行程螺母是否松动，重新调整关严到位（螺母调节量不能太大）观察密封、流量情况；如果密封效果不好，或用一段时间后再次密封不严，需要考虑更换弹簧 3. 将阀门打开一条小缝，让高速流体把污垢冲走 4. 调整垫片进行补偿 5. 重新研磨，调整垫片进行补偿
法兰连接处泄漏	1. 螺栓拧紧力不均匀 2. 垫片老化损伤 3. 垫片选用材料与工况要求不符	1. 重新均匀拧紧螺栓 2. 更换垫片 3. 按工况要求正确选用材料，必要时联系厂家，进行材料选择
手柄/手轮的损坏	1. 使用不正确 2. 紧固件松脱 3. 手柄、手轮与阀杆连接受损	1. 禁止使用管钳、长杠杆、撞击工具 2. 随时修配 3. 随时修复
阀芯脱落	1. 阀芯紧固卡簧脱落 2. 阀芯紧固螺丝松动	1. 更换阀芯 2. 紧固螺丝

3.7　可燃气体检测报警器

3.7.1　定义

可燃气体检测报警器：也称气体泄漏检测报警仪器。当环境中可燃性气体发生泄漏，可燃气体检测报警器检测到可燃性气体浓度达到报警器设置的报警值时，可燃气体报警器就会发出声、光报警信号，以提醒采取人员疏散、强制排风、关停设备等安全措施。且气体报警器可联动相关的联动设备如可以驱动排风、切断电源、喷淋等系统，防止发生爆炸、火灾，从而保障安全生产。

可燃气体检测报警器，主要用于检测空气中的可燃气体，常见的如氢气（H_2）、甲烷（CH_4）、乙烷（C_2H_6）、丙烷（C_3H_8）、丁烷（C_4H_{10}）、乙烯（C_2H_4）、丙烯（C_3H_6）、丁烯（C_4H_8）、乙炔（C_2H_2）、丙炔（C_3H_4）、丁炔（C_4H_6）、磷化氢（PH_3）等。

3.7.2 基本结构和工作原理

可燃气体检测报警器主要有三部分组成，一是检测器，采集空气中的可燃气体，安装在可燃气体释放源附近；二是控制器，主要对各监测点进行控制，显示燃气浓度，当达到设定值时，发出警报或其他信号，一般安装在有人值守的值班室；三是连接部分，是指防电磁干扰的铠装电缆或加金属套管的电缆，将检测器的信号传递至控制器。当检测器检测到空气中的燃气时，将燃气浓度的大小转化为相应的信号，气体浓度越高，电信号越强，控制器再将电信号转化为数字信号，在液晶显示器上显示出燃气的浓度值，当值大于设定值时，便由蜂鸣器或警示灯发出报警信号，或启动连锁紧急切断阀系统，关闭释放源。

3.7.3 分类

按照自身形态可分为固定式可燃气体检测报警器和便携式可燃气体检测报警器。

可燃气体检测报警器是对单一或多种可燃气体浓度发出响应的探测器。日常使用最多的可燃气体检测报警器是催化型可燃气体检测报警器和半导体型可燃气体检测报警器两种类型。饭店、宾馆、家庭制作间等使用煤气、天然气、液化气的场所主要使用半导体型可燃气体检测报警器，散发可燃气体、可燃蒸汽的工业场所主要使用催化型可燃气体检测报警器。

催化型可燃气体检测报警器是利用难熔金属铂丝加热后的电阻变化来测定可燃气体浓度。当可燃气体进入探测器时，在铂丝表面引起氧化反应（无焰燃烧），其产生的热量使铂丝的温度升高，而铂丝的电阻率便发生变化，所以当遇到高温等因素时铂丝的温度发生变化，而铂丝的电阻率便发生变化，探测的数据也会发生变化。

半导体型可燃气体检测报警器是利用半导体表面电阻变化来测定可燃气体浓度。半导体可燃气体报警器用灵敏度较高的气敏半导体元件，它在工作状态时，遇到可燃气体，半导体电阻下降，下降值与可燃气体浓度有对应关系。

3.7.4 安装要求

可燃气体检测报警器安装在生产、运输、储存、使用的易燃、易爆场所，GB 50156—2012《汽车加油加气站设计与施工规范》中，11.4.2 条明确规定：加气站、加油加气合建站内设置有 LPG 设备、LNG 设备的场所和设置有 CNG 设备（包括罐、瓶、泵、压缩机等）的房间内、罩棚下，应设置可燃气体检测器。

将探测器安装在可能有气体泄漏的区域中，探测器安装必须牢固。探测器主要是接触燃烧气体传感器的检测元件，由铂丝线圈上包氧化铝和黏合剂组成球状，其外表面附有铂、钯等稀有金属。因此，在安装时一定要小心，避免摔坏探头。

安装位置根据被测气体相对于空气相对密度大小决定，当被测气体相对密度大于空气时，探测器应安装在距地面 30 ~ 60cm 处；当被测气体相对密度小于空气时，探测器安装高度宜高出释放源 0.5 ~ 2m 处。为了正确使用探测器并防止其故障的发生，不要安装在以下位置：

直接受蒸气、油烟影响的地方；

给气口、换气扇、房门等风量流动大的地方；

水汽、水滴多的地方（湿度：>95% RH）；

有冲击、振动及强电磁场干扰的地方；

温度在 -40℃以下或 70℃以上的地方。

控制器采用三芯屏蔽线与探测器连接（注：单芯线径不低于 0.75mm），将屏蔽层与控制器机壳相连并可靠接地。当采用 RVV 线缆时，应穿金属管并将金属管与机壳相连后可靠接地。如图 3-14所示。

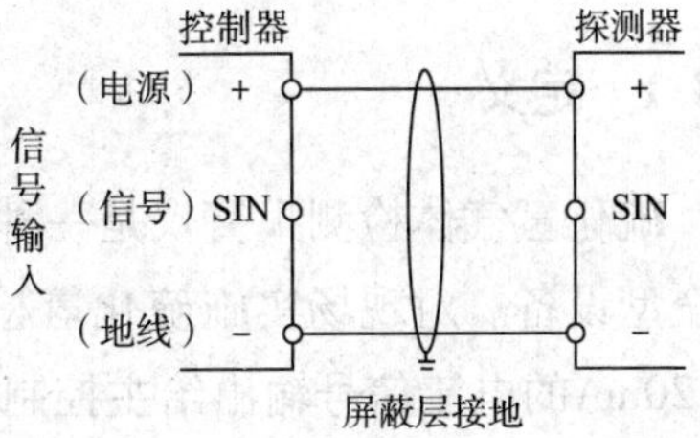

图 3-14　可燃气体检测报警器接线图

3.7.5　检定

根据中华人民共和国国家计量检定规程 JJG 693—2011 规定：

（1）仪器的检定周期一般不超过一年。

（2）对仪器测量数据有怀疑，仪器更换了主要部件或修理后应及时送检。

3.7.6　维护保养

可燃气体检测报警器的种类和型号较多，但是基本电路原理是相同的，因此其维护保养的方法也较相似。现介绍如下：

（1）探测器和控制器表面卫生，探头是否有杂物（锈、灰尘等）堵塞，避免脏物堵塞探测器检测口。检测元件与补偿元件的使用寿命通常为 3 ~ 5 年。在使用条件合理和维护得当的条件下，可延长其使用寿命。

（2）检查仪器是否正常工作，显示部分是否清晰、完整。对于有试验按钮的报警器，每周应按动一次试验按钮，检查报警系统是否正常。每 2 个月应检查标定一次报警器的零点和量程。

（3）应经常检查检测器有无意外进水。检测器透气罩在仪器检测时，应取下清洗，防止堵塞。

（4）检测器为隔爆型防爆设备，不得在超出规定的范围使用。检测器不得在含硫的场合使用。检测器应尽量在可燃气体浓度低于爆炸下限的条件下使用，否则，有可能烧坏元件。

（5）热线型半导体式检测器不得在缺氧的条件下使用。不要用大量的可燃气直冲探头。

（6）作好台账。注明启用时间、首检时间、维护保养情况、下次检定时间、有效期等。

3.8 硫化氢气体检测报警仪

3.8.1 定义

硫化氢气体检测报警仪是一种可连续检测硫化氢气体浓度或者有毒气体浓度的本质安全型设备。对现场实施硫化氢检测和控制，将气体中微量硫化氢按正比关系转换成4～20mA的电流信号输出给主控制器，当被检测气体硫化氢浓度超过报警设定值时，仪器发出声光报警，同时输出控制信号（开关量接点输出），提醒人员采取措施，从而阻止或降低现场危险程度的延续，达到自动排除险情，以保障安全生产。

硫化氢气体检测仪主要由报警控制主机和硫化氢气体检测探头组成。报警控制主机有开关量输出并可选通信接口，可以外接声光报警器或启动控制设备，也可以与上位机通信。

硫化氢气体检测报警仪广泛适用于燃气、石油、化工、冶金焦化等易产生硫化氢的行业。

3.8.2 原理

工作原理是检测仪上的传感器应用了定电压电解法原理。其构造是在电解池内安置了三个电极：工作电极、对电极、参比电极，施加一定的极化电压，使薄膜同外部隔开，被测气体透过此膜到达工作电极时，发生氧化－还原反应，传感器输出电流，此电流与硫化氢浓度成正比，电流信号经放大送至模拟/数字转换器，它将模拟量转换成数字，由液晶显示器显示出来。显示硫化氢的浓度，并且声光报警。如图3－15所示。

3.8.3 安装要求

（1）硫化氢检测探头宜安装在无冲击、无振动、无强电磁场干扰的场所，且周围留有不小于0.3m的净空。

（2）硫化氢气体检测器（探头）与取样器，安装位置应选择在阀门、管道接口，出气口或易泄漏处附近方圆1m的范围内的上方；CNG加气站安装位置应选择在脱硫塔出口管道上。

（3）检测器探头采样口朝下固定，锁紧螺母应完全拧紧，探头盖盖好，加装防雨

图 3-15 硫化氢气体检测报警仪结构图

罩，以达到防潮防爆要求。

（4）硫化氢检测探头的安装与接线按制造厂规定的要求进行，并应符合防爆仪表安装接线的有关规定。

为了正确使用气体探测器及防止气体探测器故障的发生，不要安装在以下位置

①直接受蒸汽、油烟影响的地方。

②给气口、换气扇、房门等风量流动大的地方。

③水汽、水滴多的地方（相对湿度≥95% RH）。

④温度在 -40℃以下或 65℃以上的地方。

⑤有强电磁场的地方。

3.8.4 检定

硫化氢气体检测仪检定规程 JJG 695—2003 规定：

（1）仪器的检定周期一般不超过一年。

（2）对仪器测量数据有怀疑，仪器更换了主要部件或修理后应急时送检。

3.8.5 管理要求

（1）检查仪器各连接部位可靠接触，各按键能正常操作和控制。

（2）检查仪器是否正常工作，显示部分是否清晰、完整。

（3）仪器声光报警是否正常。

（4）作好台账。注明启用时间、首检时间、维护保养情况、下次检定时间、有效期等。

3.8.6 常见故障及处理

硫化氢气体检测报警仪常见故障及处理见表 3-3。

表 3-3 硫化氢气体检测报警仪常见故障及处理

故障现象	故障原因	处理方式
没有显示（电源指示灯不亮）	电源故障	检查电源、保险管
开机报警	探头寿命到期，损坏或进水造成示值飘移、线路故障造成系统报警	更换探头；打开探头防护罩检查是否进水，检查线路接线端子；更换控制器
检测仪无显示	传感器隔爆片被堵塞，或传感器失效	清洗隔爆膜、传感器保障气体通道的畅通，更换传感器
主控制无显示	控制器主电路故障	请厂家维修

3.9 水露点检测仪

3.9.1 定义

在等压的条件下使气体中水蒸气冷却至凝聚相出现，通过控制露层传感器露层的温度，使气体中的水蒸气与水（或冰）的平展表面呈热力学相平衡状态，准确测量此时露层的温度，即为该气体的露点温度。测量气体中的水蒸气露点温度的仪器叫做露点仪。

测定方法：冷却镜面凝析湿度计法，电解法。从测定方式分为：化学分析法和仪器测定法。

3.9.2 原理

湿度测量仪器从原理上可分为冷镜式、完全吸收电解式、Al_2O_3 电容式、薄膜电容式、电阻式、干湿球、机械式。其中完全吸收电解式微水仪、Al_2O_3 电容式露点仪一般用于低湿范围的测量，而电阻式、干湿球、机械式湿度计只能用于相对湿度的测量，冷镜式、薄膜电容式湿度计则不仅能用于低湿的测量，还能用于中高湿，即相对湿度的测量。加气站主要采用在线式完全吸收电解法。

3.9.2.1 完全吸收电解法微量水分仪测量原理

用连续取样的方法，使气样流经一个特殊结构的电解池，其水分被作为吸湿剂的五氧化二磷层吸收，并被电解为氢气和氧气排出，而五氧化二磷得以再生。在电解过程中，产生电解电流。根据法拉第电解定律和气体状态方程可导出：在一定温度，压力和流量条件下产生的电解电流正比于气体中的含水量，测出电解电流的大小，即测出含水量。这类仪器一般以 ppmv 为单位，可直接读取气样中水分含量的 ppmv 值。仪器由气路系统和电路两部分组成。如图 3-16 所示。

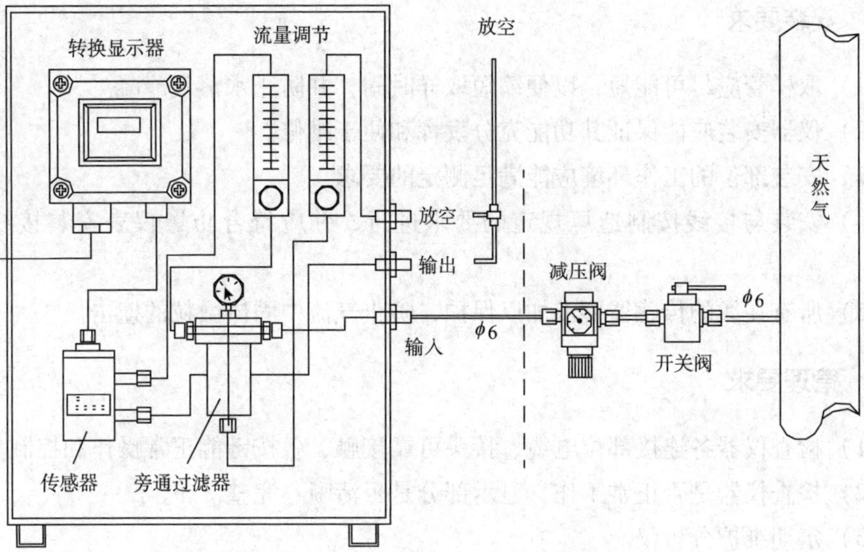

图 3-16　完全吸收电解法结构图

3.9.2.2　冷镜式露点仪测量原理

被测湿气进入露点测量室时掠过冷镜面，当镜面温度高于湿气的露点温度时，镜面呈干燥状态，此时光电检露装置中光源发出的光照在镜面上，几乎完全反射，由光电传感器感应到并输出光电信号，经控制回路比较、放大、驱动热电泵，对镜面致冷。当镜面温度降至湿气露点温度时，镜面上开始结露（霜），光照在镜面上出现漫反射，光电传感器感应到的反射信号随之减弱，此变化经控制回路比较、放大后调节热电泵激励，使其制冷功率适当减小，最后，镜面温度保持在样气露点温度上。镜面温度由一紧贴在冷镜下方的铂电阻温度传感器感应，并显示在显示窗上。如图 3-17 所示。

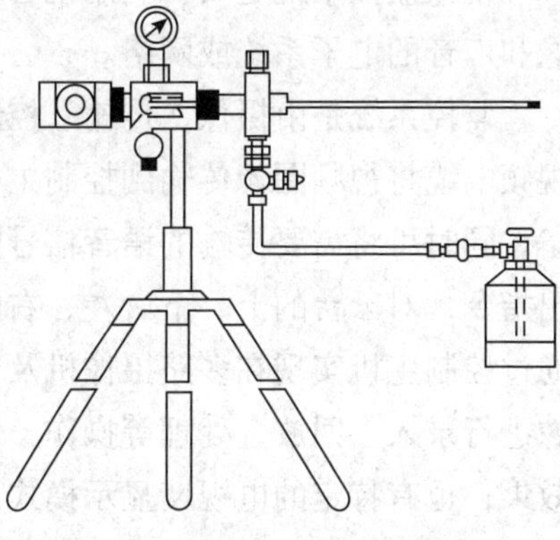

图 3-17　冷镜式露点仪示意图

采用便携式露点仪对管道天然气进行水露点检测，具有准确度高、分析速度快、实验重复性和再现性较好、操作方便的特点。

3.9.3　检定

精密露点仪计量检定规程 JJG 499—2004 规定：

（1）仪器的检定周期一般不超过一年。

（2）对仪器测量数据有怀疑，仪器更换了主要部件或修理后应急时送检。

3.9.4 安装要求

（1）取样管应尽可能短，以便缩短取样时间，并防止水蒸气冷凝。

（2）仪器安装应能保证其功能充分发挥和便于维修。

（3）安装部位的工作环境应能满足测定的要求。

（4）安装与接线按制造厂规定的要求进行，并应符合防爆仪表安装接线的有关规定。

（5）所有在线的传感器要求加以保护，防止气流中固体微粒的撞击。

3.9.5 管理要求

（1）检查仪器各连接部位电缆、接头可靠接触，各按键能正常操作和控制。

（2）检查仪器是否正常工作，显示部分是否清晰、完整。

（3）定期维护分析仪。

（4）作好台账。注明启用时间、首检时间、维护保养情况、下次检定时间、有效期等。

3.10 视频监控系统

3.10.1 视频监控系统的定义及组成

视频监控系统定义：利用视音频技术探测、监视设防区域并实时显示、记录现场图像和声音的电子系统或网络。

监控系统是由摄像、传输、控制、显示、记录登记5大部分组成。摄像机通过同轴视频电缆将视频图像传输到控制主机，控制主机再将视频信号分配到各监视器及录像设备，同时可将需要传输的语音信号同步录入到录像机内。通过控制主机，操作人员可发出指令，对云台的上、下、左、右的动作进行控制及对镜头进行调焦变倍的操作，并可通过控制主机实现在多路摄像机及云台之间的切换。利用特殊的录像处理模式，可对图像进行录入、回放、处理等操作，使录像效果达到最佳。视频监控系统有多画面的监控效果，也有特定的电视墙显示模式。

视频监控系统由实时控制系统、监视系统及管理信息系统组成。实时控制系统完成实时数据采集处理、存储、反馈的功能；监视系统完成对各个监控点的全天候的监视，能在多操作控制点上切换多路图像；管理信息系统完成各类所需信息的采集、接收、传输、加工、处理，是整个系统的控制核心。

视频监控系统已发展了二十多年时间，第一代为模拟视频监控系统（CCTV），第二代为基于“PC + 多媒体卡”数字视频监控系统（DVR），第三代为完全基于IP网络视频监控系统（IPVS）。

3.10.2　系统总体架构

视频监控系统可采用三种模式来进行组建：模拟型、混合型和全数字型。

3.10.2.1　模拟型

以嵌入式 DVR 为核心，监控系统主要由前端模拟摄像机、嵌入式 DVR、显示器、监视器、远程访问网络等组成。

以视频服务器为核心，监控系统主要由前端模拟摄像机、视频服务器、网络设备、管理服务器、监控终端、网络存储服务器等组成。模拟型系统结构如图 3-18 所示。

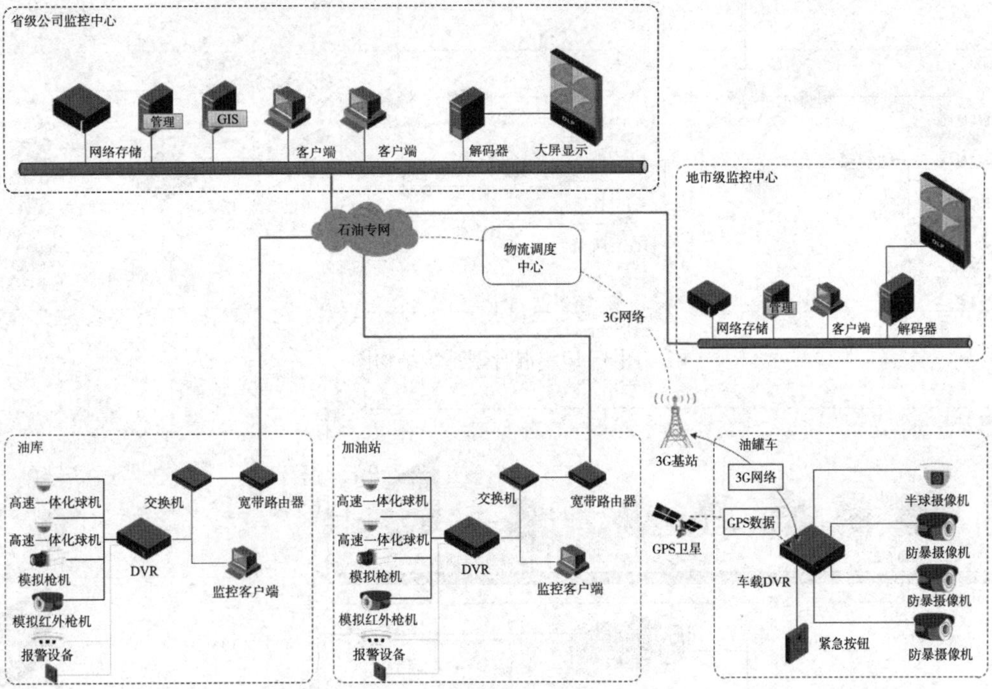

图 3-18　模拟型系统结构图

3.10.2.2　混合型

（1）以混合型嵌入式 DVR 为核心，监控系统主要由前端模拟摄像机、数字网络摄像机、混合型嵌入式 DVR、显示器、监视器、远程访问网络等组成。

（2）以网络存储录像机 NVR 为核心，监控系统主要由前端模拟摄像机、视频服务器、数字网络摄像机、NVR、显示器、监视器、远程访问网络等组成。混合型系统结构如图 3-19 所示。

3.10.2.3　全数字型

以网络存储录像机 NVR 为核心，监控系统主要由数字网络摄像机、NVR、显示器、监视器、远程访问网络等组成。全数字型系统结构如图 3-20 所示。

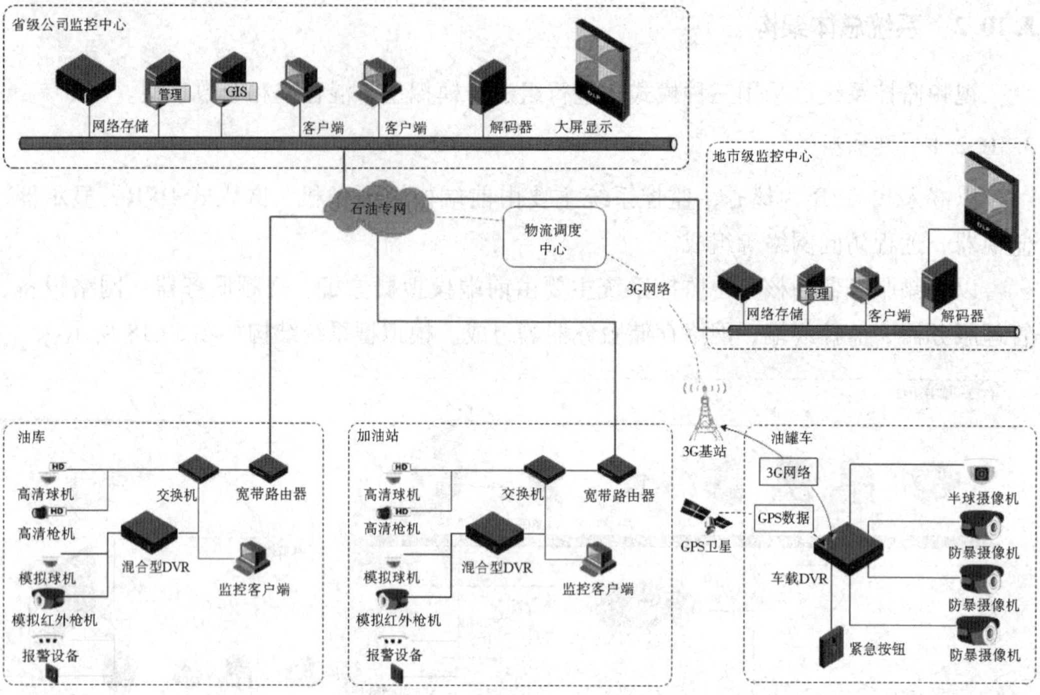

图 3-19 混合型系统结构图

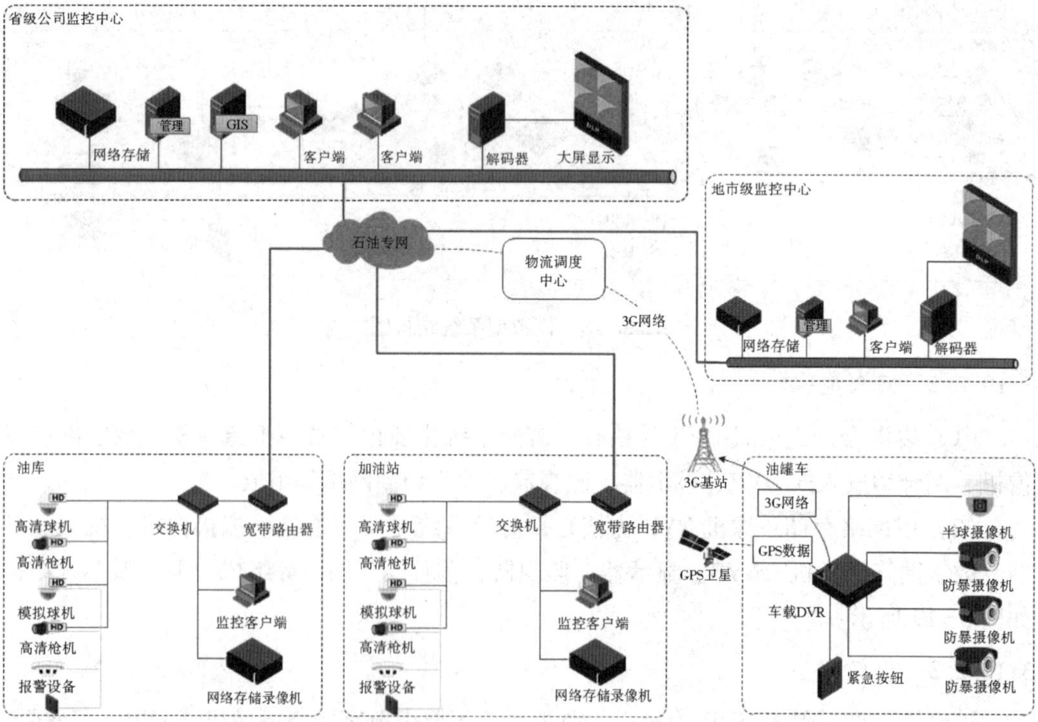

图 3-20 全数字型系统结构图

3.10.3　视频监控系统架构模式

按照中国石化销售企业组织架构，视频监控系统架构采用两种模式：一级管理模式和二级管理模式。

一级管理模式：加气站、省/市公司中心监控中心。

二级管理模式：加气站、地市级监控中心和省公司中心监控中心。

3.10.4　视频监控系统工作原理

监控是加气站重要场所进行实时监控的物理基础，管理部门可通过它获得有效数据、图像视频监控系统或声音信息，对突发性异常事件的过程进行及时的监视和记忆，用以提供高效、及时指挥等。监控系统具备：监控画面实时显示，录像图象质量单路调节功能，每路录像速度可分别设置，快速检索，多种录像方式设定功能，自动备份，云台/镜头控制功能，网络传输等。加装时间发生器，将时间显示叠加到图像中。在线路较长时加装音视频放大器以确保音视频监控质量。

3.10.5　视频监控系统主要功能

（1）本地录像。保存一定时间段内的本地视频监控录像资料，并能方便地查询、取证，为事后调查提供依据。图像显示及语音对讲应满足加气站全部接入图像同时显示，报警图像应具有以单画面全屏幕显示功能。

（2）远程视频监控。监控人员可远程任意调取存储的监控图像，并可远程发出控制指令，录像资料的智能化检索、回放、调整摄像机镜头焦距、控制云台进行巡视或局部细节观察。

（3）存储与回放。应实现对本地接入的全部图像进行实时存储，对报警联动图像应备份存储；支持视频同步存储与回放；可按照录像时间、摄像机位置、报警标识、日期范围等相关属性进行历史图像的回放；具备相应预录功能，实现对监控点报警前的预录像。

（4）权限管理。为保证录像资料的安全，系统具有操作权限管理，系统登录、操作进行严格的权限控制，保证系统的安全性。

（5）服务器平台构架方便，可以方便地安装服务器软件，只需分配用户不同权限的登陆账号，即可查看监控信息。

（6）随时随地地监控录像功能，无论身在何处，任何密码授权的用户通过身边的电脑联网连接到监控站点，可以看到任意监控站点的即时图像并根据需要切图，避免了地理位置间隔原因造成监督管理的不便。

（7）网络接口。具备标准数据通信接口，实现向上级管理平台上传信息，并接受上级平台的信息和控制指令，实现网络控制。

（8）报警联动接口。加气站的火灾探测、入侵探测、油气检测报警、暴力抢劫手动触发等报警输出接口应与相对应的图像编码通道相连接，具备在报警触发条件下有效地触发本地报警画面弹出，同时启动图像存储并向多个指定 IP 地址自动转发报警图像和事件位置信息的功能。

（9）系统可扩容。若需要添加新的监控站点，在服务器端添加相应信息和设备信息即可。

（10）安全性高。图像掩码技术，防止非法篡改录像资料；只有授权用户才可以进行录像备份，有效防止恶意破坏；具有日志管理功能，保证了专用系统的安全使用。服务器端和客户端之间所传输的数据，全部经过加密。

3.10.6 性能要求

3.10.6.1 图像显示性能要求

显示器分辨率的配置不应低于平台内所安装摄像机的最高分辨率；图像质量的评价应符合 GB 50395—2007 中 5.0.10 的相关规定。

3.10.6.2 图像存储与回放性能要求

（1）图像存储宜采用混合 DVR 或者 NVR 架构。

混合 DVR：模拟前端图像存储应格式不低于 D1，并接入 4～8 路 720P 数字图像；高分辨率图像存储，应不低于高分辨率摄像机的图像输出格式。

NVR：至少接入 16 路 D1 图像或 8 路 720P 图像；高分辨率图像存储，应不低于高分辨率摄像机的图像输出格式。

（2）图像存储时间应满足全部图像 24h 不间断录像，保存时间不应小于 30 天。

（3）应对录像文件采取防篡改或完整性检查措施。

（4）涉及重大事件的录像文件，应采用不同介质存档，长期保存。

（5）图像回放应不低于 D1，回放速率应满足 1～25 帧/s 任选。

（6）图像存储宜采用相应的数据冗余安全保障机制。

3.10.6.3 网络接口性能要求

（1）每路数字视频接入端口带宽应不小于 2m。

（2）共享平台与接入平台的下行带宽不宜低于 4m。

（3）接入平台上传到上级平台的图像应采用双码流技术，图像上传监控中心采用 CIF/D1 格式。

（4）报警联动接口性能要求联动相应时间应符合 GB 50395 的相关规定，不大于 4s。

3.10.7 前端信息采集点位设置要求

一般要求：

（1）全部前端信息采集设备的选型和配置应按 GB 50348 第 3.8 节的规定，符合其使用环境的要求。

（2）加气站前端信息采集设备都应设置在按 GB 50156 附录 B 划定的 0 区、1 区、2 区以外的区域，前端信息采集设备不宜于安装于 0 区、1 区、2 区内，如必须安装在 0 区、1 区、2 区内的，设备应采用隔爆型设备。且应根据不同点位现场照度情况配置相应的图像采集设备，实现高分辨率（彩色 540TVL 以上，黑白 600TVL 以上）。

（3）加气站的重要操作区图像覆盖率应满足无盲区覆盖的要求。

（4）加气站前端信息采集设备应尽可能设置在防雷保护区内，如有不能满足这一要求的前端信息采集设备，则应按 GB 50156 第 10.2 节、GB 50348 第 3.9 节、GB 50395 第 8 章的规定单独设计防雷设施，并按 GB 50348 第 7.7 节的要求进行检验。

（5）应根据前端摄像点具体应用环境温度及湿度等情况，选择合适的室外型护罩，如加热、雨刷、风扇风冷等功能。

3.10.8　摄像机机点配置要求

摄像机点位配置应符合表 3-4 的规定。

表 3-4　加气站摄像机点位配置

序号	安装区域或覆盖范围	最低选型要求	数　量	备　注
1	进出口	强光抑制摄像机	2 台	根据实际情况，进出口可各增加一台
2	罐区	红外球机	1 台	
3	站长财务办公室	540 线半球摄像机	1 台	
4	便利店收银服务区	540 线半球摄像机	1 台	
5	加气作业区	720P 低照度网络枪机	2～7 台	根据车道数具体选择数量
6	便利店销售区	540 线半球摄像机	1～3 台	
7	卸气柱及压缩机	红外球机	1 台	供有加气业务站选择
8	独立发卡网点	540 线半球摄像机	不少于 1 台	根据柜台数量情况，可适当增加点位数量

3.10.9　管理平台要求

管理平台是中国石化视频监控系统的控制、管理和指挥中心，能对全省所辖加气站的前端图像资源、设备和用户进行统一调用、管理和控制，具有向上级公司和同级相关政府管理部门转发图像信息的功能。授权用户可灵活采用 B/S、C/S 方式访问管理平台。管理平台设在省市级石油公司。

3.10.9.1　设备管理

（1）应具备平台内和下级接入平台设备控制参数的配置功能，并可对该配置和数据及时做出修改。

（2）应具有对平台内和下级接入平台可网管设备进行自动和手动检测、故障报警、自动巡检周期设定和巡检日志（运行日志、操作日志、报警日志等）生成的功能。

（3）设备管理应支持 SNMP 协议，并具有对全网可网管设备进行时钟同步的功能。

（4）设备应具有设备异常报警功能，包括视频信号异常、硬盘错误、网络异常等情况。

3.10.9.2　网络接口

（1）具备标准数据共享接口，实现与同级相关部门的信息共享与交互。

（2）具备标准数据通信接口，实现向上级公司上传信息、接收上级公司指示，并具备下发通知到系统内各级平台的功能。

3.10.9.3　系统视频质量诊断

可对前端设备的图像质量进行智能分析，并对视频图像的清晰度（图像模糊）、噪声干扰（雪花点、条纹、滚屏）、亮度异常（过量、过暗）、偏色、画面冻结、视频丢失等常见摄像机故障进行检测。

3.10.10　视频监控系统安装要求

（1）摄像头宜安装在监视目标附近不易受外界损伤的地方，安装高度室内距地面2.5～5m，室外应距地面3.5～10m。

（2）摄像机镜头应避免强光直射，镜头视场内，不得有遮挡监视目标的物体，并应避免逆光安装。

（3）摄像机不应在高温、潮湿、强磁场环境下工作。

（4）电气线路，应宜在非爆炸危险区域敷设。当无法避免时，应根据施工区域内危险气体的密度进行电缆敷设设计。危险气体的密度大于空气密度时，应在较高处敷设电缆；危险气体密度小于空气密度时，应在较低处或电缆沟敷设电缆。敷设电气线路时宜避开可能受到机械损伤、振动、腐蚀以及可能受热的地方，当不能避开时，应采取有效的预防措施。

（5）爆炸危险区域内的线路严禁有中间接头。在非正常情况下，必须在相应的防爆接线盒或分线盒内连接或分路。导线或电缆的连接，应采用有防松措施的螺栓固定，或压接、钎焊、熔焊，但不得绕接。

（6）线缆穿过不同爆炸危险区域或界壁时，必须采取下列有效隔离密封措施：

①在两级区域交界处的电缆沟内，应采取充砂、填阻火堵料或加设防火隔墙。

②电缆通过与相邻区域共用的隔墙、楼板、地面及易受机械损伤处，均应加以保护；留下的孔洞，应堵塞严密。

③保护管两端的管口处，应将电缆周围用软性料（如油麻）堵塞严密，再用防火材料堵塞，填塞深度不得小于管子内径，且不得小于40mm。

（7）同轴信号传输电缆敷设应采取套管保护，与电力线平行或交叉敷设时，间距不得小于0.3m，与通信线平行或交叉敷设时，间距不得小于0.1m。

（8）系统应等电位接地。接地装置应满足系统抗干扰和电气安全的双重要求，并不得与强电的电网零线短接或混接。系统单独接地时，接地电阻不大于4Ω，接地导线采用铜导线，截面积应大于25mm²。

（9）端子和引线需以颜色、规格、标示、编号等方法加以标记，以便安装时查找和长期维护。

3.10.11 系统供电要求

（1）系统供电应采用TN－S系统供电，并宜采用两路独立电源供电，且两路电源在末端可自动切换，切换装置应符合环境的防爆要求。

（2）供电回路应独立于生产、照明设备的供电回路。

（3）供电系统的各级配电箱中，均应加装浪涌保护器。

（4）应配备备用电源，备用电源应能保证系统15min以上的正常工作。

3.10.12 视频监控系维护保养

为了做好视频监控系统设备的维护保养工作，应专人专管，以保障监控系统的长期、可靠、有效地运行。

（1）做好防潮、防尘、防腐的维护工作。每季度一次设备的除尘、清理，扫净监控设备的尘土，对摄像机、防护罩等部件要卸下彻底吹风除尘，之后用无水酒精棉将各个镜头擦干净，避免静电等因素将尘土吸入监控设备机体内，确保机器正常运行。

（2）每月定期擦拭监视器，校对监视器的颜色及亮度。由于屏幕的静电作用，会有许多灰尘被吸附在监视器表面，影响画面的清晰度。

（3）检查监控机房通风、散热、净尘、供电等设施。

（4）确保室内温度相对稳定。室内温度应控制在5～35℃，相对湿度应控制在10%～80%之间，留给机房监控设备一个良好的运行环境。

（5）对容易老化的监控设备部件（如视频头等）每月一次全面检查，一旦发现老化应及时更换、维修。

（6）对监控系统及设备的运行情况进行监控，分析运行情况，及时发现并排除故障。如：网络设备、服务器系统、监控终端及各种终端外设。桌面系统的运行检查，网络及桌面系统的病毒防御。

第 4 章 压缩天然气加气站关键作业环节管理

压缩天然气加气站是易燃易爆场所，随着工艺和技术的不断发展，设备的自动化程度越来越高，但设备都需要人操作，且 CNG 加气站的压力容器操作、气瓶充装作业属于特种行业范畴，对作业人员的上岗资质要求甚高。本章着重从 CNG 加气站的作业中选取了几个关键的环节进行讲解，如排污作业、加气作业、接卸作业和压缩增压作业，旨在阐述这些作业环节中的安全要求、规范操作。

4.1 作业基本要求

4.1.1 制度要求

天然气加气站属于易燃易爆的危险化学品经营场所，按照国家法律法规的要求，加气站应建立完善的生产安全管理制度，对相关作业应建立与之配套的操作规程及作业指导书，同时还需要制定有针对性的应急预案。为便于作业过程中的监控，还需根据设备的使用、工艺的布局制定贴合实际的台账，用于记录设备的运行参数、工艺的变化情况。在科技不断发展之际，原本手工的台账可以通过传感器自动传输数据，在后台设立程序获得，这也是加气站不断提升自身自动化的方向。

4.1.2 人员要求

（1）CNG 加气站的从业人员按照岗位分工，属于特种作业的，必须经专门的当地市一级质量技术监督部门的安全技术培训，并考核合格，取得特种作业操作证后，方可上岗作业。同时，从业人员还需接受当地安全生产监督管理部门和消防部门的监管。

（2）CNG 加气站的设备管理人员也应接受当地质量技术监督部门、安全生产监督管理部门和消防部门的监管，须经专门培训，并考核合格，取得对应的上岗资格证后方可上岗管理。

4.2 排污作业

CNG 加气站的生产过程中，由于压缩、沉淀、沉积等因素不可避免地会产生一定的油污、污水和废气，这些废物长期积累会对设备、管线、容器产生影响，造成天然气气质不合格，甚至堵塞过滤器，引起冰堵事故，因此我们要定期将这些污物排放掉，这就是我们的排污作业。CNG 加气站是闭式循环，部分容器还是高压状态，排污作业大部分是通过天然气的压力将废油、废水排除，并统一收集，在操作过程中要注意控制压力和流速，且应严格按照环境保护的要求处理排放的废弃危险化学品，避免其泄漏对环境产生影响。

4.2.1　作业要求

（1）作业人员具有操作的资质，持有《固定式压力容器操作证》（R1），身着防静电工作服，佩戴手套，熟悉操作规程。

（2）控制压力容器的压力，操作时控制排污气流流速，操作球阀阀柄时应侧身操作，避免阀柄因压力冲出造成的伤害。

4.2.2　操作要点

（1）CNG 常规站和 CNG 加气母站的脱水装置、低压容器及压缩机排污应由当班的操作工定时进行。站内放空管、储气井（瓶）及 CNG 车载储气瓶组的排污作业时应尽可能在白天进行，并加强现场作业监护。

（2）储气井（瓶）排污应满足以下要求：

①储气井（瓶）排污作业时应由两名人员同时作业，一人排污，一人监护，排污时，排污口严禁对人。

②储气井（瓶）排污压力不应大于 10MPa；作业时应缓慢开启针型排污阀，排污阀开度宜控制在有液体流出。排污过程中排污阀结霜严重时应暂停排污。

③排污时要一井（瓶）一排，严禁多井（瓶）同时排污。雷雨、大雾等不良天气下或附近有明火时，禁止排污。

④车载储气瓶组拖车排污压力不应大于 10MPa，排污位置应在指定地点，排污前必须确保车辆与静电接地装置连接有效。

⑤站内放空总管的排污应每天一次。

（3）排污出来的油水废物应集中收集，按照危险品废物处理要求进行处理，对飞溅出来的少量油水废物应及时清理，避免对环境造成污染。

（4）排污作业须有记录，记录排污出来的油水废物的量，便于对工艺情况的分析，同时，油水废物的量应与加注的润滑油的量进行对比分析。

4.3　车载储气瓶组接卸作业

CNG 加气子站的气源来自车载储气瓶组，其接卸是 CNG 加气子站的关键作业环节，整个作业环节涉及设备的停机、放空、车辆的指挥、接卸快转接头、检查、开关阀门、指挥车辆离开和设备的启动等多个环节，容易发生误操作，需由熟练的工人按照操作规程规范操作，并加强监管。

4.3.1 作业要求

（1）作业人员具有操作资质，持有《固定式压力容器操作证》（R1），身着防静电工作服，佩戴手套，熟悉操作规程。

（2）现场摆放有满足要求的消防器材，静电接地装置能有效工作。

4.3.2 操作要点

4.3.2.1 CNG 标准子站的接卸作业

（1）CNG 车载储气瓶组拖车进站应限速，车速不大于 5km/h，停靠在指定的安全作业点。操作人员应按规定摆放消防器材、警示设施，车档及连接静电接地夹。严禁未启动拖车自动刹车装置就开始接卸。

（2）牵引车头与车载储气瓶组不分离时，车钥匙必须由操作员暂时保管。

（3）接卸前，操作人员必须认真检查车载储气瓶组每一只储气瓶的安全状况，检查拖车前后舱内的阀门、压力表及温度计等附件是否有泄漏现象，会同司机核对储气瓶的压力、温度数据，质量报告，签字验收后方可接卸。发现问题，必须处理完问题后再进行卸气操作。

（4）卸气前一定要先打开卸气柱和拖车后舱放散阀放散，保证管路内不含压力，方可进行下一步操作。严禁未确认卸气柱上放空阀是否处于关闭状态，就开始卸气。

（5）卸气柱软管与车载储气瓶组的主阀连接后，操作人员必须再次对软管连接的可靠性进行确认，防拉脱装置必须连接有效。卸气过程中必须有操作人员在现场监护。操作人员应巡回检查管道、阀门、仪表工况，并做好记录。

（6）在操作卸气柱和车载储气瓶组拖车主阀门过程中，应侧向操作，严禁正面对向阀门和快装接头。卸气结束后，操作人员应逐一检查各气瓶阀门、管线接头等部位无漏气，并确认各处连接已拆下，方可引导车辆离站。

（7）卸气过程中，严禁非工作人员进入卸气作业区。

4.3.2.2 CNG 液推子站的接卸作业

（1）卸气操作。

①管线连接操作。

a. CNG 车载储气瓶组拖车司机将拖车停到指定位置，用楔块固定好拖车前轮，摇下拖车支腿使牵引车离开。

b. 打开车载储气瓶组拖车后仓门，启动拖车气动刹车装置，连接防静电接地夹。

c. 认真检查车载储气瓶组每一只储气瓶的安全状况，检查拖车前后舱内的阀门、压力表及温度计等附件是否有泄漏现象；检查各手动阀和气动阀是否处于正常状态，如发现问题，必须解决后方可进行下一步操作。

d. 将拖车前端气瓶组卡锁置于打开位置，放下液压顶升油缸，松开拖链挂钓。

e. 连接液压顶升装置软管，按动定升启动按钮，调节压力手柄，将压力调节至17～20 MPa，扳动液压换向阀手柄，使车载储气瓶组前部适当抬高，仰角控制在8°～11°；顶起过程中注意观察液压缸不可与地面接触，液压管路是否泄漏，拖车是否平稳，有无异常。

f. 将换向手柄调至中立位置，调节压力手柄，将系统压力降为零，按动液压顶升停止按钮，停止液压顶升装置。

g. 打开各块体处的放散阀，放掉该部分余压，然后关闭放散阀。

h. 将液推装置的注油软管、回油软管和卸气软管，分别与 CNG 车载储气瓶组上对应的快装接头连接，同时，确保防拉脱装置连接有效。

i. 将液推装置的注油阀控制气路、回油阀控制气路和卸气阀控制气路，分别与 CNG 车载储气瓶组上相应的气动快装接头连接。

j. 打开液推装置的注液动阀、回液手动阀和卸气手动阀门；打开 CNG 车载储气瓶组上的加气总阀门，并进行检漏，确保快装接头连接可靠和无泄漏。

②启动自动运行程序操作。

a. 气动控制气源设备，使气体储罐压力达到设定值，打开控制气源总阀。

b. 系统送电，此时液推装置控制柜界面显示系统停运状态的相关信息。

c. 通过控制柜人机界面，调整 CNG 车载储气瓶组的1#～8#气瓶的状态与瓶组实际状态吻合。

d. 退出设定状态屏，按动启动按钮时系统进入自动运行状态，液推装置开始工作。

③更换 CNG 车载储气瓶组拖车操作。

a. 当确认第一辆拖车第八只储气瓶开始回液，此时可以进行换车操作。

b. 关闭 CNG 车载储气瓶组卸气总阀，关闭液推装置卸气手动阀，注油手动阀。

c. 打开液推装置注油管路和泄气管路上放散阀，卸掉两管路中的压力，关闭两放散阀

d. 打开第二辆拖车注液管路和泄气管路上的放散阀，卸掉气动阀与快装接头管路间的压力，关闭两放散阀。

e. 从第一辆 CNG 车载储气瓶组拖车卸下注液软管、卸气软管，将其连接到第二辆 CNG 车载储气瓶组相应的快装接头上。从第一辆拖车卸下注液阀控制气路、卸气阀控制气路，将其连接到相应的快装接头上。

f. 打开拖车加气阀，打开液推装置注油手动阀和卸气手动阀。

g. 按下换车按钮，按下时蜂鸣器，启动液推装置，开始正常工作（可以正常加气）。

h. 等待第一辆拖车第八只储气瓶回液结束后（包括二次回液），关闭液推装置的手动回液阀。

i. 打开子站橇体回液管路放散阀，卸掉管路中的余压，关闭放散阀。打开第二辆拖

车回液管路的放散阀，卸掉该部分管路压力。将第一辆拖车的回液软管、回液控制气路卸下，连接到第二辆拖车回液管路和回液控制气路快装接头上。

j. 打开液推装置上的手动回液阀，第二次按下换车按钮，完成换车作业。

④CNG 车载储气瓶组拖车驶离子站操作。

a. 检查 CNG 车载储气瓶组上的管路、阀门是否正常。

b. 降下 CNG 车载储气瓶组，断开拖车防静电接地夹。

c. 将拖车前端气瓶组卡锁置于锁定位置。

d. 断开两个液压顶升软管快装接头，卸下液压顶升软管，挂上液压顶升油缸挂钩。

e. 摇起拖车支腿，将 CNG 车载储气瓶组拖车降到合适高度，连接牵引车。

f. 移走拖车的支撑底座，移走拖车车轮的楔块。

g. 检查拖车连接情况，确认无误后，关闭拖车后仓门（松开拖车安全闸）。

h. 指挥拖车安全驶离站点。

4.3.3 安全注意事项

（1）基本要求。加气站区域严禁烟火，杜绝天然气泄漏，非工作人员不得进入生产区域，发生任何天然气泄漏、着火爆炸，按照事故应急抢险预案的规定执行。

（2）高压液压系统、高压天然气系统严禁带压检修。液压管线检修时必须卸压至常压后，必须把系统内的天然气置换合格，并保持其系统与大气相通，由专业人员进行设备维护、维修工作。

（3）电路系统严禁带电作业，必须断电后由专业人员进行电器设备的维护、检修工作，电路开关处需人值守或挂牌警示。

（4）在使用过程中，严禁高压软管的弯折和扭曲；CNG 车载储气瓶组拖车气瓶内的液压介质没有彻底返回液压平推装置油箱中时，不得擅自将 CNG 车载储气瓶组拖车拖离子站。

4.4 压缩机增压作业

压缩机是 CNG 加气站的“心脏”，承担着增压、稳压，建立压差的功能，其工作正常与否直接关系到加气站能否持续正常经营，其排量影响加气站的经营总量，压缩机的操作是加气站的核心作业。

4.4.1 作业要求

（1）作业人员具有操作的资质，持有《固定式压力容器操作证》（R1），身着防静电工作服，佩戴手套。

（2）作业人员需经过培训，熟悉设备原理及操作规程，并严格执行操作规程。

4.4.2　操作要点

4.4.2.1　压缩机增压作业

（1）压缩机操作安全保障。

①压缩天然气是易燃易爆物质，压缩机的安全操作是防漏、防火、防爆的基础。

②机房区域内严禁烟火、严禁使用非防爆电器。

③机房是CNG加气站危险区域，在机器运行过程中非操作人员不得靠近。

④在启动压缩机之前，应保证没有人正在进行压缩机及其系统的检查和维修工作。

⑤在压缩机运行过程中不要随便接触各级排气管路，因为这些部位压力和温度较高，以防意外事故。

⑥在压缩机运行过程中不得进行与其系统有关的维修作业。

⑦压缩机操作人员须经过培训合格后方可上岗。

（2）压缩机开车前的准备工作。

①压缩机在制造厂经过试车，厂内试车使用的是防锈润滑油，加气站在安装调试后由厂家提供换油方案，通常情况下压缩机在出厂之日起6个月内，可直接安装使用，如存放期过长，应检查各摩擦面有无锈蚀现象，若有，则应用油石将锈蚀研磨光洁。用煤油清洗油封时须待煤油全部晾干后方可总装开车。

②如果在清洗油封时曾拆下各级活塞，则安装活塞后应检查活塞的死点间隙是否符合规定。

③检查压缩机油池和注油器油位，是否在油标规定高度范围内，否则应将机油补充到位。确认曲轴箱清洁后，将符合规定的润滑油注入，并达到规定的油面线为止。第一次开车前应向传动件的摩擦面上，十字头滑道，轴瓦，浇以足够的油量，以避免初次开车时因无油烧损。并用手摇注油器手把，把油压出。同时将与气缸上油止回阀连接的接口拆开，检查是否畅通。当油溢出时，接好油止回阀继续摇动手柄约1min，使润滑油进入气缸内。

④检查压缩机各运动件与静止件的紧固及防松情况。

⑤接通水源使水畅通地流过各水路并调节流量。

⑥检查配电电压是否正常（正常范围应在360～400V）。

⑦打开卸荷阀、排污阀，打开压缩机冷却进排水阀，确认是否有异常，应保持阀门开关可靠。

⑧检查润滑系统、冷却系统时，启动润滑油泵电机、注油器电机，保证油压和油量在正常范围，必要时进行油压、水压调整。启动冷却水泵电机、风机，观察水压，保证水压和水量在正常值。

⑨检查压缩机的清洁、保养是否达到安全运行的要求。

⑩开车前应单独检查电动机，观察其转向是否正确，并盘车数转以检查运行是否灵活，确认无障碍后方可开车。

（3）压缩机启动与运行。

①必须在上述准备工作完成后进行，并详细阅读压缩机操作说明书的电控部分。

②接通电源，保证水压、油压和油量正常，启动压缩机，使压缩机空负荷运行。

③当压缩机转速正常后，打开进气阀，关闭卸荷阀、排污阀。

④观察油压、水压和各级进、排气压力，温度（各级进气温度不超过40℃，各级排气温度不超过150℃）是否正常。

⑤调整进站的调压阀，使压缩机不超负荷运行。

⑥压缩机运行中，要依原料气含水状况对油水分离器定时排污（一般每2h排污1次）。

（4）压缩机工作过程中的巡回检查。

①启动完成后，压缩机即投入正常运行和升压，其润滑油及油温、冷却水压力、进气压力、各级排气压力及温度、电流、电压等参数受PLC控制装置控制。如有异常将会自动报警停机。

②压缩机运行中，操作人员必须定期到机房查看其运行情况，检查阀门，管路接头等有无泄漏，并作好记录。

③压缩机启动和运行中，操作人员必须定期到机房查看和监听有无异常现象及声音出现，并作记录，因为机械故障不受电控控制。

④随时查看注油器油滴数量。因为油滴数量不受电控控制。

4.4.2.2　压缩机运行安全事项

（1）注意观察各级压缩缸的温度和压力。

①在运转过程中某一级压力或温度突然升高时，必须立即停车处理。

②在正常运转中，进气温度升高时必须立即加大冷却水水量，防止进气温度过高，影响排气量。

（2）注意观察压缩机的各部件、零件。

①正常运转中，如突然出现撞击声时，应迅速切断压缩机电源，紧急停车。

②严格防止液体带入气缸，造成气缸内液击而损坏机器。

③压缩机在断水之后，不能立即通入冷水，避免因冷热不均，出现气缸裂纹。

④仔细检查设备及管线的法兰接合处，严格控制泄漏、振动及相互摩擦等情况。

⑤检查机座螺丝是否松动，以防损坏基础。

⑥开关阀门要缓慢，不要用力过猛，使阀门损坏，并且不要开得太足，关得太死。记好各阀门开关的转数。

⑦各种零星配件，如气门、各种铝垫、止逆阀、注油器组件及专用工具等必须有专人负责保管。

（3）注意观察压缩机润滑油系统的润滑情况。

①在正常运转中注意注油器的滴油情况，加发现注油器漏油必须及时修理。注油量不足时及时调整和清洗。

②注意观察润滑油的温度，不得轻易加大冷却水量。

③要保持润滑油的清洁，按压缩机使用说明书强制保养（更换润滑油和滤网等）。

（4）对压缩机检维修作业，要先停气卸压，同时断电，并按规定在控制柜上悬挂“正在检修”、“禁止合闸”等警示标识，避免误操作；需动火时应先进行气体置换后，办理相应直接作业环节票据后动火。

4.5　加气机加气作业

4.5.1　作业要求

（1）作业人员具有操作的资质，持有《车用气瓶充装证》（P5），身着防静电工作服，佩戴手套。

（2）作业人员需经过培训，熟悉设备原理及操作规程，并严格执行操作规程。

4.5.2　操作要点

（1）做好加气前的安全检查及准备工作。

①检查加气设备是否正常，加气机压力指示正常。

②引导加气车辆内乘客下车，加气区域外等候。

③引导车辆停靠在加气车位。

④督促司机熄火，关闭车灯、音响等。

⑤检查车辆状况。

检查加气车辆的车用储气瓶检验证件（原件）。对已投入使用的天然气汽车，储气瓶无定期质检合格证，气瓶超过有效期及合格证不全的车辆，一律不得加气。

对新到站加气的车辆，未查明气瓶原有不同介质已置换完之前，一律不得加气。

对没有剩余压力的气瓶一律不得加气。

对气瓶、减压阀、充气阀、高压管线等装置连接有松运、固定不可靠的车辆，未整改的，一律不得加气。

对有泄漏现象的加气车应立即停止加气。

检查待加气车辆发动机是否已经熄火。对车辆未熄火，驾驶员和乘客未下车一律不得加气。

严禁对有伤、焊接的气瓶加气。

对持有储气瓶电子标签系统的地区，加气前必须扫描电子标签，确定气瓶在监控范围内。

（2）加气作业。

①启动加气机，观察加气机是否处于正常状态，屏显加气量已归“零”。

②应主动打开加气汽车的引擎盖。

③拔出加气阀防尘塞，把加气枪头插入加气阀中。

④若该地区要求加气枪安装防弹出的保护连接装置，则需将防弹出伤人保护连接在汽车牢固位置。

⑤握住加气枪二位三通阀体，旋开加气枪二位三通阀手柄至打开位置，开始加气。

⑥加气时能听到天然气流动的声音，说明充气正常。

⑦加气过程中，应注意观察加气机、加气枪和加气汽车加气管路是否有结霜、异常响声、异常味道等现象；发生异常现象，应立即停止加气，待查明原因，排除故障后方可恢复加气。

⑧加气过程中，当听到气瓶有异常响声时，应立即停止加气，发出警报，关闭充气阀、关闭加气机进气阀，将现场人员疏散到安全地带，待查明原因、排除故障后方可恢复加气。

⑨加气过程中，加气员一定要规范操作，插枪到位，防止加气枪头冲出、软管飞舞发生事故。

（3）加气结束。

①加气完毕时，关闭二位三通阀，关闭加气车充气阀，打开二位三通阀排空后，拔出加气枪头，插好防尘塞。

②关闭车盖，引导车辆离开。

③在加气员未拔出加气枪头之前，严禁加气车驾驶员上车启动汽车。

4.5.3 注意事项

（1）加气枪口严禁对人，以免人员受伤。

（2）加气枪套管为硬塑材料，使用时须轻拿轻放，严禁磕碰。

（3）开启阀门加气时，加气员要站在阀门一侧，避免加气枪与加气阀结合不好导致的弹出危险。

（4）加气时严禁加气员脱岗。

（5）当拔出防尘塞，产生较响亮的“砰”响声时，说明有两种情况的可能。一是该车的加气阀没有关严，二是加气阀已发生故障。判断是第二种情况时，应建议驾驶员将车送修理厂修理，再来加气。

（6）加气枪头橡胶密封圈由于反复使用，容易磨损变形，应适时更换。如果加气时，发出“呼呼”声并伴有气雾，说明加气枪头橡胶密封圈密封不严。这时，加气员应握紧加气枪，立即关闭两位三通阀，关闭加气车针型阀开关（单向阀不关闭），拔出加气枪头更换橡胶密封圈后重新加气。

（7）拔出加气枪头困难时，可适当用力旋转向上即可拔出；切忌向水平方向用力。

（8）加气过程中发生紧急情况的处理方法，按加气站事故应急预案执行。

第5章 压缩天然气加气站职业卫生和环境保护

压缩天然气是高品质的清洁燃料，主要成分是甲烷，目前CNG加气站已成为城镇发展的重要基础设施之一。鉴于国家对职业卫生、环境保护工作的日趋重视，以及CNG加气站的高风险状态，本章遵循国家《建设项目环境风险评价技术导则》、《建设项目职业病危害预评价技术导则》、《建设项目职业病危害分类管理办法》等法规标准，重点就加气站职业卫生和环境保护管理相关要求进行详细阐述。

5.1 压缩天然气加气站职业卫生

5.1.1 基本要求

5.1.1.1 职业卫生管理机构和管理制度

根据《中华人民共和国职业病防治法》的相关要求，CNG加气站所属经营单位必须设置有专门的职业卫生管理机构及专职管理人员，加气站内应设置有兼职管理员。此外，还必须建立较为完整的职业卫生管理制度，且职工健康档案内容齐全，符合要求，专人管理。

5.1.1.2 职业病危害防护设施

根据《工业企业设计卫生标准》（GBZ 1—2010）的相关要求，CNG加气站内应设置职业病危害防护设施，包括防噪设施和除尘、通风设施。

5.1.1.3 个人职业病危害防护用品

根据《劳动保护用品配备标准（试行）》（国经贸安全〔2000〕189号）的相关要求，CNG加气站必须按照标准配置个人职业病危害防护用品。

5.1.1.4 应急救援设施及应急预案

根据《中华人民共和国职业病防治法》的相关要求，CNG加气站应结合实际情况，编制较为详尽的应急救援预案，并定期组织演练，合理配置应急处置设施。

5.1.1.5 辅助卫生用室

根据《工业企业设计卫生标准》（GBZ 1—2010）的相关要求，CNG加气站内应设置有一定的辅助卫生用室。

5.1.1.6　员工职业病体检

根据《中华人民共和国职业病防治法》的相关要求，CNG加气站应定期对从事存在职业危害作业人员进行健康检查，同时对新入职员工就业前应进行体检，检查是否有职业禁忌。

5.1.2　加气站职业病危害因素

根据CNG加气站生产工艺和作业岗位分工，加气站主要的职业病危害因素包括噪声、硫化氢等，其中噪声检测结果不应超过国家卫生标准规定的85dB（A），硫化氢检测结果不应超过国家卫生标准规定的10MAC（mg/m^3）。

5.1.2.1　化学有害因素对人体健康的影响

（1）硫化氢。硫化氢为无色有恶臭气体，溶于水、乙醇，相对密度（空气=1）1.19，能在较低处扩散到相当远的地方，易燃，与空气混合能形成爆炸性混合物，遇明火、高热能引起燃烧爆炸，与浓硝酸、发烟硫酸或其他强氧化剂强烈反应，发生爆炸。硫化氢侵入途径为吸入，本品是强烈的神经毒物，对黏膜有强烈刺激作用。

（2）甲烷。甲烷是无色、无味、可燃的气体。甲烷对空气的质量比是0.54，比空气约轻一半。其侵入途径为吸入。甲烷对人基本无毒，但浓度过高时，使空气中氧含量明显降低，使人窒息。

5.1.2.2　物理因素对人体健康的影响

噪声对人体的影响是全身性的，既可引起听觉系统的变化，也可以对非听觉系统产生影响。这些影响的早期主要是生理性改变，长期接触比较强烈的噪声，可以引起病理变化，也就是早期人体生理性改变属可逆性，而长期接触引起的病理性变化，则形成不可逆的疾病。噪声对人体的作用分为特异性（听觉系统）、非特异性（其他系统如：神经系统、心血管系统、内分泌免疫系统、消化道系统及代谢功能、生殖功能及胚胎发育）。噪声引起生产工人的耳聋称之为“噪声聋”，被列入国家法定职业病名单，噪声作业场所的职业接触限值见表5-1。

表5-1　噪声作业场所的职业接触限值

接触时间	接触限值/dB（A）	备　注
5d/w，=8h/d	85	非稳态噪声计算8h等效声级
5d/w，≠8h/d	85	计算8h等效声级
≠5d/w	85	计算40h等效声级

5.1.3　职业病危害防护措施

5.1.3.1　应具备的职业病防护设施

（1）防毒。

①CNG 加气站生产装置应配置抽排风系统。

②站内管道安装符合国家标准及规范要求，按照 GB/T 14976—2012 的规定，高压管道采用 SS316 不锈钢管。按照 GB 8163 的规定，放散管道采用无缝钢管，材质选用 20 号钢。埋地钢管的防腐材料使用 3 层 PE 加强级外防腐并采用镁合金阳极来做牺牲阳极保护。地上管道（包括地沟内管道）采用环氧富锌漆底漆和氯磺化聚乙烯面漆防腐涂料。

③阀门宜选用进口高压不锈钢阀门，减少泄漏。

④储气方式宜选用储气井，同时做到打井接点少，以达到泄漏点少，对周边环境、居民心里影响小的目的。

⑤压缩机宜选用自动化程度高且控制系统中的 PLC 柜功能能完全满足加气站自动监控要求的设备。

（2）防噪。对产生较大噪声的设备（如压缩机、水冷器、干燥器等），要选用隔音设施（如降噪罩）保证其符合标准，且操作值班室要与噪声源进行隔离。

5.1.3.2　应具备的个人防护用品

CNG 加气站应按照《劳动保护用品配备标准》和《个体防护装备选用规范》（GB/T 11651—2008）进行配置，接触噪声的工作人员应配置塞栓式耳塞或耳罩；接触化学毒物的工作人员应配备防静电工作服、机械过滤式防毒口罩、手套等。

5.1.3.3　应具备的应急救援措施

CNG 加气站应编制《CNG 加气站应急救援预案》，由现场应急指挥组、通信联络组、灭火行动组、疏散引导组、医疗救护组等组成应急救援组织，明确各组相关职责，制定专项应急程序并设定外部救援机构，定期进行应急培训和演练。

5.1.3.4　应具备的职业卫生管理措施

CNG 加气站应结合职业卫生管理相关规定，制定本企业的职业卫生管理规定，且规定中应包括职业卫生机构与管理、职业病危害前期预防、劳动用工及职业健康检查管理、作业场所管理、职业病诊断与管理、职业健康教育与培训。

5.1.3.5　应设置辅助用室

CNG 加气站内应设置相应的卫生设施，如更衣室、浴室、厕所等。

5.1.3.6　应设置职业病防治专项经费

企业应按照《中华人民共和国职业病防治法》的相关要求，每年从生产经营成本中据实列支费用，用于 CNG 加气站卫生防护设施购置、职业病危害因素检测检验、职业健康检查、应急救援设施购置、个人防护用品购置等。

5.1.4 加气站项目选址的职业卫生要求

企业 CNG 加气站项目选址应满足《工业企业设计卫生标准》（GBZ 1—2010）的相关要求。

（1）CNG 加气站选址需依据我国现行的卫生、环境保护、城乡规划及土地的利用等法规、标准和拟建项目生产过程的卫生特征、有害因素危害状况，结合建设地点的规划与现状，水文、地质、气象等因素以及为保障和促进人群健康需要，进行综合分析而确定。

（2）CNG 加气站应避免在自然疫源地选择建设地点。

（3）CNG 加气站应布置在当地夏季最小频率风险的被保护对象的上风侧。

（4）CNG 加气站不得在居住区、学校、医院和其他人口密集的被保护区域内建设。

（5）CNG 加气站与居住区之间必须设置足够宽度的卫生防护距离。

5.1.5 加气站总体布局的职业卫生要求

企业 CNG 加气站总体布局应满足《工业企业设计卫生标准》（GBZ 1—2010）的相关要求。

（1）CNG 加气站的生产区、生活区、住宅区、生活饮用水源、工业废水和生活污水排放点、处理点，以及各类卫生防护、辅助用室等工程用地，应根据加气站的性质、规模、生产流程、交通运输、环境保护等要求，结合场地自然条件，经技术经济比较后合理布局。

（2）CNG 加气站的总平面应按照前区内设置行政办公用房、生活区福利用房；生产区内布置生产车间和辅助用室的原则是，在生产区内除值班室、更衣室、洗浴室外，不得设置非生产用房。

（3）反映 CNG 加气站建筑群体的总平面图应包括总平面布置的建筑物现状，拟建建筑物位置、道路、卫生防护、绿化等内容，必须满足职业卫生评价要求。

（4）CNG 加气站的总平面布置，在满足主体工程需要的前提下，应在产生职业危害的车间与其他车间以及生活区之间设有一定的卫生防护绿化带。

（5）CNG 加气站厂区总平面布置应做到功能分区明确。

（6）CNG 加气站在布置生产剧毒物质和有高温装置的车间时，同时考虑相应事故防范和应急、救援设施和设备的配套并留有应急通道。

（7）以自然通风为主的厂房，车间天窗设计应满足卫生要求：阻力系数小、通风量大、便于开启、适应季度调节；天窗排气口的面积应略大于进风窗口及进风口面积之和；厂房侧窗下缘距地面不应高于 1.2m。

（8）噪声与震动较大的生产设备应安装在单层厂房内。如设计需要将这些生产设备安装在多层厂房内时，则应将其安装在多层厂房的底层。对振幅大、功率大的生产设备应设计隔振措施。

5.1.6　职业危害因素警示告知

（1）CNG 加气站站内应根据《中华人民共和国职业病防治法》、《使用有毒物质作业场所劳动保护条例》（国务院第 352 号令）和《工作场所职业病危害警示标识》（GB 158—2003）的要求，在职业危害作业区域和危险品仓库的醒目位置设置区域警示线、警示标示和中文警示说明等。

（2）CNG 加气站要按照《职业健康监护技术规范》（GBZ 188—2007）的要求，对加气站从业人员做好岗前、在岗期间和离岗时的职业健康监护工作，尤其是做好上岗和在岗期间的职业病危害因素告知工作，要及时与从业人员签订《职业病危害因素告知书》或是将相关内容记录在员工《劳动合同》中。

5.2　压缩天然气加气站环境保护

5.2.1　加气站环境风险评价等级及重大危险源识别

CNG 加气站应按照《环境风险评价技术导则》、《建设项目分类管理名录》以及《重大危险源辨识》的相关要求，对加气站环境风险等级进行评价，并识别出重大危险源。评价工作级别划分原则按照表 5-2 执行。

表 5-2　评价工作界别划分原则表（一、二级）

类别＼项目物质	剧毒危险性物质	一般危险物质	可易燃危险性物质	爆炸危险性物质
重大危险源	一	二	一	一
非重大危险源	二	二	二	二
环境敏感地区	一	一	一	一

5.2.2　环境风险物质识别

天然气具有可燃性，主要成分是甲烷，CNG 加气站压缩天然气中甲烷含量大于 90%，其余为少量乙烷、丁烷、戊烷、二氧化碳、氮气等，多在油田开采原油时伴随而出。天然气热值较高，密度较轻，泄漏后不易聚积，在空气中的爆炸浓度为 5% ~ 15%。甲烷不属于毒性气体，但长期高浓度接触也会因缺氧对人体健康造成影响，当空气中的甲烷含量增加到 10% 以上时，则氧的含量相对减少，就使人感到氧气不足，此时症状是虚弱眩晕，进而可能失去知觉，直到死亡。天然气属危险化学品，雷击、静电、明火、渗漏等均可能酿成火灾或爆炸事故。其主要燃爆特性如下：

（1）天然气爆炸属分散相爆炸，要有氧助燃，与周围环境、燃气的组分和浓度密切相关。

（2）天然气爆炸多为爆燃过程，爆炸扩大的延伸主要依靠热学效应，已爆介质向未爆介质的传播较慢。

（3）天然气的爆炸下限为5%（体积），爆炸上限为15%（体积），超出这个范围，无论浓度过高或过低，即使点燃，也不会引发爆炸。

（4）天然气爆炸过程，本质上是一个快速氧化即燃烧的过程，压力波的传播伴随火焰波阵面的传播，这种“伴随”性在燃气泄漏严重、扩及范围很大的空间内极易引发恶性大火，而大火又会促使周围其他一些燃气设备再次爆炸而形成连锁反应。

（5）天然气爆炸相对于核爆和化爆升压时间较慢，在易爆空间设置足够的泄爆面积是一项简易可行的减灾措施。

5.2.3 工艺潜在危险性识别

根据CNG加气站调查分析，将风险类型确定为：可燃、易燃物质（天然气）泄漏、天然气泄漏引发火灾及爆炸三种。

（1）管线泄漏燃气管线阀门关闭不严，管线及接口安装不合理，压力调节设施故障、外界施工破坏等都可能造成管线内燃气泄漏。

（2）车载储气瓶组由于储气瓶组压力较高，一旦出现泄漏，遇明火、静电火花、雷击、机械火花等点火源，易形成火灾、爆炸危险。

（3）加气机在加气过程中天然气泄漏，遇明火、静电火花、雷击、机械火花等点火源，易形成火灾、爆炸危险。管线与设备接地不良遇雷电或静电火花均会引起火灾、爆炸。防爆开关的接头松动及电气接头等电气设施方面的安全隐患，一旦天然气泄漏均可导致电火花引起的爆炸、火灾危险。

5.2.4 源项分析

5.2.4.1 事故案例

根据西华大学近期对全国34个CNG加气站的100起安全事故资料的调查报告，安全事故按其损失及性质，分为重大事故及一般事故。其中重大事故（爆炸、燃烧、泄漏）10起，占总事故的10%，发生重大可信事故的类型主要有泄漏、爆炸和爆燃。一般事故发生的直接原因有设计问题、产品质量问题、自然腐蚀、卡套脱落、冰堵管道等。另外，安全拉断阀失效导致高压软管拉断或泄漏的事故在调查中也占了较大的比例。

5.2.4.2　事故概率分析

根据国内储罐爆炸事故资料的收集、整理和分析，建立本项目事故树图。故障树的顶事件为发生火灾爆炸事故。基本事件共有15种，代号为S1～S15，分别为达爆炸极限（S01）、危险区违章动火（S02）、维护时撞击罐体（S03）、运输过程发生撞击（S04）、雷击（S05）、避雷器失效（06）、电器不设防爆装器或防爆器损坏（S07）、汽车未设防爆器或损坏（S08）、液体流速过快（S09）、液体冲击罐内金属突出物或金属浮标（S10）、操作失误（S11）、管线腐蚀（S12）、安全阀卸压（S13）、密封件损坏（S14）、制冷装置损坏导致罐体温度过高（S15）。

CNG加气站危险区划分为液压增压设备区、储气瓶组区、加气区。

CNG加气站为车载储气瓶组压缩天然气，对天然气来说，其最大的风险来源于发生天然气泄漏事故，天然气泄漏所造成的毒性危害相对较小，天然气泄漏之后可能发生3种事故状态：

（1）排放后不立即燃烧，也不推迟燃烧，形成环境污染；

（2）排放后立即燃烧，形成喷射火焰；

（3）排放后不立即燃烧，而是推迟燃烧，形成闪烁火焰或爆炸。其中，以喷射火焰、闪烁火焰和爆炸形成的事故后果突出，对人、建筑物、自然环境、设备等造成的损失最受关注。

5.2.5　风险防范措施

5.2.5.1　技术措施

（1）严格按照《汽车加油加气站设计与施工规范》（GB 50156—2012）、《建筑设计防火规范》（GB 50016—2014）、《城市燃气设计规范》（GB 50028—2006）等有关规定进行设计，从选址、总图布置和建筑安全、危险化学品储运、工艺技术设计、自动控制设计、电气电信、消防及火灾报警等方面提出风险防范措施。严格控制各建、构筑物的安全防护距离。

（2）储气瓶组应设安全阀及紧急放散管、压力表及超压报警器。

（3）子站的液压设施应采用防爆电气设备。

（4）工艺设备、运输设施及工艺系统选用高质、高效可靠性的产品。加气站防爆区电气设备、器材的选型、设计安装及维护均符合《汽车加油加气站设计与施工规范》（GB 50156—2012）规定。

（5）站内输气管道选用不锈钢无缝钢管，并符合相关规范要求。输气管线的始端、末端、分支和转弯等处设置防静电、防感应的接地设施。

（6）按有关规范设计设置有效的消防系统，做到以防为主，安全可靠。

（7）在可能发生天然气挥发及泄漏积聚的场所，设置可燃气体检测器、报警器及切断系统装置；报警系统应配有不间断电源；可燃气体检测器和报警器的选用和安装，应符合现行《石油化工可燃气体和有毒气体检测报警设计规范》（GB 50493—2009）的有关规定。

（8）根据气温变化、设备运行状况，来调整各项作业方案和设备运行参数，并采取防冻或降温措施，防止异常情况发生。

（9）加气机的加气嘴泄压排气应排向安全方向，以防止高压气泄放漏失时不安全。定期对天然气泄漏测量、报警装置进行检查和保养，使其保持在完好状态。

（10）在加气站醒目位置粘贴天然气化学危险品的性质及事故救援措施和疏散方案图示，同时向附近企业和居民作好明示。

5.2.5.2　管理措施

（1）装卸、加气、储存区域应设置安全警示标志。在传送过程中，钢瓶和容器必须接地和跨接，防止产生静电。搬运时轻装轻卸，防止钢瓶及附件破损。

（2）把每个工作人员在业务上、工作上与消防安全管理上的职责、责任明确起来。

（3）对各类储存容器、机电装置、安全设施、消防器材等，进行各种日常的、定期的、专业的防火安全检查，并将发现的问题落实到人、限期落实整改。

（4）建立夜间值班巡查制度、火险报告制度、安全奖惩制度等。

（5）应急预案通过对事故的风险评价，企业在投产前，应制定详细的防止重大环境污染事故发生应急预案、消除事故隐患的措施及应急处理办法。2010 年国家环境保护部发布了《石油化工企业环境应急预案编制指南》和《突发环境事件应急预案管理暂行办法》，建设单位应据此制定厂区的应急预案，并经过专家评审，审查合格后实施运行。

5.3　压缩天然气加气站危险废物管理

5.3.1　加气站危险废物管理基本要求

（1）加气站危险废物是指列入国家危险废物名录或者根据国家规定的危险废物鉴别标准和鉴别方法判定的具有危险特性的废物。

（2）危险废物管理遵循“减量化、资源化、无害化”和“谁产生、谁负责”的原则，加气站应对危险废物产生、收集、储存、运输、利用、处理处置全过程进行管理，依法承担污染防治责任。

5.3.2　加气站危险废物管理职责

（1）企业是危险废物管理的监管主体，负责指导各加气站危险废物污染防治工作，负责制、修订危险废物管理相关制度，负责监督检查各加气站危险废物管理和处理处置工作。

（2）各加气站是本企业危险废物管理的责任主体，按照国家、地方、集团公司和销售公司的要求做好危险废物管理和处理处置工作。

5.3.3　加气站危险废物管理指标要求

危险废物妥善处理处置率100%，为截至目前暂存量、自行利用处置量和有资质单位外委处置量之和除以产生量与历史暂存量之和。

5.3.4　加气站危险废物管理要求

5.3.4.1　排污申报

（1）在生产经营中排放危险废物的，应按照所在地环境保护行政主管部门要求进行排污申报登记，包括危险废物的种类、产生量、流向、储存、处理和处置情况。

（2）危险废物的储存、利用或处置场所发生重大改变时，需按要求办理变更申报手续。

5.3.4.2　分类储存

（1）危险废物应分类收集、分类存放，不得混合。

（2）加气站应建设危险废物临时储存设施，并具有防雨、防火、防雷、防扬尘功能。危险废物的容器和包装物以及收集、储存、运输、处理危险废物的设施、场所，应设置危险废物识别标志。

（3）加气站要按照危险废物储存过程管理规章制度，每月开展一次巡查。

（4）危险废物储存期限不得超过一年。

5.3.4.3　加气站资源综合利用

加气站应积极采用自行利用、委托第三方有资质单位处置或合同环境管理等方式，开展固体废物综合利用，减少废物量。

5.3.4.4　加气站处理处置

（1）对不能综合利用的危险废物，应规范处理，合法处置。

（2）加气站应按照统一的危险废物外委处理处置的审批程序或管理规定，选择有资质的处理处置单位，签订委托合同。委托合同要明确处置方式、处理效果和防止发生二次污染等内容。

（3）加气站危险废物转移要严格按照《危险废物转移联单管理办法》（国家环境保护总局令 第5号）执行。

（4）加气站压缩机等设备设施定期置换出来的润滑油已经变质或存在较多机械杂质，加气站内工艺管道中过滤器定期清理出来的油泥，只能作为废油和含油杂质进行处理，这些危险废弃物应妥善处理，以免造成环境污染，切勿将用过的产品倒入下水道、隧道、河流，或随地倾倒。这些危险废弃物应该按照国家《中华人民共和国固体废物污染环境防治法》、《危险废物经营许可证管理办法》要求，将其交由具备地方政府环境保护部门签发的《危险废物经营许可证》第三方服务单位集中进行处理。加气站内盛装润滑油的桶或瓶子不要随地乱丢，也应统一妥善处理，防止给环境造成不良影响。

5.3.4.5　加气站台账资料

（1）加气站应建立危险废物管理档案，包括危险废物申报登记资料、危险废物处理处置单位资质、危险废物转移联单等。

（2）加气站应建立危险废物管理台账，包括危险废物产生、收集、储存、运输、利用、处理处置等。

（3）危险废物台账和转移联单保存期限至少为五年，其他档案和台账资料至少保存三年。

参考文献

[1] 韩钧，吴洪松，章申远等 . GB 50156—2012 汽车加油加气站设计与施工规范[S]. 北京：中国计划出版社，2012.

[2] 邓渊，徐良，陈光华等 . CJJ 84—2000 汽车用燃气加气站技术规范［S]. 北京：中国建筑工业出版社出版，2000.

[3] 经建生，倪照鹏，沈纹等 . GB 50016—2006 建筑设计防火规范［S]. 北京：中国计划出版社，2006.

[4] 孙祖岭 . CNG 加气站操作工［M]. 北京：石油工业出版社，2006.

[5] 郁永章 . 天然气加气站设备与运行［M]. 北京：中国石化出版社，2006.

[6] 安定纲 . 往复式压缩机技术问答［M]. 北京：中国石化出版社，2008.